日语教育与日本学研究

——大学日语教育研究国际研讨会论文集（2021）

主编／刘晓芳　钱晓波

副主编／毛文伟　徐曙　杜勤　邹波

華東理工大學出版社
·上海·

图书在版编目(CIP)数据

日语教育与日本学研究 ：大学日语教育研究国际研讨会论文集. 2021 / 刘晓芳，钱晓波主编. — 上海：华东理工大学出版社，2023.3

ISBN 978-7-5628-7011-1

Ⅰ. ①日… Ⅱ. ①刘… ②钱… Ⅲ. ①日语—教学研究—高等学校—文集②日本—研究—文集 Ⅳ. ①H369.3-53②K313.07-53

中国国家版本馆 CIP 数据核字(2023)第 030913 号

项目统筹 / 刘　溱
责任编辑 / 刘　溱
责任校对 / 金美玉
装帧设计 / 戚亮轩
出版发行 / 华东理工大学出版社有限公司
地址：上海市梅陇路 130 号，200237
电话：021-64250306
网址：www.ecustpress.cn
邮箱：zongbianban@ecustpress.cn
印　　刷 / 江苏凤凰数码印务有限公司
开　　本 / 787mm×1092mm　1/16
印　　张 / 15.5
字　　数 / 405 千字
版　　次 / 2023 年 3 月第 1 版
印　　次 / 2023 年 3 月第 1 次
定　　价 / 498.00 元

前　言

2021年11月13日至14日，由教育部正式批准，教育部高等学校外语专业教学指导委员会日语分委员会、中国日语教学研究会上海分会主办，同济大学外国语学院承办的“2021大学日语教育与日本学研究国际研讨会”以线上线下相结合的方式，在同济大学外国语学院汇文楼518会议室以及腾讯会议平台、Zoom平台同步召开。鉴于上海市和同济大学疫情管控的需要，线下主要安排各位主题演讲专家、评审专家和上海本地的参会者出席，外地和国外的参会者则主要在线上参会。同时，本次会议还邀请了教育部高等学校外语专业教学指导委员会日语分委员会的主任和副主任现场参会指导，另外四位副主任线上参会指导。

本次会议共邀请国内外著名专家进行了10场主题演讲、20余场特别演讲，并特设中日学前教育圆桌论坛（由日本专家秦政春教授组织）和两个日语专业教学改革论坛。另外还设有11个线上教师分会场、15个线上研究生学术论坛分会场。同时在线旁听本次会议的国内日语专业师生达到1400余人。

外籍参会人员中，日本籍参会者来自东京大学、早稻田大学、筑波大学、名古屋大学、东北大学、大阪大学、上智大学、日本大学、广岛大学、大东文化大学、神户市外国语大学、关西学院大学、九州产业大学、日本文理大学、九州女子大学、东亚大学、南山大学等日本知名院校；韩国籍参会者来自新罗大学和南安普顿大学，另有数名在日留学的韩国研究生通过线上方式旁听参会。

线下参会人员中，既有来自北京大学、清华大学、北京外国语大学、北京师范大学、北京语言大学、天津外国语大学、西安外国语大学、厦门大学、黑龙江大学、浙大宁波理工学院、浙江工商大学、东南大学、苏州大学等全国知名院校的专家、教授，也有上海地区各所高校的日语专业负责人，包括上海外国语大学、复旦大学、华东师范大学、上海理工大学、华东理工大学、上海大学、上海对外经贸大学、上海海洋大学、上海杉达学院、上海电力大学、上海中医药大学、上海工商外国语职业学院等。

本次会议于13日上午8点30分，在同济大学外国语学院院长吴赟教授、教育部高等学校外语专业教学指导委员会日语分委员会主任修刚教授、中国日语教学研究会会长周异夫教授、国际文化表现学会副会长高桥章教授等的致辞下拉开帷幕。

本次会议分为主题演讲、特别演讲、教师分会场、研究生学术论坛4个部分。13日上午，教育部高等学校外语专业教学指导委员会日语分委员会主任修刚教授、中国日语教学研究会会长周异夫教授就目前国内日语教育的发展问题做了高屋建瓴的主题演讲。随后，大东文化大学名誉教授、东亚语言文化学会会长高桥弥守彦，北京大学外籍教师马场公彦，东京大学名誉教授、日本大学教授、原日本比较文学学会会长井上健，筑波大学教授矢泽真人等围绕日本文学、中日文化、日语教育等主题同步进行了线上主题演讲。当日下午，参会教师、研究生在11个线上教师分会场、15个线上研究生学术论坛分会场进行了互动交流，200余位参会者报告了最新研究成果。

14日上午，30余位国内外知名学者在8个线上会议室同步开启了围绕日语语言学、日本文学、日本社会经济、日本历史文化、日语教育、中日学前教育等主题的特别演讲和圆桌论坛，与会者们就目前日语教育与日本学研究中的前沿热点问题展开了热烈的讨论。会议还特别邀请到对外经济贸易大学外语学院院长李运博教授、关西学院大学于康教授、都留文科大学田中实名誉教授、早稻田大学户田贵子教授围绕翻译、教育、文学、语言等主题做了精彩的闭幕式主题演讲。

在本次会议的闭幕式上，教育部高等学校外语专业教学指导委员会日语分委员会副主任、原西安外国语大学校长王军哲教授致闭幕辞。他充分肯定了本次研讨会的成果，并对今后中国大学日语教育、日本学研究的发展做出了展望。与会者们对本次大会的盛大规模和所取得的丰硕成果赞誉有加。此次国际研讨会取得了圆满成功。

截至2021年，“大学日语教育与日本学研究国际研讨会”已经成功举办了13届。能够每年举办会议，并且坚持十年以上，这在中国日语研究界尚属罕见。衷心希望本会议今后能继续为中国高校日语专业教师、硕博士生以及日本高校留学生、国际日本学研究者提供交流与切磋的平台。

编者

2023年2月吉日

目　录

特别专栏

教育

语言

文　学

社会、经济、文化

翻译

研究生论文

川端康成逝世50年|谭晶华：与川端文学同行的半个世纪*

谭晶华

2022年是川端康成（1899.6.14—1972.4.16）逝世五十周年，笔者想借此机会谈谈近五十年来跟随中国与日本的川端文学研究、教学、翻译步伐前行的一些经历和体会。

垂名于日本近代文学史的众多优秀作家中，川端康成既是一位卓有成就的作家，又是一名具有多重性格的立体现代人。在他的身上，有性格乖戾的孤儿气质、寄人篱下的受惠气质，也有渴望爱情、崇尚处女、轮回转世、空虚无常的思想。在艺术上，他既注意吸收新感觉派开拓表现形式的新手法，又深受日本古典文学的熏陶；他的作品既接纳了西方现代主义的影响，又保留了东方文化的传统。他还曾对无产阶级文学和马克思主义表示理解，结识了无产阶级作家的知己。他的文笔流畅优美，抒情的遣词造句清澈甜美，不仅有“物哀”“幽玄”“余韵”“空灵”等浓郁的日本味，也有死亡、悲观、孤寂等消极情调的流露。这位当代名副其实的文豪曾经引起中日两国文学研究者的极大关注，在他去世后的五十年间，研究其人其作品的成果不断。

一

笔者1968年从上海华东师大一附中毕业后，于1969年初与该校六七届十二名初高中毕业生一起到江西井冈山地区四县交界的偏远山村插队落户近六年，后又于1974年10月进入上海外国语学院学习日语。当时“文革”尚未结束，图书馆里的日本文学书籍大部分是日本无产阶级作家的作品，“文革”前出版的夏目漱石、樋口一叶等人的作品很少。有一次我从专家处借到一本川端文集，马上就被吸引住了，等到1977年毕业时，我已经阅读了一定数量的川端文学作品。

大学毕业后我留校任教，不久，我在1979年于吉林省长春市东北师范大学召开的首届中国日本文学研讨会上宣读了一篇题为《谈谈川端康成与他的小说》的万字论文。此文实属稚拙，观点也未必成熟，却有幸成为我国最早论及川端文学的文章。以此为契机，在之后的四十余年间，笔者在教授上海外国语大学日语专业日本近代文学史课和文学选读课的同时，也一直热衷于阅读、研究和翻译川端康成的作品。到二十世纪八十年代，随着他的作品大量被翻译，相关的研究论文也越来越多。其三部诺贝尔文学奖的入选作在我国已出现了多种中译本。每隔两三年举办一次的中国日本文学研讨会至2021年已经举办了十七届，每一届会上都有质量上乘的研究论文发表，对川端的创作方法、作品内容与艺术特色的研究还引起过热烈的讨论。中日两国的文学研究者在北京一起举办过三次“中日川端文学研讨会”（笔者参加过其中的两次），刘德有、邓友梅、林林、李芒、文洁若、高慧勤、长谷川泉、羽鸟彻哉、林武志、原善等有造诣的前辈中日学者畅所欲言，他们对川端

* 本文首发于澎湃新闻翻书党栏目。略有改动。

文学乃至日本文化所做的极为精彩、中肯的论述，至今音犹在耳，使人难以忘怀。

1980年，日本国际交流基金会组织了一次华东地区高校暑假巡回演讲，邀请了八名顶级语言文学专家参加。在上外，作为翻译，我一直陪同专家们活动，并由此结识了东京外国语大学的文学教授国松昭。他阅读了我的论文和《日本各家论川端康成》的评论译文，指出在重点研究一个作家之前，先要读懂、读通文学史，才能更好地把握该作家的文学主张和特色。他还赠送了我日本河出书房刚出的《川端康成》论文集，这本书对我以后的研究起到了很大的作用。

1988—1989年，笔者去东京樱美林大学研修，这期间在东京参加了两次日本川端文学研究会年会（时任会长长谷川泉、副会长羽鸟彻哉）和一次日苏川端康成国际研讨会。日本的文学研讨会参加者众多，还有许多在校学生参加，除重点发言之外，研讨会还鼓励年轻学者和研究生发言，讨论相当热烈。1997年4月26日，在川端名作《雪国》发表60周年之际，川端文学研究会在新潟越后汤泽召开了《雪国》国际研讨会。笔者代表中国上海外国语大学参加了这次会议。吉姆教授代表俄罗斯社科院，葛妮拉·瓦达代表瑞典斯德哥尔摩大学，竹内清己代表日本东洋大学，平山三男代表日本川端文学研究会做了大会发言。笔者在发言中概述了中国与日本近二十年的川端康成文学研究情况，并对《雪国》主要人物岛村进行了详细的论述。笔者把岛村放在日本近代社会知识分子中的“多余的人”这一形象系列中去解读，指出岛村是一种隐逸文化人和反体制的知识分子，受到与会学者的好评。发言全文刊登在1998年3月刊发的日本《国文学与鉴赏》杂志上。会议之余，代表们参加了电影《雪国》鉴赏会，参观了汤泽町历史民俗资料馆的《雪国》展，在《雪国》的文学散步活动中，参观了诹访神社、高半旅馆、旭座遗迹、旧信号所和清水隧道等。此外还参观了汤泽高原和高山植物园阿尔波村落等。回程中，平山三男又带笔者及部分代表重走了伊豆半岛舞女当年走过的路线，并在他的伊豆别墅中住了一夜，真真切切地感受到了川端文学诞生的环境氛围。

1997年举行的《雪国》国际研讨会

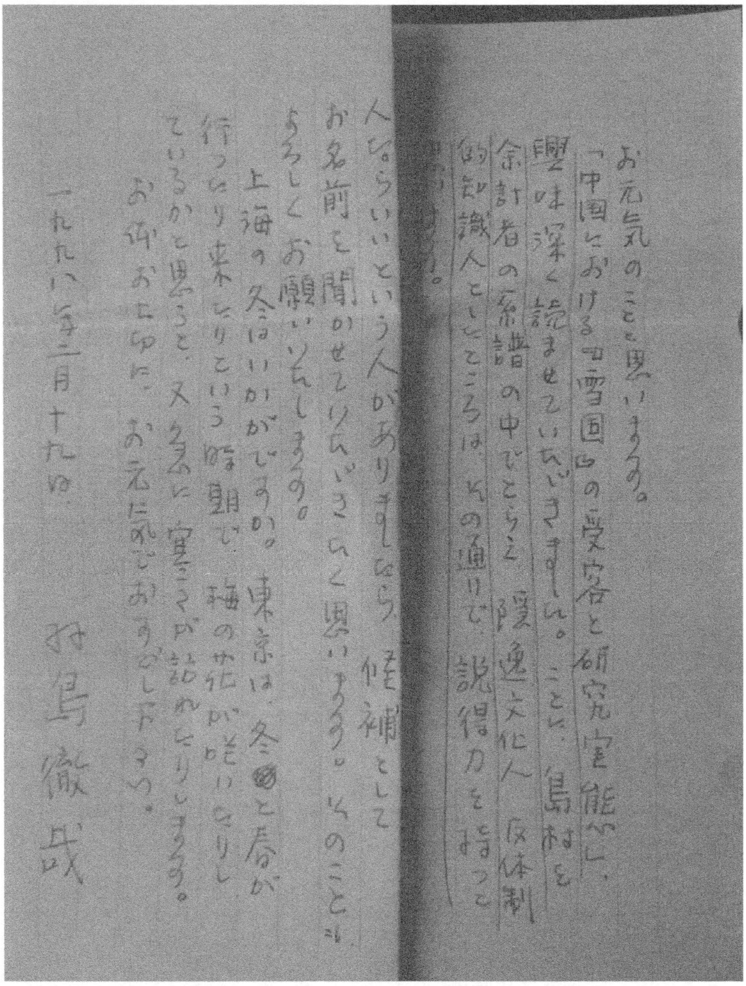
お元気のことと思います。
「中国における『雪国』の受容と研究」実態に、
興味深く読ませていただきました。ことに、島村を
余計者の系譜の中でとらえ、隠逸文化人、反体制
的知識人としてところは、その通りで、説得力を持って
おりました。
人ならいいという人がありましたら、候補として
お名前を聞かせていただきたく思います。そのことは
よろしくお願いいたします。
上海の冬はいかがですか。東京は、冬と春が
行ったり来たりしている時期で、梅の花が咲いたりし
ているかと思うと、又急に寒さが訪れたりします。
お体お大切に、お元気でおすごし下さい。
一九九八年二月十九日
羽鳥徹哉

日本川端文学研究会副会长羽鸟彻哉的亲笔信

1987年，浙江文艺出版社邀请笔者写一本15万字的面向大学生的《川端康成传》，为完成该约稿，除了查阅资料，笔者还利用访日的机会，去镰仓半岛参观，实地走访了镰仓的川端康成纪念馆、故居及管理人住家，从甘绳神社眺望镰仓市内景观与海岸。该传记完稿后，因故迟迟未出版，直到1996年才由上海外语教育出版社付梓。

到了2006年，笔者在同时担任校行政领导和博导的情况下，迎来了在职攻读博士学位的机会。统考合格并完成了必要的学位课程后，在撰写毕业博论时，笔者毫不犹豫地选择了川端文学研究。大约花了一年半的时间，终于完成了15万字的《川端康成文学的艺术性·社会性研究》，并通过了答辩。在过去的二十余年间，因为工作等原因，我错失了读博的机会。这次虽然年龄已过半百，但是有时间对川端文学的艺术性、社会性进行更深入的思考和研究，通过论文的通释与考证，更清晰地梳理了自己的思路，进一步促进日后的研究与教学，也算完成了一个人生的梦想。

二

改革开放以后，川端康成的文学作品不仅被选入日语语言文学专业的精读课教程，也被收录

1996年上海外语教育出版社出版的《川端康成传》

进泛读课、视听课、翻译课的教材。日本近代文学史课教材中，在昭和初期“三派鼎立”的状况下，被称为“新感觉派双璧”的横光利一和川端康成是必然会论及的内容。到了二战时期和战后，又会论及川端在艺术上回归了日本，以及他的女性审美、自然审美等话题。1990年后，笔者开始参与上外硕士生的教学工作，除了明治文学之外，有一个学期专门开设了“川端康成文学研究”的课程，作为所有日本语言、文学、文化、翻译方向硕士生的必修课，该课程主要以川端的代表作《雪国》和《山之声》为蓝本，研究十余个专题。这门课从1998年一直开到2016年笔者正式退休。除了上外每年近40名学术硕士，还有教育部指派的研究生班来听课，听课者的规模有时能超过本科生班，达到50余人。这门课颇受学生欢迎，有的研究语言的同学，本来并不喜欢川端文学，但是听过课后，不仅爱上了川端文学，还对日本文化的精髓有了一定程度的理解。

记得这门硕士课程有如下必定研究的内容。

1. 新感觉派和意识流。在早期的新感觉派运动中，川端对新感觉的解释和理论上的阐述是比较明确和切中肯綮的。川端对现代派的技巧从不生搬硬套，而是把它当作借鉴，化为我用，因此更容易被日本国内外的读者接受。

2. 文本分析——川端文学的叙事法。在《雪国》的第三章中，川端运用典型的"起承转结"的叙事手法，表现出作品叙事的感受性。他在文学的创作中，擅长捕捉外界事物给他的刹那间的感觉和意象，以直觉、情绪、印象去攫取瞬间的特殊状态，通过拆解和改组现实的画面，去构筑感觉的世界。

3. 川端文学的色情——表现上的隐微玄妙的淫靡。川端文学中常用省略、暗示、象征、隐喻及共像手法表现色情，点到即止，显得优雅、别致，体现出各种情感的位相。

4. 艺伎的文化渊源。到了昭和时代，从大城市到乡村都有了艺伎。艺伎的文化渊源可以追溯到江户的元禄时代，与日本文化有着密不可分的联系。通过艺伎神秘、封闭的世界，世人能更切实、深切地理解日本文化"菊与刀"的特性。

5. 女性审美 A ——清洁、浸透力。在日本，洁癖不光是一种生活习性，它还渗透到人们的精神世界，深刻地影响着日本民族的审美感觉和文化心理，即洁净就是美。而从川端文学中男女人物关系的构成方式及对事物的接触方式来看，其特征就是对于对象的浸透力。

6. 女性审美 B ——女性观、形象化比喻、理想的注入、哲学思考的内涵。川端的文学创作大都以女性为主要人物，爱情是主要内容，而且他笔下的爱情，往往只有女性。川端的女性审美多有象喻的表述、理想的倾注和哲思的蕴含。象喻不仅能拓深女性美的表现空间，也能远延女性美的存续空间。女性的至美理想表现在至善至美与献身精神的结合上。川端文学中，作家常常把对精神与物质、灵魂与肉体、理想与现实的拷问和思索投向艺术，通过女性性爱关系的悖论的建构来体现。

7. 自然审美 A ——物哀。川端不仅对"物哀"的审美趣味深有了解，还敏于感受、富于情趣、善于联想。"物哀"不仅仅是小说的场景，其本身就构成了艺术形象。他以深厚的挚爱和"物我两忘"的虔诚态度，在作品中表现了自然美。

8. 自然审美 B ——幽玄、余情、余韵。川端的文学创作继承了传统美学，其中揉进了中世的幽玄妖艳的象征美及余韵余情。他的意象的外延，会在读者的心中掀起情感波纹，极大地催生幽玄、余韵和余情之美。

9. 无常、虚无、消极。日本的无常观最初受到的是佛教的影响，源于虚无的情绪。而且，日本人的审美理想的本质就是"悲哀的美学"，是对生命有涯的悲剧意识。川端文学总是以一双"临终的眼"冷峻、深邃地审视着人的生命，主要作品冷艳幽寂，缭绕着死的氤氲，显现出一种荒凉颓废的美。

10. 典型的中间小说——川端文学的社会性研究。川端战后的《山之声》可以说是他文学创作中最具社会性的一部，表现了战后日本的社会风俗。伊藤整说，这部小说是作者"面向'真正的'小说创作的态度"。笔者认为这部作品是川端典型的中间小说，与后来的《古都》一样，均是川端一生中对家庭小说、中间小说创作所做的有意义的尝试。

在将近二十年的硕士生课堂教学中，笔者和学生们对川端文学的上述问题进行讨论、归纳、总结，学生们都很有感触。有的同学过去只读过中文译本，但通过课程的学习，他们体会到只有研读原文，才能真正读懂川端文学，并且对日本文化的精神实质也有了新的更深的了解。

历史上，日本处于以中国为核心的东亚文化圈的辐射范围内，日本的文学艺术、美学思想深受中国的影响。川端文学的审美形态，浓缩着东方文学中关于宇宙和人生的丰富哲思，是东方人文精神、哲学思想、美学追求延绵下来的审美积淀，值得我们这些从事日本川端文学教学、研究、翻译的人锲而不舍地探索。

三

对我国日本文学、川端文学的翻译而言，改革开放的意义尤其重大。在那以后，《世界文学》《外国文艺》《译林》《译海》《日本文学》等文艺杂志纷纷复刊与创刊。“木欣欣以向荣，泉涓涓而始流。”《外国文艺》最早刊出侍桁和刘振瀛翻译的川端康成的《伊豆的舞女》和《水月》，给当时的读者送去一份惊喜。

二十世纪八九十年代，川端康成文学的翻译也迎来了一个高潮，人民文学出版社和百花文艺出版社先后出版了叶渭渠先生译的《川端康成小说选》和《川端康成散文选》。另外还有文艺思潮史等方面的译著。2008年仙逝的高慧勤研究员主编的300余万字的《川端康成十卷集》（河北教育出版社版）是目前为止我国翻译规模最大的川端文学选集。高老师的译作风格贴近原作，选词炼句精益求精，语言典雅优美，堪称逸品。

笔者总觉得，作为我国高校的一名日本文学的教师和译者，我们亲历改革开放，幸运地赶上了一个好时代。在以往的翻译工作中，笔者先后翻译过川端的长篇小说《山之声》和十来个中短篇。在翻译实践中，笔者懂得了文学翻译绝不单纯是外语理解的问题，对文语和现代语、书面语和口语的区别和把握，使我对如何更好地传达文学意境有了深刻的理解。在翻译时，译者要甘于清贫，坐得住冷板凳，耐得住长距离的慢跑。在文学翻译实践中，必须关注如何凸显作者的语言风格和作品的文学性。为此，译者要不断地提高自己的文字能力，使自己的才、学、识变得更加厚实和丰富。

前年，上海一家出版社为了纪念川端康成逝世五十周年，邀请笔者翻译他的五部代表作和其他中短篇共二十四篇作品，我想正好把它当成川端文学翻译的收官译作，欣然答应了。现在翻译已基本完成，也写出了每本书后的导读跋文。在这次的川端文学翻译中，从中国传统译论的“案本—求信—神似—化境”，到高慧勤、罗新璋老师的“离形得似”“入乎其内、出乎其外”，我致力于在整体上把原作的风格贴切、到位、传神地表达出来，身体力行地朝这个方向不懈努力。

（本文作者系上海外国语大学原常务副校长、中国日本文学研究会前会长）

e-learning 教材を使用したナ行音・ラ行音・ダ行音聴取練習の効果*
—中国における日本語学習者へのアンケート調査から—

早稲田大学日本語教育研究センター　大久保雅子

1　はじめに

近年、日本語教育において、様々な方法で音声教育が行われるようになり、教育機関によっては、発音に特化した科目も設置されるようになってきた。オンデマンド併用授業やオンライン講座による音声教育の実践報告も複数ある。一方、第二言語習得における音声・音韻は母語の影響が最も顕著に現れると言われており、学習者の母語だけでなく母方言の影響による発音上の問題点も多く存在しているため、学習者個々の発音上の問題点に焦点をあてた音声指導も必要である。しかしながら、戸田、大久保(2014:3)は従来型の対面式授業の問題点を指摘し、教師が学習者一人一人の発音を聞き、修正するという授業形態は限界があると述べている。このことから、対面式授業だけで学習者個々の発音上の問題点を改善させることは難しく、学習者の自律学習を促していくことが重要であると考えられる。

学習者の自律学習を促していくためには、学習者が自分で発音上の問題点を練習できる音声学習教材が必要である。現在、日本語発音関連の教材が幾つか開発されており、学習者の自律学習も可能になってきた。しかしながら、学習者が苦手としている音声項目を十分に練習できる音声学習教材は数が少なく、日本語の単音レベルの問題点に焦点をあてた教材は極めて少ない。今後、教育のオンライン化が進むことが見込まれているため、学習者のニーズに合ったe-learning 教材の開発および教材の構築が急務である。

本研究で取り上げる「ナ行音・ラ行音・ダ行音」は、中国語方言話者の発音上の問題点としてよく知られており、大久保(2015)ではこれらの音の聴取の難しさも明らかになっている。本研究では、日本語音の聴取練習用 e-learning 教材を使用した「ナ行音・ラ行音・ダ行音」の練習の効果を検証する。さらに、e-learning 教材を活用した学習者の自律学習サイクルを提案することを試みる。

2　e-learning 教材「日本語の音　聞き取りクイズ」

本研究では、日本語音の聴取練習ができるe-learning 教材の開発を行った(https://jphedu.com)。本 e-learning 教材には、「Course A」と「Course B」の二つのコースが設けられており、「Course A」は「ナ行音・ラ行音・ダ行音」、「Course B」は「無声・有声破裂音」の聴取を練習するも

* 本研究はJSPS 科研費20K22237,21K13035の助成を受けたものである。

のになっている。

各コースには、「診断テスト」「クイズ(10回で各5問)」「確認テスト」が用意されている。「診断テスト」および「確認テスト」は、女性の発話「新製品______を説明します。」を聞き、下線部を選択肢から選ぶ問題である。「クイズ」は、男女の会話「○○さん、______行きませんか。」(男性)、「えっ、______?」(女性)を聞き、下線部(地名)を選択肢から選ぶ問題である。下線部には、語中位置および音環境を考慮しながら、ターゲット音(誤聴する可能性がある音)が含まれる実際の地名(日本および海外)を入れた。なお、クイズの音声は、何度でも繰り返し聞けるようになっている。クイズは、1問毎に「正解」「不正解」が表示される。各5問が終わると5問全体の「正解」「不正解」が表示される機能(View Questions)に加え、最初からもう一度練習できる機能(Restart Quiz)も備わっている。

3　調査

本研究では、本e-learning教材のCourse Aのみを対象とし、「ナ行音・ラ行音・ダ行音」の聴取練習を行った学習者において、練習前と練習後に聴取の難しさがどのように変化したかを調査し、練習の効果検証を行うこととした。

調査協力者は中国の大学で日本語を学ぶ学習者28名[①](A大学:14名、B大学:9名、C大学:5名)である。学習者は5週間、「日本語の音　聞き取りクイズ」のCourse Aを使用して練習を行った。練習は、毎週クイズを2回分ずつ行うこととし、各回で間違えた問題があった場合、もう一度その回のクイズを最初から行い、全問(5問)正解するまで続けなければならないというルールを定めた(毎週の想定練習時間10分)。また、本e-learning教材には各回5問終了時に、練習に関する「感想」[②]を提出する機能が備えられており、本調査では毎回5問正解した後に感想の提出を課した。

調査期間終了後、e-learning教材および聴取練習に関するアンケート調査を実施した[③]。質問は13項目であったが、本調査では以下の4項目を取り上げる(表1)。

表1　本調査で分析を行ったアンケートの質問項目

①	【調査前】ナ行音とラ行音の聞き分けはどのくらい難しかったですか。(5段階評価)
②	【練習後】ナ行音とラ行音の聞き分けは、どのくらい難しいですか。(5段階評価)
③	ナ行音とラ行音で、聞き分けがまだ難しい音がありますか。それは、どんな音ですか。
④	ナ行音とラ行音の他に聞き分けが難しい音がありましたか。それは、どんな音ですか。

4　調査結果および考察

練習前(質問項目①)と練習後(質問項目②)の「ナ行音・ラ行音」の難度の変化を以下に示す(表2)。

表2　「ナ行音・ラ行音」の難度(5:とても難しい～1:難しくない)

	平均値	標準偏差	最大値	最小値
練習前	3.79	0.787	5	2
練習後	2.18	0.772	3	1

練習前と練習後の平均値(練習前:3.79、練習後:2.18)を比較すると、練習後に難度が下がったことがわかった。対応のあるt検討で比較したところ、有意差がみられ($t(27)=13.522, p<0.001$)、学習者は練習によって「ナ行音・ラ行音」の聴取が難しくなくなったと感じていることが明らかになった。これにより、聴取練習によって学習者の聴取能力が向上した可能性があることが示唆された。

次に、質問項目③の回答を図1に示す。

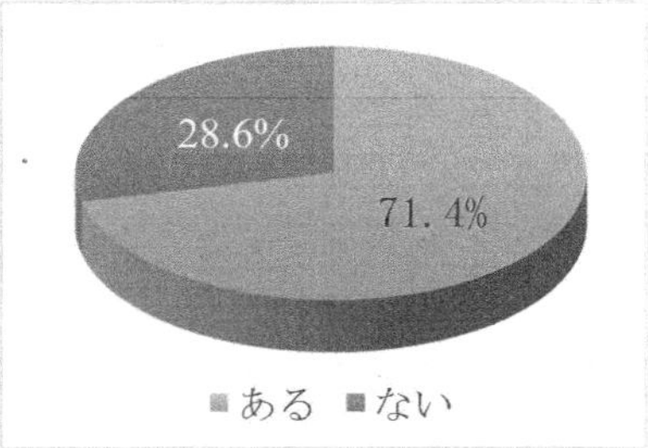

図1　ナ行音・ラ行音で難しい音の有無

図1からわかるとおり、28.6%の学習者がナ行音とラ行音で難しい音はないと感じている。一方、71.4%の学習者が、まだ難しい音があると感じている。具体的な難しい音に関する記述内容を表3に示す。これらの記述内容から、学習者の音韻習得段階を3つのタイプに分類した。

表3　質問項目③における「まだ難しい音」の記述内容(原文ママ)

A	ra会听成na。Re会听成ne。	K	现在还是会偶尔出现「ら」、「な」不分的情况。
B	每个音都会有点问题,在不同的情况下。	L	还有 主要是NA和RA
C	RI会听成NI	M	NA会听成RA、RI会听成NI、NE会听成RE。
D	NI和RI难以分辨	N	“ね”会容易听成“れ”
E	「な」と「ら」「ろ」と「の」	O	NA会听成RA或者RI听成NI
F	RI会听成NI,NA、RA互相辨别不清	P	RU,NU和RO, NO偶尔会混淆
G	NO和RO会混淆	Q	Ni和ri、Ru和nu,re和ne,no和ro
H	na和la	R	有Re和ne
I	る和ぬ、り和に	S	ね会听成れ
J	我分不清NA行RA行	T	ね容易听成れ

タイプI：自分で誤聴しやすい音、および誤聴傾向が把握できている。(A,C,M,O,N,S,T)
タイプⅡ：自分で誤聴しやすい音は把握できているが、誤聴傾向は把握できていない。
(D,E,F,G,H,I,K,L,P,Q,R)
タイプⅢ：誤聴しやすい音が把握できておらず、弁別基準が曖昧な状態になっている。(B,J)

タイプⅠの学習者は、「ラがナに聞こえる。レがネに聞こえる。(A)」「リがニに聞こえる(C)」というように、誤聴しやすい音がナ行音・ラ行音の中でどの音なのかを把握し、誤聴傾向がラ行音⇒ナ行音であると自己認識している。また、「ネがレに聞こえる(N,S,T)」のような回答から、ナ行音⇒ラ行音という誤聴傾向を自己認識している学習者の存在も示されている。さらに興味深いことに、「ナがラに聞こえる。リがニに聞こえる。ネがレに聞こえる。(M)」「ナがラに聞こえる。リがニに聞こえる。(O)」のように、一人の学習者の中で後続母音によって誤聴傾向が異なっているという「気づき」が得られていることも示されている。大久保(2010,2012,2015)は、中国語方言や音環境によって異なる誤聴傾向があることを指摘しているが、これらの誤聴を改善させていくためには、学習者自身が自分の誤聴しやすい音を絞り込み、誤聴傾向を自己認識することが重要である。タイプⅠの学習者は今後、自分の誤聴しやすい音に意識を向けて聴取練習することによって、これらの音を習得していくと考えられる。

一方、タイプⅡの学習者は、「ニとリの弁別が難しい(D)」のように自分が間違いやすい音は把握しているが、「リがニに聞こえる」などの誤聴傾向は自己認識できていないことがわかる。今後の練習では、間違いやすい音をどのように誤聴するのかということを自己認識していく必要がある。さらにタイプⅢの学習者は、ナ行音とラ行音の弁別が曖昧な状態であることが推測される。大久保(2013)では、ナ行音とラ行音のミニマル・ペアの音声を聞き比べることによって、音韻カテゴリーが形成され、習得が促されることが明らかになっていることから、タイプⅢの学習者はまず、単音レベルで音を聞き比べ、違いが認識できたところで、単語レベル、文レベルへと練習を移行していくことが有効であると考えられる。

質問項目④の回答を図2に示す。「ナ行音とラ行音の他に聞き分けが難しい音がありましたか。」という質問に、67.9%の学習者が「ある」と回答している。「それは、どんな音ですか。」の質問項目では、「ある」と回答した全員が「無声・有声破裂音」の聴取が難しいと答えたことが明らかになった(表4)。

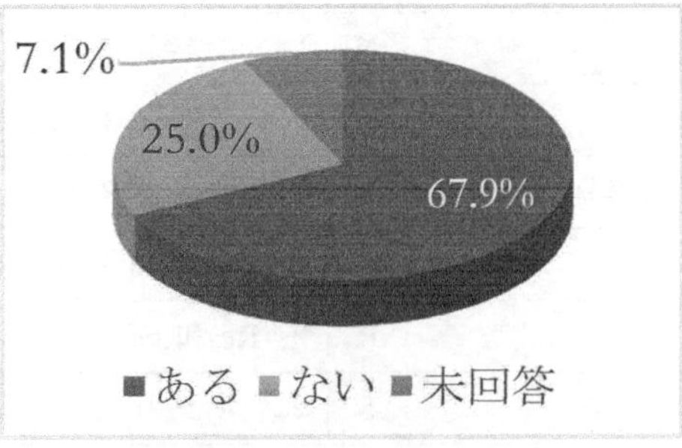

図2　ナ行音・ラ行音の他に難しい音の有無

表4　質問項目④における「ナ行音とラ行音の他に難しい音」の記述内容（原文ママ）

te 会听成 de	KE 和 GE。
TA 会听成 DA，TE 会听成 DE。主要还是浊音和清音不好区分。	清音和浊音同时出现时，会分不清。比如“だ”“で”容易听成“た”“て”。
大概是 TA 和 DA	だ和た读快了就会感觉分不清。
ば パ か が	TO，DO 和 TA，DA 等浊音有时难以分辨
浊音、半浊音几乎全都难以区分	de te 就是浊化
TO 和 DO	TE 和 DE
还有「と」、「ど」、「た」、「だ」，区分是否为浊音对我来说也很难。	“Pa”听成“Ba”“Pi”听成“Bi”
清音与相应的浊音之间	DA TA 容易听不清楚
Da ta de te	で和て
如果不是单独的假名的话，HA 的浊化可能分不清	

大久保（2015）では、広東語母語話者および四川方言話者において、語中ラ行音をダ行音に誤聴する傾向があることが指摘されているため、クイズの問題の選択肢にはラ行音とダ行音も含めて出題したが、本調査協力者においては、ラ行音とダ行音の誤聴に関する記述はなかった。一方、表4の記述内容から「無声・有声破裂音」において様々な音を誤聴していることがわかる。中国語母語話者の「無声・有声破裂音」の混同は、日本語教育において最もよく知られている学習者の発音上の問題点の一つであり、研究も行われている。本調査協力者は「ナ行音・ラ行音」を混同していると自己認識し、練習を希望した学習者であったが、学習者の7割近くが「無声・有声破裂音」も誤聴しており、聴取練習が必要であることが浮き彫りとなった。「ナ行音・ラ行音」を含む日本語の言葉の中には、「無声・有声破裂音」も含まれることが多いため、「ナ行音・ラ行音」が聴取できるようになるだけでは不十分であり、「無声・有声破裂音」も聴取できるようになる必要がある。

5　まとめ

アンケート調査結果から、1週間に10分程度の練習で、学習者は「ナ行音・ラ行音」の聴取能力が向上したと感じていることが明らかになった。この結果から、本 e-learning 教材を使用した自律学習は一定の効果があったことが示唆された。

しかしながら、今回の練習によって学習者の聴取の問題が解消したとは言えないため、練習の継続が求められるであろう。7割近くの学習者に「無声・有声破裂音」の聴取混同もみられることが明らかになったため、「ナ行音・ラ行音」の聴取練習と併せて「有声・無声破裂音」の聴取練習が必要である。また、学習者によって、異なる誤聴傾向が示されているため、学習者が「気づき」を得ながら自律学習を行うことも必要である。さらに自律学習で重要なことは、学習者にe-learning 教材を紹介して学習を学習者に委ねるのではなく、教師が支援していくことである。その方法の一案として、聴取混同の改善を目的とした自律学習を促す学習サイクルを以下に示す（図3）。

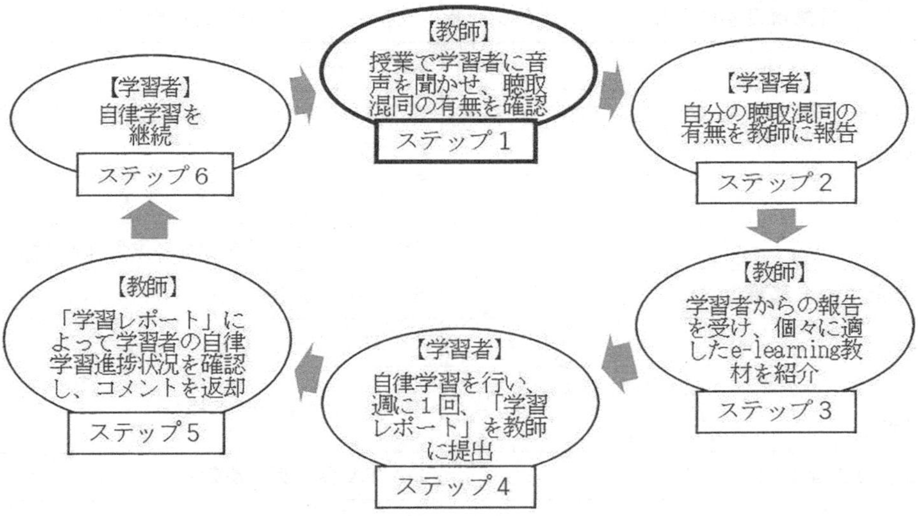

図3　学習者の自律学習を促す学習サイクル

図3の学習サイクルにおける「ステップ1」および「ステップ2」は、本 e-learning 教材の「診断テスト」「確認テスト」に相当するパートである。クラス全体で教師が聴取混同しやすい言葉を聞かせ、学習者に問題点の有無を把握させる。次に「ステップ3」では、教師が学習者に必要なe-learning 教材を紹介し、自律学習を促していく。本サイクルの中で最も重要なのは、「ステップ4」で学習者が提出する「学習レポート」である。本 e-learning 教材に設置されている「感想」に相当するパートであり、このレポートを提出させることによって、学習者に「気づき」が生まれ、音韻習得が促されると考えられる。さらに「ステップ5」で教師は学習者の自律学習の進捗状況を知ることができる。義永(2018)では、自律学習における教師のコメントの重要性が指摘されているが、「ステップ5」で教師が「励まし」「アドバイス」等のコメントを与えることにより、学習者が自律学習を継続していくことが期待される。最後に、学習者の音韻習得には、自律学習の継続が重要であるため(「ステップ6」)、この学習サイクルを繰り返していくことが必要であろう。

本研究では、アンケート調査により、効果を検証し、学習サイクルの提案を行ったが、本 e-learning 教材の「クイズ」の誤答および「感想」を分析することによって、学習者の習得過程を明らかにすることを今後の課題とする。

注

①各大学の日本語講師に協力を仰ぎ、「ナ行音・ラ行音」の聴取練習を希望する学習者を募集し、応募のあった学習者を調査協力者とした。なお、学習者の母方言は、広東語、四川方言、長沙語、福建方言、貴州方言など多岐にわたる。

②感想は、「練習はどうでしたか。」「間違いやすい音がありましたか。」「どの音が難しかったですか。」「クイズに正解するまで、何回音声を聞き直しましたか。」「感想を書いてください。」の5つの質問項目が設けられている。

③アンケートの質問は全て中国語で書かれている。アンケートの配布および回収はメールにて行った。

参考文献

[1] 大久保雅子.日本語学習におけるナ行音·ラ行音の聴取混同:香港広東語母語話者を対象として[J].早稲田日本語教育学,2010(7):97-109.

[2] 大久保雅子.台湾人日本語学習者におけるナ行音·ラ行音·ダ行音の聴取混同[J].日本語/日本語教育研究,2012(3):173-187.

[3] 大久保雅子.中国人日本語学習者による日本語の音韻習得:ナ行音·ラ行音の聴取指導を通して[M]//厦门大学外文学院日语系,厦门大学日本语教育研究中心.东亚与日本学.厦门:厦门大学出版社,2013:85-95.

[4] 大久保雅子.中国語方言がナ行音·ラ行音·ダ行音の聴取に与える影響:広東語話者と四川方言話者を比較して[M]//日本語教育における日中対照研究漢字教育研究論集編集委員会.日本語教育における日中対照研究·漢字教育研究:東京:駿河台出版社,2015:331-348.

[5] 戸田貴子,大久保雅子.新しい音声教育実践における学習者の学び:オンデマンド併用授業における発音学習[J].早稲田日本語教育学,2014(16):1-18.

[6] 義永美央子.自律学習支援のための日本語学習記録における教師コメントの分析[J].多文化社会と留学生交流,2018(22):33-46.

作者情報

氏名:大久保雅子

役職名:准教授

所属機関:早稲田大学日本語教育研究センター

連絡先住所:東京都新宿区西早稲田1-7-14

メールアドレス:okubomasako@gmail.com

如何实现课程思政的学生主体与价值观引导的有机融入
——以日语阅读课堂为例

杭州师范大学　洪优

1　引言

《高等学校课程思政建设指导纲要》要求课程思政教学实现价值塑造、知识传授、能力培养的一体化，倡导以学生为本，激发学生对课程思政的学习兴趣，引导学生深入思考，提升学生的课堂学习体验、学习效果。

如何让学生成为课程思政的主体？如何将价值观引导有机融入知识传授和能力培养之中？带着这些问题，笔者于2021年春季学期对日语阅读Ⅱ课程进行了课程思政教学改革。以下是本次教改的课程概述、教学目标、教学设计、教学案例、教学效果及教学反思。

2　课程概述

日语阅读Ⅱ课程是我校的日语专业选修课程，于大二下学期开课，是帮助学生将日语水平从中级提升至高级的重要课程之一。本课程的教科书采用上海外语教育出版社出版的《日语阅读教程(下册)》。本轮教改对象是日语专业19级学生。每篇课文教学时长为2课时。其中，最后15分钟安排学生做思政小演讲。

3　教学目标

日语阅读Ⅱ课程致力于实现知识传授、能力培养、价值塑造的一体化。课程教学目标包括知识目标、能力目标、素养目标、价值目标。

知识目标为通过本课程的教学，增加学生的词汇量，丰富学生的日语表达，增进学生的日语语感。能力目标为让学生掌握阅读的方法和技巧，建立良好的阅读习惯，培养学生应用语言的能力、综合分析与归纳的能力、调查研究能力、思辨能力。素养目标为引导学生自主学习，加深学生对日本文化的理解，丰富学生的社会背景知识，开拓学生的视野，增强学生对文化差异的敏感性以及包容性。价值目标为帮助学生树立正确的世界观、人生观和价值观。

4　教学设计

教师作为课堂教学的设计者与组织者，首先需要因地制宜地抽取具体章节的思政元素，合理设置课程思政目标。笔者根据每篇课文的内容，挖掘相应的思政元素，将其编入各课的思政小演讲主题中。具体做法是在学期开始前将整个学期的演讲主题及要求告知学生,并明确每位学生的任务,要求学生在阅读课文的基础上,通过查阅文献或采访人物的方式获取相关支撑材料,在课堂上配合 PPT 用日语做演讲。

表1　日语阅读Ⅱ课程思政小演讲主题与思政目标

各课题目	思政小演讲主题	思政目标
第1课 日本文化的特色	与日本菜相比,“中国菜大都毁掉食材本身的形态,用人工做成完全不同于原物的东西”。你同意吗?请查询相关文献	批判阅读,避免武断、以偏概全
第2课 “看得见”的陷阱	通过电视等看到的影像信息可靠吗?你和家人、朋友经历过“看得见”的陷阱吗?应该如何避免此类陷阱?请采访朋友、同学	批判性地获取信息,警惕虚假信息
第3课 纳豆	作者称日本、爪哇、尼泊尔为纳豆三角区域。中国从秦汉开始有关于“纳豆”的记载,中国的纳豆与东南亚各国的纳豆起源有什么关系?在中国,“纳豆”去哪儿了?请查询相关文献	拥有中国情怀,关心中国的历史文化
第4课 幸福,总是在“明天”	作者回忆了他勤勉精进、充满“不安”的人生。作者为何“不安”?你同意幸福总是在明天吗?请采访朋友、同学	树立健康的人生观
第5课 伙伴以外皆为景	你怎么看待所谓的“伙伴以外皆为景”的年轻人法则?你的周围存在这种情况吗?请采访朋友、同学	遵守公共场合礼仪
第6课 促进闲暇的概念变化	人们对“充实时间”的需求正在发生变化,未来社会中,人们将越来越重视将时间用于满足自己的兴趣。你认同这一观点吗?请查询关于人们度过闲暇时间的方式的文献,做出你的预测	珍惜生命,培养兴趣爱好,充实业余生活
第7课 对居住方式的思考	作者认为餐具的使用必须讲究,这样可以带来更佳的美食体验。你拥有给你带来幸福感的餐具吗?采访你的长辈,问询他们从小到大使用的餐具的变化	从餐具的改变,切实体会中国社会经济发展给人民生活带来的变化
第8课 计算机梦境	计算机带来的好处与风险各是什么?你觉得20年后,我们的生活会是怎样?还剩什么领域不受计算机影响呢?我们能做什么降低风险呢?请查询相关文献	以未来世界主人翁的立场辩证地看待计算机给人类社会带来的利弊
第9课 结束日本旅行后次女的改变	作者的女儿首次去日本时有怎样的感慨?为何会这样?你在国外或国内旅游时,有没有发现与自己生活所在地迥异的地方?请采访朋友、同学	跨文化理解,透过现象分析原因
第10课 真正的富足	你如何看待均一化廉价产品的大规模生产和消费导致的产品质量下降、一次性垃圾增多等社会问题?请查询相关文献	辩证地看待社会经济发展过程中的问题,寻找解决方案
第11课 身份相符与不符	你和身边的朋友的消费习惯符合自身经济能力吗?有超额消费购物,导致基本生活费紧张或消费延期还款的情况吗?请采访朋友、同学	建立合理的消费观

（续表）

各课题目	思政小演讲主题	思政目标
第12课 花讯	作者认为，比起园艺工亲自观察、触摸樱花树做出的判断，电脑数据演算得来的花讯少了温暖与幸福感，你怎么看？请采访朋友、同学	重新思考人与自然的关系
第13课 我的新闻阅读法	作者认为新闻报道受到媒体的主观影响，即不同媒体对相同事件的报道不尽相同。请查阅国内外不同媒体对同一热点新闻的报道，并比较分析其异同	培养多方求证的信息素养
第14课 永恒的纽带——我的母亲、我的父亲	因为父母离异，作者由祖母带大，缺少母亲的陪伴与关爱，结婚时才第一次见到父亲。母亲去世后，作者理解了母亲，与父亲相处后也逐渐喜欢上这个已步入老年的父亲。在文末，作者将自己与父母的关系解读为通过情感与共鸣而相互连接的纽带关系。你怎么看待子女与父母的关系？请采访朋友、同学	珍惜亲情，反思子女与父母的纽带关系

如表1所示，思政小演讲的主题与课文内容具有自然且密切的关联，既基于课文又是对课文内容更进一步的思考与探索。这就为把价值观引导有机融入知识传授和能力培养提供了前提条件。另一方面，让学生用日语做演讲，这既能锻炼学生的日语应用能力，又保证了学生的思政主体性，进而实现价值观引导与能力培养的结合。

在教学方法上，笔者采用线上线下混合式教学模式，力求将课程思政贯穿于教学全过程，详见表2。

表2　日语阅读Ⅱ课程思政“雨课堂＋QQ”混合式教学模式

课前（线上）	教师推敲确定思政元素，选取思政素材，诊断学情，上传参考资料，布置小演讲任务
课中（线下）	课文学习，学生思政小演讲，师生问答，生生问答
课后（线上）	教师评价，生生互评 学生修改小演讲内容，充实学习档案袋

思政小演讲环节的教学评价采用多主体、描述性的评价。多主体评价指教师评价与生生互评相结合。描述性评价指从知识、能力、情感、态度、价值观等维度对目标达成情况进行分级和描述。

考虑到课堂时间有限，教师评价与生生互评均安排在课后进行。其中，生生互评问卷经由雨课堂平台推送至学生的手机，学生通过问卷对演讲人的知识、能力、情感、态度、价值观进行五级制评价。教师评价则是对这五方面进行描述性评价，并指出“优点”与“问题点”。教师将评价结果整合后，反馈给演讲人并给出相应的建议。

5　教学案例

笔者以第13课为教学案例进行说明。课文以2003年著名影星施瓦辛格竞选美国加州州长为话题，列举了《每日新闻》《日本经济新闻》《朝日新闻》《日刊体育》等日本主流媒体的报道，这些媒体对其竞选表现褒贬不一。作者由此提醒读者冷静解读媒体传递的信息。正如表1所示，本课思政小演讲的主题是“作者认为新闻报道受到媒体的主观影响，即不同媒体对相同事件的报道不尽相同。请查阅国内外不同媒体对同一热点新闻的报道，并比较分析其异同”。思政目标是引导学生立足中国，放眼全球，关注社会热点，通过对国内外媒体报道的比较，“培养多方求证的信息素养”。

针对本课小演讲的主题，笔者在课前引导学生观看慕课“新闻评论”，激活学生对信息素养的感知。课中，指导学生对比不同媒体报道新闻的倾向并分析其原因，再通过思政小演讲环节，加深学生对多方求证的必要性的认同感。以下介绍三位学生的演讲情况。

第一位演讲人是李同学。演讲题目是“媒体应有的立场”。李同学首先探讨了媒体的定义，然后展示了 BBC“重返湖北”报道的截图，对该画面的真实性提出了质疑。身处中国，我们清楚地知道武汉的高速入口已经恢复正常通行。另外，李同学指出，即便是对相同内容的报道，BBC 面向中国播放的画面色彩是鲜艳的，但是面向其他国家时，其画面却灰蒙蒙的，刻意营造出让人心情沉重的雾霾效果。李同学的结论是媒体应该客观公正地进行新闻报道，不能为博眼球而颠倒是非、弄虚作假。不然，会失去公信力。

第二位演讲人是周同学。演讲题目是“我的新闻阅读法”。周同学聚焦蔡英文拒绝大陆提供的疫苗，一意孤行地强推台湾自产疫苗的事件，从人民网、环球网、台湾东森新闻“关键时刻”节目及日本媒体的报道中选取相关内容，进行了比较分析。周同学认为新闻报道选择的主题、内容、关注的角度都是媒体权衡得失后的结果。其中一个重要因素是迎合受众的心理。周同学建议读者思考媒体隐藏在新闻报道背后的意图。

第三位演讲人是陈同学。演讲题目是“国内外新闻报道之比较”。陈同学首先比较了不同级别、不同定位的媒体对同一个事件的重视度及用词的特点。再聚焦日本导演竹内亮拍摄的关于中国抗击新冠肺炎疫情的纪录片《武汉，好久不见》，对比了中国媒体与国外媒体对此纪录片的不同评价。该纪录片颇受中国网民和中国媒体的认可。但是，在国外，出于对中国的不了解与敌意，多见质疑、诋毁该纪录片的报道。陈同学的结论是新闻报道往往基于各国的立场展开，存在政治性，服务于本国的需要，读者在面对国外媒体报道时需要养成辨别真伪的能力。

从教师评价与生生互评的结果来看，上述三位演讲人共同的优点是选材得当，分析比较全面，都体现出了不盲信、多方求证的价值观。此外，李同学的优点是演讲有气场，带入感强，语言表达的节奏拿捏恰当，内容通俗易懂，PPT 配图具有说服力。周同学的优点是有自信，语言表达铿锵有力。陈同学的优点是内容丰富，对媒体的认识比较深刻。三位演讲人共同的不足之处是在“情感流露，引发观众共鸣”方面有欠缺。笔者由此建议演讲人增强观众意识，以提高演讲的感染力。此外，周同学演讲时语速偏快，陈同学在演讲中多有表达卡顿、重复的情况。鉴于此，笔者建议周同学用观众能够接受的语速发言，建议陈同学提高句子表达的完整性与熟练度。

6 教学效果

以学生为主体的课程思政教学的效果主要通过学生的思政小演讲体现。再以第13课为例，三位演讲人的演讲都展现了多方求证、批判阅读的信息素养，让全班学生对 BBC 有关武汉疫情的报道、台湾强推自产疫苗的报道、纪录片《武汉，好久不见》的相关报道有了多角度的、相对全面的认识，充分达到了预期效果。

通过本轮课程思政实践，日语阅读Ⅱ课程形成了“提高阅读能力，培养思辨素养”“基于问题导向，注重调查研究”“发挥学生主体性，让思政自然发生”的课程育人特色。每位学生在准备演讲资料、课堂演讲、课堂问答、师生评价等各个环节都得到了知识、能力、价值观这三个层面的综合学习体验。本轮教改较好地达成了日语阅读Ⅱ课程各项思政教学目标的有机融入，实现了课程思政以学生为主体，有助于学生养成亲近思政的习惯，拥有良好的世界观、人生观与价值观。

7 教学反思

值得注意的是，教师在设置思政小演讲主题时，需要充分考虑学生的认知发展水平。其次，小演讲应该难度适中，既不能让学生望而却步，也不宜让学生不屑一顾。只有这样，才能让学生有话可说，有效激发学生的主观能动性。另外，小演讲主题应该既体现时代感，又贴近学生的日常生活。这不仅可以避免演讲主题与教学内容脱节，起到在潜移默化中对学生进行思政教育的效果，还能促进学生关心身边事、身边人，培养学生的主人翁精神与社会责任感。

另外，教师拟好合适的小演讲主题后，需要丰富课程资源。笔者在本次教改实践中，从学习强国、人民网、中国网、新华网等主流平台选取了与思政目标相关的影像、文字内容作为补充资料，在课前通过课程群发送给学生，同时鼓励学生通过课程群共享值得推荐的信息。上述途径不仅可以优化课程思政内容，还可以有效地帮助学生拓宽思路，收获良好的学习体验。

参考文献

中华人民共和国教育部.高等学校课程思政建设指导纲要[EB/OL].(2020-05-28)[2021-10-07].http://www.gov.cn/zhengce/zhengceku/2020-06/06/content_5517606.htm.

作者信息

姓名：洪优
职称：讲师
单位：杭州师范大学
联系地址：杭州师范大学仓前校区外国语学院日语系
电子邮箱：hongyou7@126.com

上級日本語学習者が作成したビジネスEメール「依頼」「断り」の分析
—中国人大学生のケース—

大連外国語大学　吉崎奈々

1　はじめに

本研究では、学習歴9年目の中国人上級日本語学習者(以下、上級学習者)が作成した、ビジネス場面の「依頼」と「断り」のEメールを資料とし、ポライトネス意識と語用論的運用力の考察を行い、得られた示唆を日本語教育へ還元したい。

2　先行研究

ポライトネス意識を主とした「依頼」のメールにおける日中対照研究では、橋元(1992)により、日本語母語話者が「上下関係」、中国語母語話者が「親疎関係」に敏感に反応することが指摘されている。類似の指摘は李(2008)にも見られ、中国語母語話者では親しい目上の人に何かを「依頼する」場合、親しさを強調する傾向が見られるとされる。そこで、中国人日本語学習者においては、中国語のポライトネス意識に惑わされる可能性が示唆された。日本語では、距離をおくことで丁寧さを表すため、「親しさの強調」は適切な関係を築く上で注意が必要となる。

「断り」のメールにおいては、濱田等(2013)による、中級レベルの中国人留学生と日本語母語話者の比較から、中国人留学生のほうが「冒頭の挨拶」を頻繁に用い、挨拶を長く書く傾向があることや、「謝罪」の繰り返しが多いことが指摘されている。加納、梅(2002)による社会人を対象とした調査では、日本語を学んだ経験のない中国人が中国語でメールを作成する場合、上下関係より親疎開係を重視し、特に親しい目上に気配りをしている傾向があることや、同じ目上の人であっても、疎の場合「直接的な断り」を用いやすい傾向が指摘された。

以上のように、「依頼」「断り」のメールにおいて、日中言語使用における様々な違いが指摘されている。特に、李(2008)の調査では、「依頼」において、ポライトネス意識と言語使用の双方から調査され、本研究では、これに多くを学んだ。しかし、研究の主たる目的が日中言語におけるポライトネス意識の対照調査であるため、調査対象者は、日本語を学ぶ中国語話者、すなわち日本語学習者ではなく、分析資料に使用された言語も中国語である。「断り」の先行研究では、中国人日本語学習者の調査結果であるが、記述からの調査のみであり、ポライトネス意識の量的分析や調査は行われていない。また、中国人上級学習者における、ビジネス文章作成時のポライトネス意識の調査は、管見の限りなかった。

3 研究方法

3.1 分析の枠組み

本研究における課題は、2つとした。1つ目は、上級学習者の「依頼」「断り」場面におけるポライトネス意識の特徴について。2つ目は、1の結果と使用された表現から、運用力とその特徴の確認である。

分析には、李(2008)に倣い、元(2005)で示された「ポライトネスの軸」(表1)を援用した。「ポライトネスの軸」は、「ストラテジー間や同一ストラテジー内における様々な言語行動のポライトネスの度合いを測ることができる」(元,2005:34)とされる(表2)。運用力の確認には、山岡等(2010)で示された、「7種の配慮表現の原理と語彙リスト」を援用した。7種は、利益、負担、緩和、賞賛、謙遜、賛同、共感表現に分けられる。「7種の配慮表現の原理と語彙リスト」の特徴は、リーチ(1987)のポライトネスの原理との関連性—対人関係での行為として相手にとって望ましいもの(利益、賞賛、一致)を最大化し、また相手にとって望ましくないもの(負担、非難、不一致)を最小化しようとする行動等—を明確にしながら、個々の配慮表現がそれぞれの使用文脈においてどのような配慮機能を果たすのか、鮮明に確認できる点である(山岡,牧原,小野,2010)。

表1 「ポライトネスの軸」(元,2005および李,2008:120引用)

	各軸の説明
Ⅰ.配慮の軸	相手を傷つけないよう(円滑な人間関係を確立·維持)最も配慮する態度で表すことを5、最も配慮しない態度で表すことを1とする。
Ⅱ.間接性の軸	意思を最も婉曲的に伝える態度で表すことを5、意思を最もストレートに伝える態度で表すことを1とする。
Ⅲ.親近感の軸	最も親近感を示す態度で表すことを5、最も親近感を示さない態度で表すことを1とする。
Ⅳ.距離の軸	最も距離を置く態度で表すことを5、最も距離を置かない態度で表すことを1とする。
Ⅴ.改まりの軸	最も改まった態度で表すことを5、最も改まっていない態度で表すことを1とする。

表2 元(2005)によって提案された「ポライトネスの軸」の構成項目の種類と区分

区分	1.ストラテジーの根底		2.ポライトな内語行動		
軸	配慮の軸	改まりの軸	親近感の軸	距離の軸	間接性の軸
反映された基本理論	Brown, Levinson (1987) 普遍性	井出等(1986) わきまえ	Brown, Levinson (1987) ポジティブ·ポライトネス	Brown, Levinson (1987) ネガティブ·ポライトネス	Brown, Levinson (1987) オフ·レコード

たとえば、利益表現では、「非言語的な利益の授受行為に関する原則、自利大·他利小に適

う配慮表現」であり、自利大では「ぜひ」「～幸いです」、他利小では「ご笑納ください」が該当する。負担表現では、「負担に関わる原則、他負大・自負小に適う配慮表現」であり、他負大であれば「恐縮ですが」「恐れ入りますが」などの前置きが該当し、自負小であれば「ぜんぜん」「喜んで」などが該当する。

本稿では、ポライトネス意識という内面に潜むストラテジーと、実際にどのような表現と語彙が用いられているかを論じるため、対人関係上の行為としての具体的な表現例をカテゴリーごとに分けた、「7種の配慮表現の語彙リスト」を援用することで、より詳細な分析が可能になると考える。また、量的分析と表現分析の2つの方法を採ることで、上級日本語学習者の語用論的運用力が深く確認できるものと考える。

3.2 資料

上海市にある大学の日本語学部で学ぶ3年生(学習歴9年目)10名が作成したEメールを資料とした。調査期間は、2020年4月20日～30日である。「あなたは日本企業(日本語環境)で働く入社3年目の会社員である」という設定のもと、日本人の上司、先輩、同僚、社外の対人関係において、表3にまとめた各場面で、自分ならどう「依頼」「断り」を行うか、Eメールを作成してもらった。調査対象者には、各自がメールを作成する際に意識することを、5段階の評定(元,2005を援用)で記録するように指示した(表1、表2)。

本調査での場面設定の特徴は、社外にあたる場面④および⑧の役職設定を「担当者」としたことである。社内と社外というウチとソトにおいて、どのような違いが見られるか、また社外(ソト)に対して、目上であるか否かといった意識も確認できるものと考える。

得られた評定値の順位値から、課題1は量的分析とし、場面によって順位値に有意差が見られるかどうか、ノンパラメトリック検定の一つで対応のあるフリードマン検定を用いて行った。課題2については、作成されたメールから表現と語彙を取り上げ、山岡等(2010)で示された「7種の配慮表現の原理と語彙リスト」に照らし合わせた。

表3　メール作成の場面と課題の設定

場面	「依頼」する				「断り」の返事を行う			
設定	社内(同部署所属)			取引先	社内(同部署所属)			取引先
	①上司	②先輩	③同僚	④社外	⑤上司	⑥先輩	⑦同僚	⑧社外
	直属	所属部内		担当者	直属	所属部内		担当者
課題	1.会議の開催(打ち合わせ面談)を知らせ、出席依頼(面談依頼)をする。				2.会議出席(打ち合わせ面談)依頼に対し、断りを行う。			

4　結果と考察

4.1　量的分析の結果と「依頼」「断り」の特徴

フリードマン検定の結果を表4-1、表4-2に示す。なお、表5は、表4-1で得られた数値を順位化し並べたもの、表4-1の結果、場面別に軸の度合を順に並べたものが、表6である(ネガティブは、ネガティブ・ポライトネス、ポジティブはポジティブ・ポライトネスを表す)。

「依頼」「断り」各場面の「配慮度」「間接度」「親近度」「距離度」「改まり度」に有意差があるかを検定した(表4-2)。「依頼」各場面では、5%水準で検定したところ、「配慮度」「間接度」「距離度」「改まり度」に有意差があることが認められた(p＜0.05)。「親近度」については、有意差があるとは認められなかった。「断り」各場面では、1%水準で検定したところ、全体として有意差があると認められた(p＜＝0.01)。

表4-1をみると、「依頼」場面において、有意差の認められた「配慮度」の数値が最も高かったのは、①上司4.45である。次いで④社外、③同僚、②先輩の順であった。嶋田(2013)では、中国人学習者の目上に対する「配慮の意識」が大きいことが指摘されているが、本調査からは、②先輩への「配慮度」が最も低く、②先輩に対しては、大学生活などで見られる「先輩後輩」という親しさを前提とした関係を意識している可能性が示唆される。

直接的に伝えるか、間接的に伝えるかを表す「間接度」では、④社外が最も高く、間接的な言い方を選択していた。③同僚は1.65となり、直接的な言い方を選択する傾向が見られた。

表4-1　フリードマン検定の結果(場面別)(太字は最も高い値)

場面		平均順位				
		配慮度	間接度	親近度	距離度	改まり度
依頼	①上司	**4.45**	2.50	1.45	2.55	**4.05**
	②先輩	3.55	2.20	2.75	**2.75**	3.75
	③同僚	3.75	1.65	**4.00**	2.45	3.15
	④社外	4.30	**2.80**	1.45	2.40	**4.05**
断り	⑤上司	**4.20**	**3.05**	1.45	1.95	4.35
	⑥先輩	**4.20**	2.50	2.55	1.85	3.90
	⑦同僚	3.90	2.20	**4.30**	1.70	2.90
	⑧社外	3.90	3.00	1.55	**2.55**	3.95

表4-2　フリードマン検定の結果(有意差)

場面	統計量	配慮度	間接度	親近度	距離度	改まり度
依頼	カイ2乗	21.574	18.250	7.731	8.232	18.459
	自由度	3	3	3	3	3
	有意確率	0.000	0.000	0.052	0.041	0.000
	有意差判定	*	*	—	*	*
断り	カイ2乗	15.938	18.662	11.400	19.169	24.391
	自由度	3	3	3	3	3
	有意確率	0.001	0.000	0.010	0.000	0.000
	有意差判定	**	**	**	**	**

*:p＜0.05　　**:p＜＝0.01

4.1.1 「依頼」における目上への「親しさ」意識

李(2008)と同様に、「親近度」から、親しい目上の人に何かを「依頼する」場合、親しさを強調する傾向について確認する。本研究において、「目上」に当たるのは、上司、ついで、先輩である。表4-2のように、「依頼」場面の「親近度」については、有意差があるとは認められなかった($p<0.05$)。詳しくみると、「親近度」を表す意識は、①上司より②先輩の数値が高く、さらに②先輩より③同僚の数値が高い。また、①上司と③同僚では約2倍の差が見られた。これを表5の軸別でみると、「依頼」場面における「親近度」を表す意識は、③同僚>②先輩>①上司⩾④社外となっている。「親疎関係」についても、李(2008)と同様に、「親近度」と「距離度」から、「親近度が距離度を上回れば、親疎関係による影響がある」という基準で確認する。

表5　軸別にみたポライトネス意識の度合い

軸	「依頼」場面	「断り」場面
配慮度	①上司>④社外>③同僚>②先輩	⑤上司⩾⑥先輩>⑦同僚⩾⑧社外
間接度	④社外>①上司>②先輩>③同僚	⑤上司>⑧社外>⑥先輩>⑦同僚
親近度	③同僚>②先輩>①上司⩾④社外	⑦同僚>⑥先輩>⑧社外>⑤上司
距離度	②先輩>①上司>③同僚>④社外	⑧社外>⑤上司>⑥先輩>⑦同僚
改まり度	①上司⩾④社外>②先輩>③同僚	⑤上司>⑧社外>⑥先輩>⑦同僚

表6　場面別にみたポライトネス意識の度合い軸

場面		高(左寄り)	←	度合いの順	→	低(右寄り)
依頼	①上司	普遍性	わきまえ	ネガティブ※	オフ·レコード	ポジティブ
	②先輩	わきまえ	普遍性	ネガティブ※	ポジティブ	オフ·レコード
	③同僚	ポジティブ	普遍性	わきまえ	ネガティブ	オフ·レコード
	④社外	普遍性	わきまえ	オフ·レコード	ネガティブ※	ポジティブ
断り	⑤上司	わきまえ	普遍性	オフ·レコード	ネガティブ	ポジティブ
	⑥先輩	普遍性	わきまえ	ポジティブ	オフ·レコード	ネガティブ
	⑦同僚	ポジティブ	普遍性	わきまえ	オフ·レコード	ネガティブ
	⑧社外	わきまえ	普遍性	オフ·レコード	ネガティブ	ポジティブ

表6では、「依頼」場面の①上司、②先輩、④社外において、「距離度」すなわち「ネガティブ」の方が「ポジティブ」より高く(表6※印)、表4-1の数値からも、「親近度」と「距離度」では、「親近度」の数値は「距離度」を上回っていない。よって、李(2008)と同様の「距離度」と「親近度」からの測定では、親しい目上の人に「依頼」を行う場合、上級学習者では、中国語でのポライトネス意識に惑わされる傾向があるとはいえない。

4.1.2　「断り」の特徴

「断り」では、フリードマン検定の結果、全てにおいて有意差が確認された。表5から、その特徴を見ていくと、「配慮度」は、⑤上司⩾⑥先輩>⑦同僚⩾⑧社外の順となっており、⑤上司と⑧社外では意識に差が見られた。「間接度」では、⑤上司に対し最も婉曲的に示す意識であることがわかる。さらに、「改まり度」では、⑤上司>⑧社外>⑥先輩>⑦同僚となり、⑤上司が最も高い数値となった。よって、「断り」においては、加納、梅(2002)で指摘された「親しい目上への気配り」傾向が上級学習者にもあることが認められる。また、「間接度」「改まり度」では、社外に対する意識は高いものの、一方で「配慮度」に対する意識は低い。日本語では、「依頼」や「断り」の場面において、コミュニケーション態度として配慮が欠かせないことから、日本語の使用においては注意が必要となる。

表6からも、全体的に丁寧さや婉曲性に対する意識が高いことがわかる。一方で、量的分析からは、上級学習者の注目すべき特徴として、「断り」における「配慮度」が確認される。

4.2 配慮表現の分析結果と運用力

「依頼」「断り」の双方を「7種の配慮表現の原理と語彙リスト」に照らした結果、わずかながらも、先行感謝など特徴的な母語的影響が確認された。また、直接的な謝罪表現が見られた。そこで、「7種の配慮表現の原理と語彙リスト」に、謝意を表す「感謝表現」、直接的な謝罪を表す「謝罪表現」の2項目を加えて分析した。緩和、賞賛、謙遜、賛同表現は使用されておらず、使用された原理は5種であった(表7)。

表7 場面ごとにおけるカテゴリー別表現使用頻度と全体から見た割合(四捨五入)

区分	「依頼」場面					「断り」場面					合計
	①上司	②先輩	③同僚	④社外	小計	⑤上司	⑥先輩	⑦同僚	⑧社外	小計	
利益	11 (42%)	3 (12%)	6 (23%)	6 (23%)	26	3 (50%)	0 (0%)	0 (0%)	3 (50%)	6	32
負担	25 (61%)	4 (10%)	1 (2%)	11 (27%)	41	8 (31%)	6 (23%)	3 (12%)	9 (35%)	26	67
共感	7 (27%)	9 (35%)	10 (38%)	0 (0%)	26	7 (28%)	9 (36%)	9 (36%)	0 (0%)	25	51
謝罪	1 (100%)	0 (0%)	0 (0%)	0 (0%)	1	6 (26%)	5 (22%)	4 (17%)	8 (35%)	23	24
感謝	0 (0%)	1 (13%)	0 (0%)	7 (87%)	8	1 (10%)	0 (0%)	0 (0%)	9 (90%)	10	18

注:表中の区分におけるカテゴリー略語は、利益は利益表現(自利大)、負担は負担表現(他負大)、共感は共感表現、謝罪は謝罪表現、感謝は感謝表現を表す。

「依頼」場面では、「利益表現(自利大)」「負担表現(他負大)」といった配慮表現の使用は、上司にやや集中しており、4.1.1で示されたように、ポライトネス意識が母語に惑わされる傾向は見られないものの、日本語表現の使用においてその産出は十分とまではいえない。ポライトネス意識において、母語的影響を排除できていながらも、それを適切に表現できていない背景要因として、個々の配慮表現が表す意味の理解の不十分さ、授受の受け手と送り手の文法的理解不足、さらに使用不足の気づきの欠如が考えられる。

まず、配慮表現が表す意味の理解について検討してみたい。表7から、「利益表現(自利大)」として実際に使用された、「幸いです」を取り上げる。「幸いです」は、共起関係により、文の意味に違いが生じる場合がある。以下に、その例としてA、B、Cの3つをあげる。

A:お返事いただけると幸いです。「婉曲的要求」
B:ご笑納いただけると幸いです。「婉曲的依頼」
C:ご変更いただけると幸いです。「婉曲的要求」

上記A、B、Cの例は、いずれも、書き手の利益表現(自利大)が含まれ、読み手に行動を促す待遇表現である。まず、「依頼」について、小泉(1990)による「どうぞ」と依頼表現の共起関係に照らせば、上記3つの意味は、A、Cでは「どうぞ」を冒頭に置くことができない「婉曲的要求」となり、Bは「どうぞ」を冒頭に置くことが可能な、「婉曲的依頼」である。Bでは、書き手が読み手にモノを送るため、「どうぞ受け取ってください」となり「婉曲的依頼」となる(Bは、「幸いです」という利益表現(自利大)と、他利小の利益表現が共に使用されている)。AやCでは、読み手の負担が大きくなる「断り」の返事ならば、「恐縮ですが」など負担表現を添えることで、配慮を示すことができるであろう。つまり、「幸いです」は、共起関係が「どうぞ」であるか、「恐縮ですが」であるかによって、文の意味に変化が生じ、AとCでは、「恐縮ですが」の共起使用により、丁寧さや配慮が表現できる。そこで「幸いです」という語彙単位での使用では、「断り」においては、丁寧さや配慮は不十分となる。

読み手が日本語母語話者の場合、「断り」における「配慮度」では、「わきまえ」(井出,荻野,川崎,等,1986)を期待して読むものと考えられる。「恐縮ですが」といった負担表現としての共起語が不足すると、読み手には「働きかけ」(井出,荻野,川崎,等,1986)という言語態度に捉えられてしまうことや、丁寧さが失われてしまうこと、失礼表現となることもある。

分析の結果、「利益表現(自利大)」を表す「幸いです」は、先輩や同僚には使用されておらず、上司と社外への断りのみに「要求」の意味で使用されていた。「負担表現(他負大)」は、上司、先輩、同僚、社外のいずれにも使用されていることから、「幸いです」に関して、語彙の表面的な理解に留まり、「読み手への感謝」と捉えている可能性も否めない。

次に、表7では、「依頼」と比較して、「断り」での利益表現使用は負担表現よりも低く、一方で謝罪表現の使用が多く見られることから、失礼さの回避形跡が見られる。しかし、表7の「依頼」と「断り」における利益表現、負担表現の使用量を比較すると、「依頼」の方がいずれも多く、負担表現では、「依頼」全体で41例使用されており、「断り」の26例と比較すると大差がある。前置き的表現である負担表現が表すのは、読み手への配慮であり、謝罪表現が担う役割とは異なる。上司と社外を比較すると、「断り」の負担表現使用は殆ど差が見られないことから、表5の「配慮度」と合わせて考察すると、社外に対して意識面においても表現使用においても、配慮に関する不足があると考えられ、語用論的運用力の課題とも言える。

日本人大学生の断り文における好感と不快感を調査した村井(2009)では、親しい間柄であっても相手に対して配慮が求められていると指摘されている。また、謝罪表現の使用の有無は断る側と断られる側との間で捉え方が異なり、コミュニケーションの齟齬が生じる可能性が示唆されている。日本語では、「距離度」や「改まり度」のみの方略、謝罪表現の使用のみでは、かえって「そっけなさ」が生じたり、強く響きすぎてしまうこともある。また、先に示した「幸いです」のように利益表現の「自利大」が強調され、結果、要求的表現となってしまい、不快感に繋がりやすくなることもある。このようなコミュニケーション齟齬を最小限にするために、直接的な謝罪表現の使用に代わり、「恐縮ですが」などの負担表現と「幸いです」といった利益表現を併用することで「間接度」が表せ、コミュニケーション態度としての「配慮度」や「距離度」「改まり度」もまた示すことができると考えられる。

5　おわりに

本研究では、学習歴9年目の上級学習者を取り上げ、「依頼」と「断り」のポライトネス意識と運用力を考察した。その結果、「依頼」には、母語的影響が見られないものの、「断り」においては、配慮に関する課題が浮かび上がった。すなわち、「断り」の特徴として注目されるのは、「配慮」であり「いかに伝えるか」である。

文法的な間違いとは異なり、表面化し難い語用論的運用力は、母語を同じくする者同士が学ぶJFL環境では、なかなか気づきが得られないだろう。また、「理解ができているから、正しく使用できている」という信じ込みも生じやすいと思われる。学習者のビリーフは、学習歴が長くなることで堅持され、受容度が低下することは否めない(久保田,2007)。上級学習者の指導に当たっては、語彙的な意味理解に留まらず、文法的な授受関係、共起語を伴い文中で使用されたときの意味、さらに読み手の理解と捉え方に気づかせながら、日本語の習得を深めさせることの必要性が示唆される。

参考文献

[1] BROWN P, LEVINSON S C. Politeness: Some Universals in Language Usage [M]. Cambridge: Cambridge University Press, 1987.

[2] 濱田美和,古本裕子,桑原陽子,等.中国人留学生と日本人大学生の断りのEメールの比較[J].富山大学人間発達科学部紀要,2013,8(1):221-233.

[3] 橋元良明.婉曲的コミュニケーション方略の異文化間比較:9 言語比較調査[J].東京大学社会情報研究所調査研究紀要,1992(1):107-159.

[4] 井出祥子,荻野綱男,川崎晶子,等.日本人とアメリカ人の敬語行動:大学生の場合[M].東京:南雲堂,1986.

[5] 加納陸人,梅暁蓮.日中両国語におけるコミュニケーション·ギャップについての考察:断り表現を中心に[J].言語と文化,2002(15):19-41.

[6] 小泉保.言外の言語学:日本語語用論[M].東京:三省堂,1990.

[7] 久保田美子.ノンネイティブ日本語教師のビリーフの研究[D].浦安:明海大学, 2007.

[8] ジェフリー·N.リーチ.語用論[M].池上嘉彦,河上誓作,訳.東京:紀伊国屋書店,1987.

[9] 李宜真.依頼の言語行動に関する日中語対照研究:ポライトネスの観点から[J].東北大学高等教育開発推進センター紀要,2008(3):117-129.

[10] 村井巻子.「断り」行為において好感と不快感を決定する要因は何か:『スピーチ·レベル』と『方略』の二つの方策から[J].筑波大学地域研究,2009(30):17-29.

[11] 嶋田みのり.日本語の「誘い」場面におけるEメールの談話構造と表現形式[J].創価大学大学院紀要,2013(35):217-242.

[12] 山岡政紀,牧原功,小野正樹.コミュニケーションと配慮表現[M].東京:明治書院,2010.

[13] 元智恩.日韓の断わりの言語行動の対照研究:ポライトネスの観点から[D].つくば:筑波大学,2005.

作者情報

氏名:吉崎奈々
役職名:外国籍教師
所属機関:大連外国語大学
連絡先住所:遼寧省大連市旅順口区旅順南路西段6号
メールアドレス:nana19_ch@yahoo.co.jp

ハイブリッド型教育を目指した日本語音声教育の新たな試み*

上海外国語大学日本文化経済学院　凌蓉

1　はじめに

ハイブリッド型授業とは、オフライン授業とオンライン授業を組み合わせて実施する授業である。

コロナ禍の影響で大学に来られない学生のために、世界の多くの国々でハイブリッド型授業が実施されている。一方、中国で議論されているハイブリッド型授業は、教育レベルの向上を目的とするものである。

本稿は、筆者のここ数年間におけるオフライン、オンライン、ハイブリッド型日本語音声教育の新たな試みについて述べるものである。

2　オフライン教育

日本語学習の入門段階においては、音声教育は欠かせないものである。入門段階における音声教育は、五十音図の発音を中心とし、そのうえで、濁音·半濁音、拗音·拗長音、長音·撥音·促音などを順次教えていくのが普通である。

しかし、入門段階が過ぎても、専門的な日本語音声授業を設けて、日本語音声教育を継続する大学は少ない。というのは、多くの大学では、日本語の音声教育より日本語の文法教育、語彙教育に重きが置かれているためである。その結果、学習者の日本語音声知識や日本語発音のレベルは入門段階で習ったものにとどまり、その後のさらなる進歩は難しい。上達しようとすれば、学習者たちは自分自身の力で音声学の知識を独習しなければならない。ただ、そこまでできる学習者はかなり少ない。

筆者は2000年から上海外国語大学日本文化経済学院で日本語音声学という専門的に音声知識を教える授業を開設し、2009年に『日語語音教程』という音声指導の教科書を出版し、2015年にその改訂版を出版した。

教科書の内容は主に音素、拍、アクセント、イントネーションという四つの部分に分かれている。そのうち、アクセントは重点であり、名詞、数詞、動詞、形容詞のような自立語のアクセントのみならず、自立語＋付属語、つまり文節のアクセント変化のルールも含まれて

* 本文为2021年度上海高校市级重点课程“《日语语音学》线上线下混合式课程”（项目编号：沪教委高〔2021〕34号）和2022年度上海高等学校一流本科课程“《日语语音》优质在线课程”（项目编号：沪教委高〔2023〕2号）的阶段性研究成果。

いる。

授業のとき、教科書の内容に沿って、日本語の音素、拍、アクセント、イントネーションの特徴·ルールなどを教えている。

もちろん、発音レベルを高めるには、特徴·ルールを知るだけでは不十分で、実践をしなければならない。そのため、授業中、単語·文·文章朗読の練習も学生たちにさせている。

3　教材の改革

2016年、『NHK日本語発音アクセント辞典(新版)』が18年ぶりに改訂され、『NHK日本語発音アクセント新辞典』が出版された。

『NHK日本語発音アクセント新辞典』において、新しいアクセント記号が用いられ、収録語数が大幅に増加し、また、アクセントの変更がある語や語の組み合わせが多かった。

以上のことがきっかけで、筆者は『日語語音教程(改訂版)』を再度改訂し、2020年に『日語語音教程(第三版)』を出版した。

『日語語音教程(第三版)』は主に以下の4点の改革を試みていた。

(1)アクセント記号の変更

2016年に出版された『NHK日本語発音アクセント新辞典』において、アクセント記号として、「＼」が用いられている。今までのアクセント記号より入力しやすくなったため、『日語語音教程(第三版)』も「＼」を用いるようになった。

(2)単語のアクセント及びアクセントルールの修正

『NHK日本語発音アクセント新辞典』において、名詞·動詞·形容詞といった単語のアクセントの変更及びこれらの語に助動詞·助詞がつく場合のアクセントルールの変更もあった。『日語語音教程(第三版)』もそれにしたがって修正をした。

(3)平仮名の使用

『日語語音教程』の第一版と改訂版は日本のアクセント辞典及び日本の音声教科書に倣って、単語の発音を示すのに片仮名を用いることにしていた。片仮名なら、単語の実際の発音をより正確に示すことができるためである。

しかし、読者から「片仮名は日本語の初級学習者にとって非常に難しい」というメールをもらった。中国人日本語学習者向けの教材である以上、やはり中国人学習者のニーズに応え、学習の便宜を図ることが最も重要であると考え、『日語語音教程(第三版)』では、できるだけ片仮名のかわりに平仮名を用いるようにした。

(4)マイクロレクチャーの導入

マイクロレクチャーは、一般的に、講義の内容を10分間前後にまとめるショートビデオのことを指す。断片的な時間をもって、繰り返しマイクロレクチャーを見ることができ、学習者に喜ばれているため、近年、マイクロレクチャーはさまざまな分野の講義で盛んに用いられるようになっている。『日語語音教程(第三版)』は、通常の日本語音声教科書と同様に発音の模範を示す音声があるのみならず、発音規則の学習の便宜を図るために、教科書を解説するショートビデオも含んでいる。ショートビデオ、つまりマイクロレクチャーの数は80個で、1個あたり5～10分間で、合計618分間である。

4 オンライン教育

中国大学MOOCで公開されたMOOC「日本語の発音」を通じ、オンライン日本語音声教育の試みをしてきた。

MOOCの全称は、Massive Open Online Course(大規模公開オンライン講座)であり、インターネット上でだれもが無料で受講できる大規模な開かれた講義のことである。

趙等(2017:41)は、中国におけるMOOCの状況を概観し、中国のMOOCを次の4種類に分けている。

(1)大学及び大学連盟による学業MOOC

大学及び大学連盟による学業MOOCは、学堂オンライン、好大学オンライン、UOOC連盟、ewantを含んでいる。

(2)開放大学による成人学業MOOC

開放大学による成人学業MOOCは主に、成人大学MOOC連盟を指す。

(3)企業及び企業と大学の連携による学業MOOC

企業及び企業と大学の連携による学業MOOCは数が多く、中国大学MOOC、華文MOOC、超星MOOC、知恵の樹などを含んでいる。

(4)大学または企業による職業MOOC

大学または企業による職業MOOCには、鉄路学堂、TopU、Cloud Classroom of Neteaseが含まれている。

筆者が上海外国語大学のほかの3名の教師とともに運営するMOOC「日本語の発音」は、2020年末に中国大学MOOCで公開された。

MOOC「日本語の発音」は、『日語語音教程(第三版)』をもとに、日本語の発音に対する一般大衆の認識を深め、一般大衆の日本語発音レベルの向上を図るオンライン講義である。MOOC「日本語の発音」の内容は、音素・拍・アクセント・イントネーションという四つの部分をめぐって展開され、そのうち、日本語のアクセント規則の紹介は講義の最も重要な部分である。

マイクロレクチャーは主に授業の内容をまとめた10分間ぐらいのショートビデオである。一方、MOOCは、そのようなショートビデオも必要であるが、ショートビデオのみならず、宿題、授業内容についてのディスカッション、ミニテスト、期末テスト、参考資料などもなければならない。つまり、MOOCは1回のみの授業ではなく、教育目標を目指して、教師が一学期を通して、授業し、学生の学習効果をチェックする講座である。

1期目のMOOC「日本語の発音」を通じ、MOOCと大学での講義のさまざまな相違点を発見し、それは主に学習者、講義の形式、宿題の評価、ディスカッションの進め方、テストのやり方という5つの面にまとめられる。

(1)学習者

MOOCと大学での講義の最も大きな相違点は学習者にある。

大学の学習者は年齢が同様に20歳前後で、同じ学部の同じ学科に属する学生たちである。大学に入学してから日本語を勉強し始める学生が多く、日本語レベルの差があるが、それほど大きな違いはない。大学に入学する前にすでに日本語を習っていた学生もいるが、そのような学生たちの人数はあまり多くない。また、大学の学期の始まる日にちや終わる日にちが定まっているため、学生たちは同じ日にちから教師について日本語音声の勉強を始め、同じ日にちに勉強が終わることになっている。

しかし、MOOCとなると、学習者の年齢、日本語学習暦、日本語レベルに極めて大きな違いが存在する。大学新入生、高学年の学生や大学院生もいれば、すでに卒業して仕事を始めた社会人もいる。また、留学中の学生、日本語を教えている中国人教師や日本人教師もいる。さらに、日本語を専攻としない学習者、日本語がまったく分からず、五十音図から独学で勉強しようとする学習者も多数いる。そうすると、学習者の日本語レベルはゼロから母語レベルまでで、雲泥の差があるといえる。

もっと大変なことは、学習者が登録して、勉強し始める日にちが異なることである。MOOC「日本語の発音」は2020年12月30日に1週間目の講義を始め、当時の学習者数は千人前後であった。その後、毎週学習者数が数百人増え、最終的に9000人余りに至った。1週間目から参加していた学習者は10週間の学習内容をすべて勉強し終わることができるが、その後の参加者たちには、1週間目の内容しか勉強していなかった人もいれば、2、3週間の内容しか勉強していなかった人もいる。つまり、学習者たちの学習進度がばらばらである。

したがって、MOOCの学習者の構成は極めて複雑で、把握しにくいといえる。

(2)講義の形式

普通の大学での講義はほとんどオフラインの形で進められているが、MOOCの講義はすべてオンラインである。事前に10分間前後のマイクロレクチャーを作っておき、中国大学MOOCプラットフォームにアップロードする必要がある。

オフラインの形であれば、授業の途中、学習効果をチェックするために、教師は直接学生に質問をすることができ、学生に分からないところがあれば、教師に質問し、その回答を得ることもできる。しかし、オンラインの形では、そのような教師と学生の間のインタラクションができなくなってしまう。マイクロレクチャーは、教師の一人芝居になる恐れがある。

教師の一人芝居を防ぐために、MOOC「日本語の発音」のマイクロレクチャーは、ほかの多くのマイクロレクチャーと異なり、男子学生キャラクターが1人デザインされている。その男子学生キャラクターは、講義のアシスタントの役割を果たし、マイクロレクチャーの中で教師の質問に答えたり、教師の指示にしたがって発音練習をしたり、疑問に感じるところについて、教師に質問したりする。

そうすると、MOOC「日本語の発音」の学習者たちも、その男子学生とともに授業に参加しているという雰囲気を楽しめられるわけである。

(3)宿題の評価

学習者が9000人というのは膨大な人数である。MOOC「日本語の発音」が始まる前、教師はその宿題の評価方法に対して、大変悩んでいた。

講義の目標は日本語の発音レベルの向上であるため、宿題としては、教師が学習者の生の声を聞き、その問題点を指摘するほうが最もよい評価方法である。音声規則を勉強しても、実際に使わなければ、発音レベルの向上につながらない。しかし、大勢の学習者が一斉にその朗読の録音を提出すれば、教師にとって、極めて大きな負担になってしまい、1人1人の録音を聞き、評価するのは不可能ではないかという心配があった。したがって、最初は朗読の録音を提出してもらうことは要求しなかった。

MOOC「日本語の発音」が始まって、1週間目にはすでに、学習者から、自分の発音が正しいかどうか分からないという声が届き、やはり、教育目標を達成するためには、学習者に録音を提出してもらうべきだと考え、宿題の中に録音提出の要求を付け加えた。学生が互いに評価しあうという評価方法をとり、教師にとっては大きな負担にならなかった。

(4)ディスカッションの進め方

大学でのオフラインの授業であれば、学生たちが面と向かってディスカッションできる。一方、MOOCになると、教師がディスカッションしてほしいテーマを提示し、学習者に答えを書いてもらうという形でディスカッションするしかない。

学習者が答えを書かなければ、ディスカッションは成立しないことになってしまう。学習者の積極性を引き出すためには、ディスカッションのテーマは面白いかつ実用的なものでなければならない。また、ディスカッションに参加する回数や発言内容の質を最終の成績に反映するなどの方法により、学習者のディスカッションへの参加を励ましている。

(5)テストのやり方

MOOCのテストのやり方も、大学の授業と異なっている。学習者たちの参加を促すために、期末テストは1回、ミニテストは3回試みることができるようにしている。テストの問題は選択問題と正誤判断問題にしており、このような問題はシステムが自動的に採点してくれるためである。

5 ハイブリッド型教育の試みとその課題

オフラインとオンライン教育の準備を整えたため、2022年3月から、中国大学MOOCにおけるSPOCを用いて、本格的なハイブリッド型日本語音声教育を実施することにした。

SPOCの全称は、Small Private Online Courseであり、MOOCが大規模公開であるという性質に対し、SPOCは「小規模非公開オンライン講義」のことである。

本学の学生のみ、SPOCに登録し、学習できる。また、教師は、登録のためのパスワードを設定できるので、履修できる学生の範囲をさらに縮小し、オフラインで履修している学生のみ登録を許可することが可能である。

SPOCは、MOOCとの関係により、3種類に分けられる。それぞれMOOCと同時進行のSPOC、MOOCと関連性があるが非同時進行のSPOC、MOOCと無関係の独立SPOCである。

筆者は、MOOCと関連性があるが非同時進行のSPOCを用いてハイブリッド型教育を実施することにした。

「日本音声学」というオフライン授業があるのは毎週の木曜日である。毎週の月曜日にSPOCでマイクロレクチャーと参考資料を配信し、学生にそれを見るように指示し、さらにSPOCでミニテストをさせ、SPOC上のディスカッションにも参加させる。

マイクロレクチャーはほとんど10分間以内の講義で、学生は自分の空いている時間帯に見たあと、ミニテストを受けたり、ディスカッションをしたりすることができる。

木曜日のオフライン授業のときには、マイクロレクチャーで習った知識の復習及び関連の練習を学生にさせることにしている。

そうすれば、オフライン授業で、より多くの教室活動を行うことができるようになる。

ハイブリッド型教育は、以上のようなメリットがあるが、一方、課題も多く残されている。

(1)学生の負担

オフライン授業の前に、SPOCで学生に指示を出しているが、学生の放課後の負担を増やしてしまう。そういった負担に対し、学生は喜んで受け入れているのか、それとも、放課後の時間をとられて不満を持っているのか、アンケート調査やインタビューなどの手段で、学生の声を聞く必要がある。

(2)教師の負担

ハイブリッド型授業を行う場合、教師はオフライン授業のみならず、オンライン授業の管理·運営もしなければならないため、大きな負担になる。オンラインでの学生の質問に答える必要もあれば、学生のディスカッションに参加する必要もある。どうすれば、教師の負担を軽減できるか、工夫しなければならない。

(3)オフラインの教室活動

音声学授業の知識の要点は、SPOCのマイクロレクチャーに含まれている。オフラインの教室では、今までより多くの時間を自由に使うことができるようになっている。

オフラインの教室活動として、文章の朗読、スピーチの発表、アフレコなどが考えられる。しかし、そういった教室活動はみな学生が事前に準備しなければならないため、また学生の負担になってしまう。したがって、事前の準備を必要としない教室活動も用意する必要がある。

(4)オンラインのSPOCでの活動

SPOCでもさまざまな活動を行うことが可能である。例えば、学生が互いの宿題の評価をしたり、優秀な作品に投票したりすることができる。SPOCでの活動をいかに豊富多彩なものにし、学生の興味をそそるか、教師はさらに知恵を絞らなければならない。

6 おわりに

以上、オフライン、オンライン、ハイブリッド型日本語音声教育の試みについて述べてきた。

オフライン授業や教材の改革を実施し、さらに中国大学MOOCへの加入を通じ、オンライン教育の対象が一般大衆に広がっている。それは、日本語学習者の日本語の発音レベルの向上につながると考えられる。また、ハイブリッド型授業が音声教育の効果をさらに高められることが期待できる。したがって、以上のような日本語音声教育の新たな試みはたいへん有意義であるといえよう。

今後、ハイブリッド型日本語音声教育をさらに試み、教育の効果を引き続き改善していこうと考えている。

参考文献

[1] NHK放送文化研究所.NHK日本語発音アクセント辞典[M].新版.東京:NHK出版,1998.
[2] NHK放送文化研究所.NHK日本語発音アクセント新辞典[M].東京:NHK出版,2016.
[3] 凌蓉.日语语音教程[M].上海:上海外语教育出版社,2009.
[4] 凌蓉.日语语音教程[M].修订版.上海:上海外语教育出版社,2015.
[5] 凌蓉.日语语音教程[M].3版.上海:上海外语教育出版社,2020.
[6] 赵磊,吴卓平,朱泓,等.中国慕课项目实践现状探析:基于12家中文慕课平台的比较研究[J].电化教育研究,2017(9):41-48.

作者情報

氏名：凌蓉

役職名：副教授

所属機関：上海外国语大学日本文化经济学院

連絡先住所：上海市虹口区广灵四路40弄甲3号602室

メールアドレス：1643@shisu.edu.cn

新文科视阈下的日语专业课程思政教学研究

大连交通大学 刘晶

现代化建设需要人才支撑，需要坚持人才引领驱动。为了充分发挥“人”（劳动者），这一生产力中最活跃的因素的重要作用，新时代对文科的发展提出了新的要求：新文科的建设必须根植于优秀的传统文化及伟大的爱国精神，着眼于“立德树人”，树立学生的文化自信。在新文科建设理念的指导下，构建跨学科教育体系，利用战略性创新思维培养具有“东方智慧”的外语人才，已经成为各大高校专业建设中的热门话题。

在当今的后疫情时代，在世界秩序面临重组的国际形势下，将“课程思政”融入外语课堂教学，打破以往“隔行如隔山”的思维壁垒，将价值观体系的构建与专业知识的传授相融合，才能培养出兼备“中国情怀、国际视野和跨文化交流能力”的合格外语人才。外语课程蕴含着丰富的人类文化基因和价值范式，又因语言工具价值与人文价值并存的特点而在课程思政领域大有可为（成，2020：30）。针对日语人才培养的特点，践行新文科教育理念，深刻认识课程思政建设的内涵，推进思政课与日语专业课协同育人的跨学科教育体系的构建，是高校日语教育模式创新的重要内容。

1 课程思政携手日语专业教育的时代价值

新时代的中国教育体系建设，机遇和挑战并存。新时代背景下，高校教育更应该注重对大学生修身立德的培养。《普通高等学校本科专业类教学质量国家标准》（2018年版）中对外国语言文学类专业学生的培养提出了明确要求：在素质方面要求外语类专业学生应具有“中国情怀与国际视野”“人文与科学素养”等；在能力方面要求其应具有“跨文化能力”“思辨能力”等。毫无疑义，在日语专业人才培养中实现以上培养目标的唯一途径就是将专业课程与思政课程融合，运用德育的学科思维，提炼专业课中蕴含的德育基因和文化因素，对日语专业学生进行更高层次的精神引领，从而有目的、有计划、有实效地完成“立德树人”的教育根本任务。

《普通高中日语课程标准》（2017 年版 2020 年修订）提出，日语学科核心素养的内涵是“语言能力、文化意识、思维品质、学习能力”。想要培养学生的核心素养，就要求教师教学方式由“知识中心”转向“能力（素养）中心”。这四大素养的培养过程，体现了新文科理念下的课程思政中的科学创新思维和协同育人理念。刘（2021：116）总结了四大日语学科核心素养与课程思政的三大目标的关系，他认为日语学科核心素养中的“语言能力”是课程思政“知识目标”的具体体现，核心素养中的“文化意识”的塑造是实现课程思政“价值目标”的主要渠道，而课程思政的“能力目标”则包含了核心素养的语言能力、思维品质以及学习能力。

在日语专业教育中，教师应当充分尊重道德内化的本质与大学生的成长规律，在传授日语专业相关知识的同时，注重挖掘教学内容中所蕴含的思想政治因素，启发学生思维，丰富大学生的精神世界，引导大学生对“德”的思考与修习。

2 日语专业教育与课程思政协同育人体系的实践路径

实践证明，离开了意识形态教育的专业知识的传授是无根之木、无源之水。在新文科背景下，各外语专业不仅要大力促进专业建设以及对外交流的发展，更应该着眼于“怎样培养优秀的社会主义建设者和接班人”这一问题。全面推进课程思政建设是落实立德树人根本任务的战略举措，课程思政必须贯穿于高校专业人才培养体系中。

2.1 道德内化引领专业育人，推动专业建设与课程思政携手同行

“才者，德之资也；德者，才之帅也。”优秀的日语专业应该对人才在知识、能力和品德方面进行全员全程全方位塑造，并将品德修养作为人才培养的灵魂，以“引人以大道，启人以大智”的教育情怀，培养出有胸怀、有知识、有能力的社会主义建设者。

首先，要推进日语专业课程教学改革，完善日语专业课程思政体系的构建。目前很多高校的课程思政体系还不甚完善，尤其是开设了日语专业的高校，在建立有针对性的日语专业课程思政体系方面还存在很多不足。因此，我们要加快教学改革步伐，结合《高等学校课程思政建设指导纲要》等文件的要求进一步完善课程思政教育机制。由于日语类人才的培养存在特殊性，日语专业应在专业定位、课程设置、大纲编写及教材体系构建等方面不断进行调整与优化，高屋建瓴、精准定位，深挖日语专业各门课程的思政切入点，完善课程思政的教学理念、教学方法及教学评价体系。另外，教材的编写也应根据每届学生的专业背景、能力水平以及社会需求等不断进行调整。教材作为知识的传输载体，具有鲜明的知识性与思想性，它不仅具有传播知识与培养大学生“能”的作用，还兼具引领正确的价值观，使培养出的人才可为国所用的“德”的作用。特别是在“日语＋”的复合型专业人才的培养方面，更应将思政教育作为教材编写的基本要求，选取与复合专业关系更为密切的内容，并结合实际情况，将思政元素与学生专业、课堂教学无缝对接。

其次，要从日语专业课程的特点入手，深挖课程中蕴含的思政元素，并将其自然地融入日语专业育人的过程中，使日语专业教学的每项活动都能体现思政功能。课堂教学是激活知识、引人入道的主要渠道。因此，在备课时，要深挖本课内容中与党的新理论、新思想等相关的德育元素，并将其融入课程标准及教学计划之中；课堂教学中，可采用探究式、讨论式教学方式，引导学生主动探寻日语专业课内容中蕴含的中国元素，激活德育元素，将显性教育与隐性教育无声融合；课堂教学后，可以通过多种渠道给学生提供课后自学资料，使学生通过补充材料深入认识本课内容中所蕴含的道德素养、家国情怀等。另外，还应鼓励日语专业开设中国经典文学双语诵读、红色典籍日汉互译等选修课程，进一步落实“立德树人”的根本任务，在专业知识培养的基础上进行德性的培养，统一教育思路。在专业课程与思政课程同向同行的进程中，让学生体味中华五千年的文化精粹，亲历中国共产党百年奋斗历程，培养大学生的中国情怀，加深大学生的中国底色，引导大学生传承中华文脉。

2.2 打破学科壁垒，实现跨界交叉融合，建设课程思政“课程链”

面对新一轮的世界科技和产业革命及人工智能科技的飞速发展，仅具备单一职业技能的人才在求职中处于不利地位。BOSS直聘职业科学实验室&BOSS直聘研究院发布的《2021人才资本趋势报告》指出，2020年，在学历相同且希望薪资接近的情况下，明确拥有三项及以上职业技能的求职者获得雇主主动沟通的概率比只具备一项技能的求职者高出19.2%。职业技能不再是一个个散落分布的点，而是形成了一张动态的网。人工智能的出现使只具备语言技能的外语专业毕业

生面临巨大打击。另外，BOSS直聘《2021企业人才需求趋势调查》中关于“雇主和职场人对最希望提升的素质型能力看法的差异”的调查结果显示，雇主对人才在“团队合作、人际沟通与协调、抗压与情绪管理”等德育素养方面的期待更为突出。连续三年，这三项都位列雇主诉求的前五名，并且在2020年都受到了更高比例的关注。中共中央、国务院印发的《中国教育现代化2035》中也要求高校“及时调整学科专业结构。加强创新人才特别是拔尖创新人才的培养，加大应用型、复合型、技术技能型人才培养比重”。因此，日语专业课程与其他课程门类的重组势在必行。

日语专业的建设应以社会需求为导向，尝试开设有针对性的日语新专业、新课程，打造“日语＋”特色的复合型专业。同时，要以日语专业为核心载体，交叉学科为重要支撑，并根据不同交叉专业的特点，在对课程模块进行拆分重组的过程中，将思政建设贯穿始终，用党的新理论、新理念进行链接，形成高品质、多元化培养的“课程链”。比如尝试将日语专业与当前备受瞩目的人工智能、环境海洋等专业相融合，探索学科之间的交叉领域，突破现有教学体制的束缚，成立具备日语、交叉专业以及思政等学科背景的教师团队，以交叉专业知识及思政理论为支撑，进行以问题为导向的日语专业“课程链”建设。这种多学科背景的教师团队，不仅可以让学生学习日语专业技能与交叉学科知识，还可以引导学生在中日多领域进行交流，并在交流过程中，在政治认同、家国情怀、文化素养及道德修养方面，塑造富有中国心、饱含中国情、充满中国味的“中国的世界观和世界的中国观”。

2.3 线上与线下教学相结合，利用思政理念实现教学内容及教学方法的重组

随着全媒体时代的到来，外语学习在变得更加快捷简便的同时，也存在着潜在的风险。一方面，利用现阶段发达的信息化手段，多角度、全方位地延伸对专业知识的学习，既可以丰富知识体系，也可以在纵向上对知识进行深入挖掘。但另一方面，各类媒体资源良莠不齐，仅靠学生自身难以甄别，学生有可能会受到一些不良思想的影响。因此，教师需要将包含正面思想的外文资料和富有中华优秀传统文化以及党的先进理论的课件、慕课及讲坛等，以专业延伸或兴趣培养的方式推送给学生，培养他们的批判性思维能力，真正感受“和而不同，美美与共”的文化观念，从而培养他们的全球视野与家国情怀。比如，可以根据年级、能力水平及当课教学内容的不同，给不同的学生布置不同的在线学习任务。另外，教师应根据学校的专业培养定位及办学特色建立完善的评价体系，可以设置教师评价、学生间互评等方式，通过平台提供的后台数据对学生的学习效果进行检验。

3 日语专业课程思政应避免踏入的“雷区”

课程思政概念的提出及实践时日尚短，在课程思政与日语专业融合的实操过程中可能会出现南橘北枳的现象。

3.1 思政内容在日语专业课授课中占比过大

所谓课程思政，是将思政元素“润物细无声”地融入专业课。华东师范大学邱伟光教授（2017：11）认为“课程思政”指向一种新的思想政治工作理念，即“课程承载思政”与“思政寓于课程”。高明的课程思政建设应该把大学生浸润在中华优秀传统文化及党的先进理论中，采用不易觉察的隐性教育方式潜移默化地影响他们对世界的看法，引导他们树立正确的世界观、人生观和价值观，最终成长为有中国情怀、国际视野和人文关怀精神的专长人才。但这并不代表我们要时时谈思政、处处显德育。

首先，日语专业课程是思政元素的载体，只有守住日语专业课的阵地，保证专业课的含金量，进一步把握节奏、方法，找到思政元素的切入点，将显性教育与隐性教育自然融合，才能水到渠成

地进行课程思政教学。其次，大学生的思想逐渐趋于成熟，其价值观及道德观基本定型且自我意识较强。日语专业课上如果过度灌输思政元素，可能会让学生感到不适，甚至产生反作用。因此，把握好思政元素在日语课堂上的“点”和“度”，分析和提炼出思政的精华，才能在知识的传授和人的培养上增量提质。

3.2 日语专业课教师越俎代庖传授专业的思政知识

为达到更好的课程思政教学效果，需要在课堂上以日语专业知识为载体，向学生传授整合了思政元素、心理学元素等的多元化学科知识，这对日语专业课教师来说是相当高的要求。于是，一些日语专业课教师在恶补了思政理念后，便把自己当作思政专业课教师，在传授日语专业知识之前，单独开辟出一个讲授党的先进理论、中华优秀传统文化等的学习板块。虽然冠以中日对译之名义，以日语为工具手段学习党的先进理论，但如此刻意为之，不仅有生搬硬套、简单灌输之嫌疑，也忽视了思政教育中的隐性教育。每个专业都有必修的专门的思政课程，有专业的思政课教师从专业的角度出发系统地传授相关知识，日语专业课教师应该对本课程教材进行二次开发，从中汲取思政元素，而不是简单粗暴地采用拿来主义生搬硬套。

当然，所谓“隔行如隔山”，仅依靠日语专业课教师“单打独斗”来实现专业课思政育人有一定难度，若能建设“1＋1＋N”的多人“团队作战”的课程链，就可以更快地提升日语专业课教师在“技术、艺术和学术”上的综合素养，更能让日语专业课教师发自内心地认同课程思政建设，并在课上真情流露，从而达到教学相长的和谐境界。

4 结语

“科学无国界，科学家有祖国。”我们应该将传授知识与德育教育高度统一，培养出专业本领过硬、富有中国心的高水平人才。提高人才培养质量是高等教育的核心任务，也是新文科建设的关键所在。新时代高校人才培养不仅要传授大学生知识，更要正确引导其价值取向。要解决好“培养什么人、怎样培养人、为谁培养人”这一根本问题，运用复合型、多元化人才培养策略，切实提高人才培养质量。为了在现代化进程中进一步传承中华优秀传统文化，日语专业教育应立足时代需求，促进日语专业课程与课程思政的交叉融合，构建更广泛的交流平台，让日语专业教育更具中国情怀。

参考文献

[1] 成矫林. 以深度教学促进外语课程思政[J].中国外语，2020(5)：30-36.
[2] 刘凯.课程思政理念下日语教育发展模式再思考：基于某高校日语一流专业的探索与实践[J].中国民族博览，2021(14)：115-118.
[3] 邱伟光.课程思政的价值意蕴与生成路径[J].思想理论教育，2017.(7)：10-14.

作者信息

姓名：刘晶
单位：大连交通大学
职称：讲师
联系地址：辽宁省大连市高新园区黄浦路七贤东园8号楼3-601
电子邮箱：524949231@qq.com

浅谈“高级日语”课程教学中的课程思政建设*

信息工程大学洛阳校区　石金花

1 引言

2016年12月，习近平总书记在全国高校思想政治工作会议上强调，要提升思想政治教育亲和力和针对性，满足学生成长发展需求和期待，其他各门课都要守好一段渠、种好责任田，使各类课程与思想政治理论课同向同行，形成协同效应。由此，课程思政成为高校办学育人的新方向和着力点。外语教育也“从单纯的工具性、交际性，进入到思想性、人文性，再到民族性、国际性或全球性的高级阶段”（姜，李，2020）。在这样的大背景下，发挥好教师队伍“主力军”、课程建设“主战场”、课堂教学“主渠道”作用，成为高校践行课程思政、落实立德树人的重要任务。本文拟以“高级日语”课程为例，浅谈该课程教学中的课程思政建设。

2 外语专业开展课程思政的必要性和迫切性

学生的思想政治教育，除通过思政课程开展外，其他课程也要“守好一段渠、种好责任田”，与思政课程同向同行，形成协同效应。课程思政教育涵盖所有课程，外语专业也不例外。而且，外语专业因其特殊性，开展课程思政更具必要性和紧迫性。外语专业的学生因所学专业的关系，可以了解到更多的对象国知识。尤其是随着网络的发展，外语专业的学生可以凭借其语言优势，直接接触网络上流传的各种思想和文化。这些思想和文化中有精华，但也不乏糟粕。大学生正处于世界观、人生观和价值观的形成时期，虽然有一定辨别是非的能力，但也极易受到不良因素的影响。此时，如果没有正确的“三观”指导，大学生有可能变得崇洋媚外，不能健康成长，成为优秀的人才。因此，外语专业开展课程思政极为必要和迫切。外语专业的教师有责任、有义务在授课过程中通过开展课程思政教育，帮助学生树立正确的“三观”，帮助学生坚定理想信念，使之成长为合格的社会主义建设者和接班人。

3 “高级日语”课程定位

“高级日语”课程是在日语专业本科高年级阶段开设的主干课程，此前学生已经通过基础阶段的学习具备了一定的日语语言能力。开设“高级日语”课程旨在帮助学生进一步巩固和完善日语语言知识体系，打牢日语基本功，如掌握一定量的词汇和句型，了解日语交际常识，正确运用日

* 本文为信息工程大学洛阳校区课程思政专项培育项目“高级日语”（KCSZ2021008）的阶段性成果。

语交际规则，能够解释常见的语言现象，判断语言结构的正误，识别不同的日语语体等。同时，帮助学生扩充日本社会、文化、政治、经济、外交、科技等方面的知识，并要求学生掌握分析各种体裁的文章的基本方法，准确理解体裁多样、题材广泛的课文内容等。

“高级日语”课程不同于“基础日语”课程，“基础日语”课程更注重帮助学生夯实基础，而“高级日语”课程则更注重学生能力的培养，除了全面发展听、说、读、写、译等基本技能，还注重提高学生的日语综合运用能力，如分析判断、综合归纳等逻辑思维能力以及跨文化交际能力等。因此，“高级日语”课程在授课过程中更要体现以学生为中心的教学理念，赋予学生更多的学习自主性，充分调动其学习主动性，努力促成“学生为主、教师为辅”“学生主导、教师辅助”的学习氛围。

除上述知识目标和能力目标外，“高级日语”课程还设置了以下素质目标：帮助学生进一步明确学习目的，树立正确的世界观、人生观和价值观；培养一丝不苟、严谨细致的学习作风，积极探索、勇于创新的精神，挑战困难、克服困难的决心和毅力；获得学习的成就感和自信心，养成自觉运用所学知识分析、解决问题的良好习惯；培养爱国情怀、国际视野、团队意识和创新精神。

4 “高级日语”课程思政建设的路径

4.1 提升教师的课程思政意识和能力

《高等学校课程思政建设指导纲要》指出：“全面推进课程思政建设，教师是关键。要推动广大教师进一步强化育人意识，找准育人角度，提升育人能力，确保课程思政建设落地落实、见功见效。”教师是课程思政建设的关键，教师的育人意识和育人水平直接影响课程思政的效果。尤其是专业课教师，不仅要传授专业知识，还要围绕落实立德树人这一根本任务，努力塑造学生的品格、品行和品味，实现知识传授与价值引领同频共振。

在课程思政建设过程中，广大专业课教师不仅要有课程思政意识，还须具备课程思政能力。这一方面要求教师平时注意积累，通过理论学习、党性教育、社会调研等多种方式，提高自己的政治理论水平和人文素养，不断提升把思想政治工作贯穿教学全过程的能力；多学习优秀案例，从中学习如何将知识点与思政教育结合起来进行教学设计，提升课程思政育人效果。另一方面，高校也要积极为教师搭建平台，如通过外出进修、培训等方式为专业课教师提升课程思政能力创造条件。还可以依托教研室，通过集体研讨、教学观摩、合作科研等方式，不断探索实施课程思政的有效方法和途径。另外，还可以发挥思政课教师的重要作用，通过共建、帮扶等方式，指导和帮助专业课教师深挖课程中蕴含的思政元素，使课程思政建设效果更加明显。

4.2 “显”“隐”结合的“高级日语”课程思政教学设计

2019年3月18日，习近平总书记在学校思想政治理论课教师座谈会上强调，要坚持显性教育和隐性教育相统一，挖掘其他课程和教学方式中蕴含的思想政治教育资源，实现全员全程全方位育人。显性教育指的是思政教育的主体在公共场所进行的组织有力、手段直接、目标明确的思政教育方法，隐形教育虽然与显性教育目的一致，但在教学手段上存在明显的差异，隐性教育更倾向运用间接的手段，通过寓教于乐的方式，在潜移默化中向学生传递正能量，达到思政教育的目的（李，2016）。换言之，显性教育是一种有形的教育，受教育者能够自知自觉受到影响；隐形教育是一种无形教育，受教育者于不知不觉中受到影响（黄，2022）。

在“高级日语”课程思政教学设计过程中，可以根据具体课程内容，通过“显”“隐”结合的方式，达到更好的课程思政教育效果。下面以《现代日本语》第三册第16课为例，具体说明“显”“隐”结合的课程思政教学设计思路及实施路径。《现代日本语》第三册第16课的题目是『父と子の手紙』（父子通信）。主人公诚一第一次去父亲的老家长崎滑雪，并写信将学习滑雪的经历告诉父亲。

在信中，诚一不仅描写了长崎美丽的雪景，还讲述了他通过自身经历明白的一个道理："不论什么事情，在一旁看和自己去做，有很大不同。不去滑雪，当然不会懂得它的难处，但同时也不会知道它的乐趣。"在信的结尾，诚一表示，虽然摔跤的时间比滑雪的时间还要长，但他还是下决心午饭后滑着雪去邮局寄信。诚一的父亲在回信中欣慰地写道："你懂得了'不试试看就不会懂'这个道理。就这一点来说，去滑雪对你的一生都会有帮助。"(「やってみなけりゃ分からない。」ということを知っただけで、スキーに行ったのが一生の役に立ちました。)既肯定了诚一的努力，又重申了亲身体验的重要性。

该课的课程思政主题可设定为学生的意志品格培养，包括培养学生勇于挑战困难、克服困难的决心和毅力，并让他们明白"纸上得来终觉浅，绝知此事要躬行"的道理。在课程思政教学设计上，"显性"思政教育可安排在课文讲解过程中。主人公诚一初学滑雪时多次摔倒，每次又都勇敢地站起来继续练习，并暗下决心不为这点挫折悲观失望。在讲到这一段时，教师可以直接赞美主人公的决心和毅力，同时引导学生努力培养这种意志品格。在讲到诚一因为滑雪而有所感悟时，教师可以引导学生说出陆游《冬夜读书示子聿》中的"纸上得来终觉浅，绝知此事要躬行"，并教导学生不光要学习书本知识，还要多到生活中去亲身体验，亲身体验过的知识能给人留下更深刻的印象。"隐性"思政教育可以设计为让学生用日语讲述关于名人高尚意志品格的故事，既能锻炼学生的日语表达能力，又能使学生受到故事中人物高尚精神的鼓舞。还可以设计为让学生写读后感、观后感或介绍自己的相关经历，在传递正能量的同时，让学生在不知不觉中受到思政教育。

4.3 建构课堂内外联动机制

"高级日语"课程通常在日语专业本科阶段的高年级开设，此时学生已经具备了一定的日语能力。在以他们为对象开展课程思政教育时，可以不局限于课堂教学，把思政教育延伸到课外。比如，举办"用日语讲中国故事"活动，让学生了解和传播中国文化，进一步增强"四个自信"。还可以举办主题演讲、主题辩论等活动，通过主题引导的方式，使学生体会国家实力的提升以及中华文化的魅力等。此外，还可以布置调查任务，让学生通过网络或实地调查，了解社会现状，培养责任意识和为国家做贡献的使命感等。这样，通过形式多样的课堂内外联动机制，可以让课程思政教育真正进入学生的内心。

5 结语

外语专业的特殊性决定了其开展课程思政的必要性和迫切性。"高级日语"课程作为日语专业本科高年级阶段的主干课程之一，可以通过"显""隐"结合的方式，进行课程思政教学设计，将思政教育融入"高级日语"教学的全过程，同步实现知识传授、能力提升和素质培养这三大教育目标。"显""隐"结合的课程思政方式也必将有助于培养兼具专业能力和家国情怀的新时代外语人才。

参考文献

[1] 黄民文.《中国近现代史纲要》课显性教育与隐性教育试析[J].湖南人文科技学院学报，2022(1)：119-123.

[2] 姜锋，李岩松."立德树人"目标下外语教育的新定位与全球治理人才培养模式创新[J].外语电化教学，2020(6)：27-31.

[3] 李珍.显性教育和隐性教育在高校学生思想政治教育中的整合[J].河北企业，2016(9)：155-156.

作者信息

姓名：石金花

职称：讲师

单位：信息工程大学洛阳校区

联系地址：河南省洛阳市涧西区广文路二号院

电子邮箱：kinkaseki@126.com

上級日本語の授業におけるプレゼンテーション導入の実践と課題

大連交通大学　徐義紅

1　はじめに

2018年1月、大学の「外国語文学類教育の国家標準」が中国の教育部によって公表された。外国語専門人材の育成目標について、「よりよい総合的な素養を持ち、堅実的な外国語の基礎と専門知識及び能力を身に付け、関連専攻分野の知識を修得する。外国との交流、国家と地方の経済及び社会発展、外国に関連する業界、外国語教育及び学術研究の需要に適応できる外国語専門人材と複合型外国語人材を育成する」と述べている(教育部高等学校教学指導委員会,2018)。また、人材育成の規格について、素養、知識、能力という三つの角度から詳しく記述されている。その中でも、啓発的、討論型、参加型の教育方法を重視する内容が目立つ(楊,2019)。そして、2019年、教育部より「新文科」建設の具体的措置が提出された。このような背景を基に、2020年の春、教育部外国語言語文学類教学指導委員会日本語分会が高等教育の「日本語専攻教学指南」(以下、「指南」と略す)を正式に公布した。日本語専攻の位置づけ、人材育成の標準をさらに明確にした。

「指南」(教育部高等学校外国语言文学类专业教学指导委员会,2020:127)の中で、「上級日本語」の教学目標に対して、異文化交流能力、思考力、文化自信などが強調されている。これと結び付け、質の高い外国語人材の育成目標を実現させるために、筆者はこれまでの日本語授業において実際に取り扱った「発表」活動を分析し、新たなプレゼンテーションを導入してみた。

今回の研究ではまず、上級日本語教育における教師の役割を考察し、中国の日本語教育現場におけるプレゼンテーションの現状を分析した。その上で、プレゼンテーションの種類、上級日本語の授業で取り上げられたプレゼンテーションの形、内容及び評価方法などを検討した。最後に、この実践の問題点と今後の課題をまとめた。

2　上級日本語教育における教師の役割

2.1　上級とは

国際交流基金(2011a:14)では、「課題」遂行の観点から「上級」について、「社会生活におけるほとんどの場面で、大きな問題なく、さまざまな状況や相手に配慮した適切なコミュニケーションができるレベル。複雑で困難な課題や、専門的な課題や抽象的な内容についても対応できる」と述べている。これらの到達目標を実現するために、基本的な教え方として、内容重視、インプットからアウトプットへ、多技能統合型の授業デザイン、流暢さの養成の4つを提案した。

2.2 日本語教師の役割

初級段階では、教師中心型の授業が多く行われている。メリットと言えば、効率が良いことが挙げられる。特にゼロから日本語を学習する場合に、学生が短い時間でより多くの日本語言語知識を身に付けることができる。このような授業では、日本語教師は主に「知識伝達」の役割を担っていると言える。一方で、学習者のコミュニケーション能力、思考力が足りないなどの問題もしばしば指摘されている。それ故に、学生の総合的な能力を高めるために、近年、学習者中心の授業が注目されている。学習者中心の授業では、学習者が自発的に学習に参加することが望まれる。池田、館岡(2014:47)は学習者が「自律的かつ創造的に学ぶことができるように、教師は引き出しサポートする」ことが重要だと言及している。そういった意味で、上級日本語の授業では、日本語教師は「学習支援」の役割を担うべきだと思う。

2.3 プレゼンテーション活動における教師の役割

授業活動の一つとして、「プレゼンテーション」活動の中で日本語教師はどんな役割を担うべきか。筆者は次のように考えている。

(1)学習者の自律性を尊重する(藤田,2010)。プレゼンテーションのテーマ選定や、内容と進捗、研究方法の選択及び評価など、学習者自身で決定する。教師の考えを学生に押し付けないように常に意識し、必要の最低限な助言にとどめる。

(2)学習リソースの支援。多くの中国人日本語学習者はどのように日本語の研究資料を調べればよいか分からないので、教師は事前にアクセス方法を学習者に教える必要がある。できるだけ学習者自身で関連資料を収集させる。しかし、学習者が自らアクセスしにくい本や論文、分析方法などに対して、必要な情報を援助する。

(3)ピア活動を促進する支援。学習者の協働学習がうまくできなかったり、どのように進めるか戸惑ったり、活動中プレッシャーを感じたりする場合に、教師の支援が必要になる。

(4)タイムリーにフィードバックを行う。担当教師がフィードバックを通じ、学習者の振り返りを促す。

3 中国の日本語教育現場におけるプレゼンテーション

3.1 プレゼンテーションとは

日本プレゼンテーション教育協会(2014)では、「プレゼンテーションとは、聞き手に気付きを促し、具体的行動に繋げる表現手法をいう」と定義している。一方、村松(1997)は「視聴覚機材や素材を活用しつつ、情報や考えを効果的に、わかりやすく伝達したり、説得したりするコミュニケーション行動」と述べている。上述の通り、プレゼンテーションの範囲は幅広いが、本稿の実践では、授業活動の一つとしてのパワーポイントを用いた発表行動をプレゼンテーションとする。

3.2 プレゼンテーション能力とは

プレゼンテーションには他者に情報や意見を伝える力が必要であり、コミュニケーション能力はもとより、論理的な思考力や情報リテラシーも求められる(茂住,2015)。このほかに、自律的な学習能力、内容検討能力、資料作成能力、問題解決力、質疑応答能力などが挙げられる。これらの能力は学習者将来の職業生活や社会生活でも必要なものであり、身に付けさせるべきものとされている。

プレゼンテーションの種類について、紹介型と主張型の2種類があると考えられる。紹介型のプレゼンテーションとは既に自分が良く知っていることを素材に日本語で伝えるもので、「話す能力」の向上を目的にし、初·中級の日本語学習にふさわしいと考える。主張型のプレゼンテーションとはメッセージの論理的な構成が求められている。学習者は調査を通して、まとめたり、意見を出したりする必要がある。それ故に、主張型のプレゼンテーションは上級日本語の能力要求に相応しいと考えられる。

3.3　日本語教育におけるプレゼンテーションの現状

中国の大学では、ほとんどの日本語授業に口頭発表を導入したが、学習者はこの授業活動をどう見ているか。筆者は本校の大学三年生と四年生にアンケート調査を行った。

表1　従来の発表活動の満足度調査

科目	発表内容	形	よいと思うところ	よくないと思うところ
日本国家概況	テキストの内容	グループ	1.発話能力を鍛える 2.まとめる能力を高める	1.要点が分からなくて、後の復習の負担を増やす 2.意見が食い違った場合、いかに解決するか分からない
日本語分析閲読	テキストの内容	グループ	1.テキストへの理解を深める 2.他人の分析方法を習うことができる	1.テキスト内容だけ、つまらない 2.レベルの高い人にとって、時間の無駄
高級日本語視聴説	日本関連の内容	個人	制限が少なく、ラク	よく知られている内容が多い
高級日本語I	自由話題	個人	制限なし、ラク	発表の頻度が高すぎ、形式主義の恐れがある
日本文学概論	女性文学、震災文学、反戦文学	グループ	文献を読む能力を高める	読みにくい文献が多くて、パワーポイント作成のプレッシャーが大きい
高級日本語視聴強化	先生より指定	個人	指定のテーマなので、方向性が明確	指定内容だけ紹介するので、やる気がない
高級日本語II	映画、ドラマ、漫画の紹介	個人	1.パワーポイントの作成がやさしい 2.クラスメートとの交流が盛り上がる	言いたいものをうまく表現できなくて、心配である

表1でまとめたように、発表内容がテキストの内容のみあるいは全く制限がない場合、ステレオタイプの内容が多い、形式主義、やる気がないなどの欠点が挙げられる。一方で、内容が指定されている場合、例えば、女性文学が指定されている場合など、学習者は興味が持てない、プレッシャーを感じるなどの恐れがある。このような状況を改善するために、筆者は主張型のプレゼンテーションを導入した。

4　上級日本語の授業におけるプレゼンテーション導入の実践

4.1　到達目標と学習目標の設定

学習者の日本語レベルと「指南」の要求を考慮し、上級日本語の授業におけるプレゼンテーション活動の具体的な到達目標を以下のような形で捉えてみた。

a. 自分の興味あるテーマに沿って適切な研究資料を検索することができる。

b. 現代社会の社会現象や社会問題を客観的に分析することができる。

c. わかりやすく自分の意見を聞き手に伝えられる。

d. 理論的に質問に答えることができる。

学習目標は学習者が自己評価するときに準拠するものである(堀,2006)。また、学習者が自分の学習に責任を持つためには、まず、教師と学習者が学習目標を共通理解することが重要である(国際交流基金,2011b:12)。それ故に、学習目標としてプレゼンテーション活動に当たって意識化させたい事項を以下のように学習者に示した。

a. 友達と協力して問題を解決する能力を身につけることができる。

b. 自分の意見をまとめ、グループで議論することができる。

c. 他者の発表内容に対して、批判的な思考をもってコメントできる。

d. 中国のことを日本語で上手に語ることができる。

4.2　プレゼンテーションの構成と内容要求

単なる紹介型のプレゼンテーションになることを避けるために、プレゼンテーションの内容構成は予め統一し、一回目の授業で学習者に説明することにした。内容構成は『日语演讲与辩论』(熊,魏,2021:128)より導入、本文、結論·まとめ、質疑応答という4つの部分計10項目から構成されている。

プレゼンテーションの時間は発表が5分、質疑応答が5分を目安とする。そして、原則として、グループで一つのプレゼンテーションを作成させる。また、学習者の興味を沸かせたり、確実に思考力、コミュニケーション能力、研究能力を高めたりするために、そして日本語で中国文化を伝えられるようにするために、以下の要求を提示した。

·自分が興味を持っている内容を発表する。

·中日対比の内容が必須である。

·自分の問題意識を明確に聞き手に示す。

·引用を行う際は、必ず出典を明記する。

·プレゼンテーションをした後で、必ず作品を改善し、再提出する。

以下は筆者が担当するクラスの発表テーマの一部である。分野によって分類すると、表2のとおりである。

表2　プレゼンテーションのテーマ

分野	テーマ
社会現象	中国の若者の寝そべり主義と日本のオタクの比較
	中日スマートフォンの使用依存に関する研究

（続き）

分野	テーマ
教育	中日の公立小学校教育についての調査と研究 中日大学生の生活対比 中日大学生の就職意欲調査 中日の有名人の成功要因についての考え
伝統文化	漢服と着物について 中華料理の日本での伝播と改良
流行文化	中日の可愛さについての研究
経済	中日の不動産マーケティングの対比 中日コンビニの経営パターンについての研究

以上の通り、面白いテーマが提出され、学習者は積極的に資料を調べ、これらの問題に対し、より深く研究することができた。

4.3　プレゼンテーションの評価

プレゼンテーション活動は平常点構成項目の一つとして、点数をつけることは避けられない。従来の場合、平常点の算出は担当教師次第であった。教師の主観的な評価によって行われ、その際、明確な根拠がなく、好き嫌いで判断してしまう可能性もないわけでもない。そうすると、学習者の学習意欲を削ぐことになってしまう。このような状況を改善するために、筆者は評価方法を改革してみた。従来の担当教師の単一評価をピア評価、自己評価、教師評価という多元評価に変え、学習者の学習意欲を高め持続させるようにしたいのである。

ピア評価はピア評価シートによって完成させる。ピア評価シートには点数評価と自由記述評価の二部分がある。ピア評価の点数は総成績の7割を占める。そして、話し方、パワーポイントの見せ方、内容構成、質疑応答という四つの部分を10項目で評価する。具体的にいうと、①声量と話す速度·発音、②聞き手がいることへの意識、③分かりやすさ、④見せる工夫、⑤文法·語彙·表現、⑥発表時間のコントロール、⑦内容の革新性、⑧内容の深さ、⑨中日対比、⑩質疑への応答である。自由記述評価には良かったところとアドバイスという二つの項目がある。プレゼンテーション活動はグループで完成させるので、ピア評価シートもグループで討論の上で一つのシートを完成させることになる。

自己評価は自己評価シートによって完成させる。自己評価シートにも点数評価と自由記述評価の二部分がある。自己評価の点数は総成績の3割を占める。発表者の振り返りとして、①ピア·ラーニングの満足度、②この課題の参加度、③プレゼンテーションの満足度という三つの方面から評価を行う。自由記述評価には良かったところと改善したいところという二つの項目がある。ピア評価シートと違い、自己評価シートは発表したグループのメンバー一人ひとりで完成させ、そして、平均点数を算出する。

もともと、学習者の自主的、自律的学習を促進するために、評価は完全に学習者に任せるほうがよいかもしれないが、学習者が従来の教師評価を期待することもあるので、教師評価も残した。梅田(2005)が述べたように、学習者が自律的に学習を進めようとする場合、誰かに相談したり、示唆をうけたり、励まされたりする機会があることは望ましい。

ただ、教師はフィードバックだけをし、点数を付けないことになる。

発表後、集めてきた評価シートを教師によってまとめ、結果を学習者に戻す。発表のグループはこれによって発表内容を添削した後、パワーポイントとレポートの提出が必要である。

5 まとめと今後の課題

上級日本語の授業に主張型のプレゼンテーション活動を導入することで、学習者が明らかに発表活動を重視するようになり、他の人の発表も集中して聞くようになった。そのほかに、学習者からスライドの製作がうまくなった、資料の調査と収集能力が高まった、論理力をある程度身に付けた、自分の国のことに関心を持つようになったなどのコメントをもらった。

また、ピア評価シートと自己評価の点数評価について、最初は水増しされないかと心配したが、最後に整理した点数からみると、ほとんどの学習者が真面目に点数をつけていた。そして、自由記述の部分も丁寧に自分の意見を書いていた。全体から見ると教師の期待以上の効果が見られたと言える。

今後の課題として、学習者から以下のようなフィードバックももらった。

·日本語の文献の調べ方が分からず、資料収集に難しさを感じる。

·グループ内の仕事分担がうまくできておらず、協働学習に慣れていない。

·質疑応答にプレッシャーを感じる。

それに、テンポがうまく取れず、発表時間を超えることがしばしばある。学習者が望むプレゼンテーションの在り方を学習者と教師がともに考えていくことは必要だと考えている(潘,菅田,2015)。教師は支援者として、しっかり学習者を尊重し、信頼し、見守ることも大事だと考えている。

参考文献

[1] 日本プレゼンテーション教育協会JPEA概要1101[EB/OL].(2014-01-15)[2022-02-08]http://www.jpea.jp/pdf/profile.pdf

[2] 梅田康子.学習者の自律性を重視した日本語教育コースにおける教師の役割:学部留学生に対する自律学習コース展開の可能性を探る[J].日本教育工学会論文誌,2005,34(1):67-76.

[3] 国際交流基金.日本語教授法シリーズ:第10巻　中·上級を教える[M].東京:ひつじ書房,2011a.

[4] 国際交流基金.日本語教授法シリーズ:第12巻　学習を評価する[M].東京:ひつじ書房,2011b.

[5] 潘寧,菅田洋平.中国の大学日本語教育における「日本事情」の課題発表形式に関する一考查:ポスタープレゼンテーションの導入から見えたもの[J].日本語教育方法研究会誌,2015,22(2):22-23.

[6] 藤田裕子.授業イメージの変容に見る熟練教師の成長:自律的な学習を目指した日本語授業に取り組んだ大学教師の事例研究[J].日本教育工学会論文誌,2010,34(1):67-76.

[7] 堀哲夫.高次の学力形成における教育目的と評価のあり方[J].学校教育,2006(1070):6-11.

[8] 村松賢一.プレゼンテーション能力測定尺度の作成[J].メディア教育開発センター研究報告,1997(104):13-47.

[9] 茂住和世.大学初年次留学生対象日本語科目におけるプレゼンテーション教育の授業設計[J].東京情報大学研究論集,2015,19(1):13-27.

[10] 楊秀娥.中国における大学日本語専攻課程教育の政策的動向[J].日本学刊,2019(22):16-31.

[11] 池田玲子，馆冈洋子.日语协作学习理论与教学实践[M]北京：高等教育出版社，2014：47.
[12] 教育部高等学校教学指导委员会.普通高等学校本科专业类教学质量国家标准[M].北京：高等教育出版社，2018.
[13] 教育部高等学校外国语言文学类专业教学指导委员会.普通高等学校本科外国语言文学类专业教学指南：下[M].上海：上海外语教育出版社，2020.
[14] 熊文莉，魏然.日语演讲与辩论[M].上海：上海外语教育出版社，2021：128-130.

作者信息

姓名：徐义红

职称：副教授

单位：大连交通大学

联系地址：辽宁省大连市沙河口区五一路30＃2-501.

电子邮箱：jojoxyh@163.com

反転授業の有効性に関する研究
—「日本事情」における反転授業の実践—

東亜大学　原華耶

1　はじめに

学習者の主体的な学びを促すアクティブラーニング型授業の質を高める工夫として、反転授業が注目を集め、急速に普及してきている。反転授業は、従来型対面授業で行われていた講義内容を授業外学習にし、授業で学習者の主体性を伸ばし、知識の確認や定着、活用等能動的に学習に取り組む。

近年、様々な教育分野において反転授業に関する実践報告が増えてきている。しかし、外国語教育における先行研究は少ない。また、外国語教育においては、主に英語教育を中心に反転授業の実践研究が行われている。もちろん、日本語教育においても、反転授業が期待されつつある。

日本語教育現場では、主に留学生向けの授業において反転授業が試みられてきている。しかし、筆者の知っている限り、「日本事情」の科目において反転授業の実践かいまだに報告されていない。本稿では、「日本事情」の授業において、反転授業を実践することによって、学習者にどのような影響を与えるのかを調査し、反転授業の有効性を明らかにしたい。

2　日本語教育における「日本事情」の現状

2.1　「日本事情」

日本語教育で扱われる授業科目には、主に言語としての日本語を教える科目と、日本文化や社会について教える「日本事情」科目がある。「日本事情」が科目として、大学教育に取り入れられたのは、1962年の文部省(現文部科学省)の通知文書からである。留学生が大学において一般教養科目を履修する時に特例を設けることを認めたものである。

しかしながら、ことばの教育と統合した形で行われる「日本事情」科目の場合でも、ことばの教育に「日本に関する知識」を織り込んだ従来の言語学習、文化学習だけでは十分ではないという主張がなされるようになり、それだけでは補いきれない異文化適応や異文化理解のプロセスを学習の過程に取り込むことの重要性が指摘されるようになった。これに伴い、ことばの教育と統合した形の異文化接触体験を取り入れた試み(倉地,1988)や、ことばによる文化の体得を目標とした試み(細川,1994;細川,1998;細川,1999;細川,2000)が報告されるようになった。

最近では、「日本事情」科目に異文化コミュニケーション活動能力を育成するという視点が必要だという主張(細川,2000)や、異文化コミュニケーションの授業を行う意義と問題点に関する指摘(河野,2000)もあり、「日本事情」とは何か、何を扱うべきか、目標をどこに置くべきかについて、様々な視点からの議論が展開されている。このような「日本事情」という科目を日本語教師が担当する時、いったいどのように知識を教えるだろうか、担当教師には適切な授業形態を工夫する必要があると考えられる。

2.2 「日本事情」の問題点

従来の伝統的な教育方法は、学校で教員が一斉に授業を行い、基礎知識を理解させ、応用問題などの発展学習は家庭での学習として行われてきた。日本事情の授業も例外ではない。これまでの「日本事情」は教師が一方的に教科書を使って講義する形は主流であった。しかし、最近、コミュニケーション能力を育成するという視点が必要だと主張され、日本の社会や文化等について学ぶ上に、それぞれの事柄を多角的に捉え、自国と比較したりしながら身近な話題として意見交換、ディスカッションするなどのコミュニケーション能力も求められるようになってきている。したがって、日本社会、日本文化を理解した上でコミュニケーション能力の向上が期待される。

現在、日本語教育分野において、「日本事情」に関する研究は、「文法」「聴解」「作文」等の研究と比べると、かなり遅れているのが現状である。「日本事情」は日本の社会文化への理解を目指し、コミュニケーション能力を高めるには有効な教授内容である。日本文化、日本社会について学びたい、そして自国の文化と社会と比較したい、その中で学習者が協働で学び合う仕組みができる。したがって、学生の自主性、能動性を引き出すには、「日本事情」の授業はふさわしいと考えられる。

3 反転授業

アクティブラーニングの概念は米国から発祥したものであり、教えるから学ぶへの教授パラダイムの転換が求められると考えられる。日本では、アクティブラーニングの実践は1990年代半ば頃より徐々に見られ始めた。溝上(2014)によると、アクティブラーニングは知識習得以上の活動や認知プロセスの外化に伴う学習を目指し、そのような学習を通して身につける能力が社会に出てから有用であると指摘している。

反転授業はアクティブラーニング型授業の一つであり、2007年に中等教育においてJonathan BergmannとAaron Samsが自身の講義を録画し、生徒に授業前に予習として自宅で視聴させ、その後の授業では、課題の質疑応答、理解度チェック、個別指導やプロジェクト学習を行うこと等、生徒中心の授業実践を「反転授業」と呼んだのが始まりである(古川,手塚,2016)。

従来型対面授業では、授業で知識を得てから自宅で宿題をしたり復習したりして知識の定着を目指すことが多い。一方、反転授業では自宅で知識を得てから、教室でその知識を使いながら知識の定着を目指す。つまり、前者は教室で知識を得るところから学習が始まり、後者は自宅の予習で知識を得るところから学習が始まる。

反転授業は従来型対面授業と異なり、知識のインプットではなく、アウトプットに焦点を当てる授業である。従来型対面授業の一般的な学習スタイルは、授業を受けて知識をインプットし、授業後に宿題を通して知識のアウトプットをするという。それに対し、反転授業とは、授業前にビデオ講義の視聴で知識のインプットを済ませ、授業の演習を通して知識をアウトプットするというスタイルである。

反転授業で得られる大きなメリットは3つ挙げられる。まず、学習意欲の向上である。演習、プレゼンテーション、ディスカッション等を通して、教師あるいは他の生徒と教え合い、意見を交わしながら、積極性、自主性を持って授業に参加、取り組むことで、学習意欲を向上させることができる。また、教師が生徒の理解の度合いを把握することができる。授業では事前に学習した知識についての演習、ディスカッション等を通して生徒1人1人の理解度を確認でき、適切な学習サポートが可能となり、生徒の理解度を深める結果に繋がる。さらに、学生自身は完璧に理解できるまで何度も繰り返し講義を受けることができる。これによって、「授業で分からないことがあり、そのまま授業が進んでしまったため、その後の内容も全く分からない」という問題も自然に解決される。

4 「日本事情」における反転授業の実践

日本語教育現場では、「日本事情」の科目において反転授業の実践がいまだに報告されていない。そして、反転授業の先行研究を概観すると、外国語教育における先行研究は少ない。また、外国語教育においては、主に英語教育を中心に反転授業の実践研究が行われている。以上のことから、本研究では、「日本事情」の授業において、反転授業の有効性を解明したい。

本研究では、2020年後期の日本語中上級レベル日本語学習者のための「日本事情」授業(全16回)における実践について検討する。受講生の多くはベトナムからの留学生であるが、中国の留学生も混じっている。異なる背景を持つ学習者が事前のビデオ、課題による個別学習や、グループによるディスカッション、協働学習、アクティブラーニングをする。授業で取り上げる課題に、伝統文化というテーマを加え、最近の学習者の興味を引くような話題も盛り込み、楽しく学べる工夫を施す。「日本事情」の授業を通じて、学習者が日本社会·日本人の意識や行動に対して関心や疑問を持ち、それについて真剣に考える力を養うことが重要である。

授業を行う前の準備としては、教員が事前に課題に関する講義ビデオを作成し、視聴動画を用意する。学生は10分以上の動画に対してスキップする回数が増える傾向があるため(奥田,2021)、1つの動画を10分以内で収録するようにした。毎回授業の最初に、事前に準備したPowerPointを用いた動画、講義内容のプリントを配信し、予習させる。その後、予習の効果を検証するための確認テストを実施する。次にZoomを使った同期型オンラインセッションで講義を行う。そして、アクティブラーニングの時間を捻出し、4人程度の小グループに分かれ、以下の活動を行った。①取り上げた課題について各自で考え、その後、グループで討論しながらグループの意見をまとめる。②各グループの代表を1人選出し、みんなの前で発表する。③授業終了10分前に、その日に取り上げた課題について学んだこと、感じたこと、伝えたいことを記入して提出する。

このように学習者が学んだ内容を主体的に理解し、自らの意見や見解を発信する力を培う。意見交換やディスカッション、クラスでの発表を通して、そのテーマに関する社会的·文化的背景にも触れることができ、コミュニケーション能力の向上にも繋がると考えられる。

5　考察

本研究はアンケート調査及び半構造化インタビュー調査による分析を行った。

アンケート調査では、反転授業に対する評価、動画及び動画の視聴に対する評価、授業中グループワークに対する評価の3つから分析を行った。反転授業に対する評価では、反転授業の導入により、一方通行の講義ではなく、学習者が主体的にかかわる授業の実現が期待できることは評価されている。動画及び動画の視聴に対する評価では、事前に動画を見て予習と授業で2回説明を聞けるので、記憶しやすく、今後もっと使いたいと肯定的に評価されている。また、授業中グループワークに対する評価では、普段の授業よりさらに多くの活動時間ができ、授業中の発言や意見交換の活発化を促し、グループで議論することで、いつもより楽しく授業に参加することができたと評価されている。今回の調査から、反転授業の導入は学習者の日本事情への理解度を高めるだけでなく、学習意欲を高めることにもつながることがうかがえる。

上記アンケートの補足として授業後にインタビューを行った。その結果、メリットとして挙げられているキーワード「自律性の育成」に関しては、学習者は「今までは、家で勉強するのがテスト前日だったりしたが、このスタイルになって予習を充実してできている」「自分が知りたい気持ちが強くなり、自主性が高くなったと思う」と述べた。また、学習者は事前の反転授業を通じて学習の目的を確認することで、効率的な学習のためには予習が重要であることを認識するようになったことが分かった。次に、多くの学習者が「発表するので、理解度が深まる」「自分たちで意見を出し合って考えることができた」と述べ、本質的に、演習時間の充実をはかることができたと思われる。これにより、これまでの講義形式ではできない、受講者の学びへの積極的な関わりを引き出すことができたと言える。

今回のインタビュー調査を分析した結果、反転授業を受けることにより、学習者がどう変化するか、そしてどのような高次な能力を習得できるかという点において、「自律性の育成」「自主性の向上」「理解度が深まる」等のキーワードが挙げられた。こうしたことから反転授業を長期的に見れば、学習者にとって自律性を高められる効果的な教育方法であると考えられる。

本研究は、「日本事情」において反転授業の試みを行ったもので、実践の中で反転授業を活かすために、授業全体を設計する能力を身に付けることが必要であると感じた。授業を行う際には、講義での知識伝達部分に相当する動画教材を作成し、学習者に自宅で事前学習を行わせることが基本になる。即ち、反転授業を導入する際には、受講者の学習意欲を高め、授業外での主体的な学習に自然に結びつくという前提に立ち、対面授業を有効な学び場とする工夫が重要となる。

6　おわりに

アンケート、インタビュー調査において、学習者は講義動画を高く評価し、「日本事情の理解度が高まった」「授業に入りやすくなった」という意見が多数を占め、日本事情で行われた反転授業が有効に機能していたことがわかった。また、「日本事情」における反転授業の導入により、学習者の学習意欲を高めることが期待できると考えられる。

今後、現在の実践を発展させ、授業の改善に努め、よりよい学習者主体となる反転授業モデルを構築していきたい。

参考文献

[1] 奥田阿子.コロナ禍におけるオンライン授業による反転授業のあり方[J].長崎大学言語教育センター論集,2021,3(9):16-27.

[2] 河野理恵.「戦略」の日本文化非存在説:「日本事情」教育における「文化」のとらえ方をめぐって[J].21世紀の「日本事情」:日本語教育から文化リテラシーへ,2000(2):4-15.

[3] 倉地暁美.中級学習者の日本語日本事情教育におけるグループ研究プロジェクトの試み:異文化間教育心理学の視座から[J].日本語教育,1988(66):48-62.

[4] 古川智樹,手塚まゆ子.日本語教育における反転授業実践:上級学習者対象の文法教育において[J].日本語教育,2016(164):126-140.

[5] 細川英雄.日本語教師のための実践「日本事情」入門[M].東京:大修館書店,1994.

[6] 細川英雄.ことばの文化はどのようにして体得されるか:プロジェクト活動の達成と課題[J].早稲田大学日本語研究センター紀要,1998(11):163-176.

[7] 細川英雄.日本語教育と日本事情:異文化を超える[M].東京:明石書店,1999.

[8] 細川英雄.崩壊する「日本事情」:ことばと文化の統合を目指して[J].21世紀の「日本事情」:日本語教育から文化リテラシーへ,2000(2):16-27.

[9] 溝上慎一.アクティブラーニングと教授学習パラダイムの転換[M].東京:東信堂,2014:39.

作者情報

氏名:原華耶
役職名:講師
所属機関:東亜大学
連絡先住所:山口県下関市秋根東町1-38-301新下関
メールアドレス:genkaen@gmail.com

国内日语慕课建设现状及发展趋势探析*

河南大学　张静苑

1　前言

2013年为中国的“慕课”元年。慕课近十年来的发展推动了高校教学模式、教学方法等方面的改革。国家级一流本科课程建设工作网把一流课程分为“线上一流课程”“线下一流课程”“线上线下混合式一流课程”等五大类，2020年11月，教育部发布了首批国家级一流本科课程认定结果，这三类课程数量分别为1873门、1463门、868门，线上课程的立项数量已经远远超过了线下课程，可见国家对慕课的支持力度。

在后疫情时代，慕课将为我国的高等教育提供有力的支撑。国内日语类慕课主要集中于三大慕课平台：中国大学 MOOC、中国高校外语慕课平台、学堂在线。对这三个慕课平台的初步调查显示，日语慕课从2018年正式上线以来，取得了较大的发展。以中国大学 MOOC 平台为例，截至2021年10月30日，外语类课程共有387门，其中综合语种课程（德语、法语等）有51门。在该平台使用关键词“日语”“日本”进行检索，共搜到33门课程。在外语慕课中，日语慕课的数量仅次于英语慕课。近年来，日语慕课不仅数量大幅增长，教学质量也得到了认可，如南昌大学刘婷团队的“实用日语（上）”，西安交通大学张文丽、曹红荃团队的“大学日语” 入选国家级本科线上一流课程。

本文以中国大学 MOOC 的33门日语课程为研究对象，通过分析课程主页显示的各项信息，考察我国日语慕课的建设现状以及发展趋势，以期为今后的日语慕课建设提供参考。

2　研究对象与方法

本文根据课程名称以及课程概述，把33门日语慕课分为四大类。其中日语知识类课程包括日语语法、日本文化、日本文学类课程；日语基础类课程是指大学日语、二外日语等课程；日语技能类课程是与听说读写能力相关的课程；日语综合类课程是指同时涉及日语、历史、文化、文学等多领域的课程。整理结果如表1所示。

* 本文得到河南大学2021年度“河南大学本科教学改革研究与实践项目（教师教学发展专项）”（YB-JFZX-24）的资助。

表1 中国大学MOOC平台日语慕课类型、数量及课程名称

日语知识类(14)	日语基础类(12)	日语技能类(6)	日语综合类(1)
日语——自游自在日本行	大学日语 提高篇	日语会话基础	东亚文化视野下的日本语言文学
日本社会文化	大学日语 发展篇	初级日语视听说(上)	
中国文化的日本之旅	大学日语 进阶篇	中级日语听说	
日本大众文化	实用日语(上)	日语高级视听	
日本与日本文化	实用日语(下)	实用交际日语	
日本文化解读	二外日语(1)	中级日语阅读	
日本历史与文化	二外日语(2)		
基础日语语法	综合日语入门		
中级日语语法	日语入门		
日语学习难点解析	新标准日本语(初级)		
日本近代文学史	新标准日本语(进阶)		
日本文学史(近代部分)	综合日语实践——基础日语1		
日本近现代文学作品赏析			
日语语音			

中国大学MOOC平台上的每门日语课程都有专门的主页，可以查看课程名称、开设院校、目前以及之前的开课时间、开课次数、课程进度、每次开课的学习者人数、评价数、教学团队、课程详情、课程概述、课程大纲、预备知识、适合人群、课程特色、使用教材和参考书等信息。以下将通过分析上述信息考察国内日语慕课的建设现状及问题点。

3 国内日语慕课建设现状

3.1 国内日语慕课建设的共性

多以教授、副教授为带头人，与讲师组成教学团队，共同完成授课。

教学语言以汉语或日语为主，个别课程授课语言为汉语加日语。教学语言的选择与课程的形式有关。“大学日语”“二外日语”等面向非日语专业学习者的课程主要使用汉语。针对日语专业学习者的“中级日语听说”“日语高级视听”等课程则以日语为主。

教学资源选取贴近国内生活和学生已有知识储备的语料。形式多样，包括文本、图片、音频、视频、课件、资源链接等。丰富的教学资源使专业度极高的课程也受到大量学习者的青睐。如“基础日语语法”的课件制作精美，加入了电影、动画等的片段，吸引了大量的学生，2019年第一次开课时，选课人数便多达4万余人。

考核方式主要为过程性评价。考核的题型主要为选择、填空、判断、论述。评价的方法包括作业、测验、期末考试、课堂交流区发帖或回帖等。

3.2 国内日语慕课建设不均衡

开课院校主要集中在北京、上海、江苏省、陕西省。

开课次数不等。有的慕课2021年第一次开课，而较早开设的慕课已经开放到第6次，在多次开

课中逐渐完善了教学内容。

面向非日语专业学习者的日语基础类课程较多,如"新标准日本语(初级)"等。"日本近代文学史""日本——自游自在日本行"等文学、文化相关的专业知识课程也较为完备,其次为日语技能类课程,而综合类课程最少,只有"东亚文化视野下的日本语言文学"。

教学形式以教师讲授为主,少数为教师对谈的形式,如"中级日语阅读""日本大众文化"。

多数课程的"适合人群"比较宽泛,即对学习者的语言能力等没有过多的要求,如"综合日语实践——基础日语1"注明为"对日语有兴趣的日语初学者"。但从课程名称来看,面向本科生的课程较多,而服务于高职高专学生、研究生的课程较少。

选课人数有的多达数万人次,而有的仅有数百人次,这与课程的性质有关。日语基础类课程适用于日语零基础的学习者,受众广,如"大学日语"的学习者以在校本科生为主体,还包括全职工作者、在读研究生、自由职业者等(张,赵,曹,等,2018:20)。专业性强的日语课程,如"日本文学史(近代部分)""日语学习难点解析"等,选课人数则相对较少。

使用教材以及推荐给学生的参考书的丰富程度也不尽相同。日语基础类、日语技能类课程的参考书较少,而文化、文学等专业知识类课程的参考书目普遍较多。参考书目不仅有汉语书籍,还有日语原版书籍。丰富的参考书目为学有余力的学习者提供了增长专业知识、提升专业能力的空间。

3.3 国内日语慕课建设的问题及应对策略

慕课具有线下授课无法企及的优势。它突破了时空的限制,为具有不同学习背景以及学习目的的广大学习者提供了平等地享受优质教学资源的机会,学习者可以在规定的时间段内自由地选择学习时间。赵等(2017)指出我国的在线课程建设已经形成了政府、社会、高校多主体协同创新的中国特色发展模式,具有课程种类及层次丰富、学习者意愿强等特点。但是也存在平台功能单一、教与学互动性差、交互难以适应学习需要、学习者辍学率高等问题(杨,周,2017;孙田,沈,2017等)。就日语慕课而言,问题主要表现在以下几个方面。

3.3.1 慕课类型不够丰富

现有的日语慕课涵盖了日语入门、语音、会话、语法、阅读、文化以及文学等领域。其中日语知识类、基础类课程较多,这与课程建设难易度、学习者的需求等多种因素有关。亟待建设一些实践类课程。如"日语演讲与辩论"虽已正式纳入日语专业核心课程,但目前仍缺少此类慕课。新教材的建设和出版可以推动慕课建设。2021年初,上海外语教育出版社(以下简称"外教社")推出了国内首部《日语演讲与辩论》教材,配备 PPT 资源。同年,外语教学与研究出版社、华东理工大学出版社也出版了《日语演讲与辩论》教材。新的教材为一线教师提供了有力的支持。除此之外,外教社还以组织"外教社多语云间教研室"、与高校联合举办教学实践研修班等方式,为广大日语教师提供了日语演讲与辩论课程设计的理论支持和实践指导。成熟的课程团队以及教材,为制作新的慕课奠定了基础。另外,日语基本技能还包括翻译和口译能力,相关的慕课目前比较欠缺。在考研人数逐年增加,以及高校注重提升本科生科研能力(如国家级、省级大学生创新创业训练计划等)的背景下,日语学术论文写作等指导学生创新、实践、科研的慕课的建设也应得到关注。

3.3.2 教学目标不够与时俱进

根据国家培养人才的需求制订课程目标是课程建设的重要一环,也是建设成功的慕课的必要前提。本次调研的日语慕课都在主页中写明了教学目标,包括培养学生听、说、读等语言能力的目标,培养自主学习能力和跨文化交际能力等的能力目标、素质目标。不过,随着《普通高等学校本科外国语言文学类专业教学指南》的发布,教育部高教司等政府机构提出新的教学指导思想,日语慕课制订思政目标也应提上日程。早期的慕课尚未体现出思政目标,但在新的教材以及教学辅助材料，如2019年至2021年由高等教育出版社等出版的部分日语教材、外教社2021年与湖南大学教学团队合作推出的《新编日语 重排版》课件中，每课教学目标都融入了思政目标。今后的日语慕课的教学目标中一定要包含思政目标。

3.3.3 授课模式不够多样化

慕课虽然由团队合作完成，但每次课一般只有一名主讲老师，教学组织形式有些单调。“日本大众文化”的课程形式为12分钟的授课视频和3分钟的主讲教师与外教对谈，增加了课堂的趣味性和灵活度。如何丰富慕课的授课形式是需要思考的问题。可以在录制课程中穿插访谈、教师与学生的对谈、学生个人活动展示等环节，或为线上学习者提供可操作性较强的实践活动，从而使学生产生代入感，激发学习者的积极性。

3.3.4 测试以及评价方式存在欠缺

目前慕课的考核主要由单元测验、期末考试、讨论三个模块组成，采取过程性评价模式。虽然各门慕课的成绩构成略有不同，但是期末考试成绩的占比普遍大于单元测试、讨论成绩。多数慕课的测试题型为选择、填空、判断，偏重于客观题。主观题方面，除论述题外，听说类课程，如“中级日语听说”的主观题还包括学习者上传的录音。无论是客观题还是主观题，测试内容都停留在知识层面，只能考查到学生对课程内容的掌握情况，无法考查学生的能力素质、人文素养等。而且学生成绩主要体现的是教师的教学效果，对学习者自身而言，如果能参照一个标准，客观地了解自己的学习水平，则可以为进一步提高自己的学习能力指明方向。大连理工大学韩兰灵团队的“中级日语听说”慕课借鉴“JF 日语教育标准”、《欧洲语言共同参考框架：学习、教学、评估》和中国英语学习能力标准中的语言“Can-do”量表，创新 Can-do List，每章设有听说自我评价量表，全部听说活动都围绕着培养该能力展开(韩，时，毕，等，2021:63)，为学习者评价自身学习情况提供了参考，值得借鉴。

客观题的测试在慕课平台的支持下容易完成，但主观题的批改，需要花费教师大量的时间和精力。一部分主观题也可以让学生互评，“东亚文化视野下的日本语言文学”课程已经运用了这一方式。

3.3.5 互动方式不够多样化

线下教师可以与学生直接互动，及时了解学生的学习情况，调整课程进度，而慕课的互动主要为师生在讨论区的互动。普遍的情况是，选课人数多，但是评价反馈的人只有几百人，多数学生只是点赞，应和别人的评价而已。慕课的特殊性造成的悬殊的师生比，是讨论区的发帖以及回帖数量不容乐观的原因之一。

师生互动与学生互动主要在讨论区完成，讨论区包括“综合讨论区”“教师答疑区”和“课堂交流区”。课程普遍把讨论区回帖的数量以及质量作为最终评分的一项依据。如“日语语音”要求发帖5次或5次以上；“中级日语阅读”规定学员发帖或回帖的数量达到10次或10次以上，该项成绩可获满分，水贴不记入总数。即使如此，回帖的数量依然不尽如人意。可以借鉴其他日语慕课或其他专业的慕课的方式。比如，“大学日语”课程把一部分翻译练习设在“课堂交流区”，学生为了获得分数必须多到交流区与教师、同学互动。再如2020年上线的“生活中的语言与语言学”，在课程中增加了“见面课”环节，在该环节中师生近距离互动，可以在一定程度上弥补慕课上互动不足的弊端。不过，由于线上课程的特殊性，师生在讨论区的提问与应答依然是互动的主要方式。

发帖的数量比较直观，方便统计，不过，仅凭此来评分还值得商榷。回帖的长度、内容的准确度、回帖是否体现了学生的思辨能力等，也应作为评分的参考。

4 国内日语慕课的发展趋势

在中国知网以“外语慕课”“英语慕课”“日语慕课”为主题词检索核心期刊以及CSSCI期刊的论文，共收集到231篇论文。发文时间为2014年至2022年，其中2015年和2018年的研究成果最为丰硕。研究重点大致可以分为三大类：①慕课及相关资源建设（张，王，2018；覃，2019；冯，2020等）；②慕课现有的问题及解决办法（王，金，赵，2017；蒋，马，2018；蒋，马，轩，2019等）；③基于慕课的翻转课堂式教学、混合式教学模式以及教师能力提升的探索（叶，2017；王，2017等）。这些研究也指明了国内日语慕课建设以及研究的发展方向。

首先，关于慕课及相关资源建设。优质的日语慕课离不开一线日语教师的专业知识、先进的教学方法和理念、信息素养能力等的支持。已经出版的日语专业教材以及网络资源等，为慕课建设提供了资源，也将有越来越多的教师团队参与慕课建设。张等（2018），孙等（2020），韩等（2021），曹、张（2021），详细介绍了目前建设成熟的日语慕课的制作过程、课程选题与结构设计等，为今后新建慕课提供了宝贵的经验。张、王（2018:151）认为应在慕课框架下完成微课类型和内容的设计与安排。慕课建设可以遵循“微课→慕课→金课”的路径。慕课的制作越发重视学习者的体验感，如“日本大众文化”添加了中日双语字幕，有的课程推出手机版、电脑版、平板电脑版等，以满足学习者的多屏学习需求。一些日语慕课新增了“立即自学”功能，保障学习者在结课后依然能够利用慕课资源。慕课建设也体现出版权保护意识，如“中级日语阅读”在视频末尾添加了有关图片版权的声明：“本视频中部分所用图片、视频等资料来自网络，仅做教学使用。”这些新发展显示出国内日语慕课制作日臻完善、规范的趋势。

其次，关于日语慕课现有的问题及解决办法。慕课的类型将更加丰富，在满足学习者对日语入门类课程的需求的同时，增加更多专业类以及实践类课程，实现日语普及教育与日语专业教育的均衡发展。关于学习者的评价，孙等（2021）从外语学习者的角度构建了外语慕课平台的自适应性评价指标。关于教学互动不足的问题，可以通过学生互评、助教参与点评等方式，促进教学互动，提升学生的学习积极性。在解决高辍学率、低完成率的问题方面，推进学分兑换可以发挥重要作用，如中南财经政法大学自2015年开始正式将8门慕课课程列入本科选修课名单，并规定学生结业后可获得相应的通识选修学分（黄，周，2017:92）。目前日语慕课存在的问题，仅凭授课教师难以解决，需要学校、慕课平台等多机构的支持。多机构联合的操作模式也将是今后的研究和实践方向。

最后，基于日语慕课的混合式教学模式以及教师能力提升的探索。日语慕课的类型逐渐丰富，今后慕课在高校的实践运用，以及基于实践的实证研究也将进一步发展。高校教师如何有效利用这些丰富、优质的资源，使其能够服务于线下教学，如何开展SPOC、混合式教学以改善教学效果，这些课题值得研究。另外，已经建成的日语慕课，其教学团队可以利用后台数据做实证研究，实现教学与科研的双向互动、同步发展，这是提升教师能力的有效途径。

5 结语

通过调研中国大学MOOC平台上的33门日语慕课，笔者发现日语慕课在教学团队、教学语言等方面具有共性，但在开课院校、课程类型等方面存在差异。目前，日语慕课在类型、教学目标、授课模式、测试以及评价方式、互动方式等方面存在一些问题。随着慕课及相关资源的建设、对慕课以及教学实践的研究的发展，我国日语慕课建设也一定会愈发繁荣、成熟。今后会考察日本JMOOC平台上的外语类慕课、国内英语和其他语种的慕课，汲取慕课制作、教学方面的经验，为国内日语慕课建设提供参考。

参考文献

[1] 曹红荃,张文丽.基于"大学日语"慕课的SPOC混合式教学实践研究[J].高等日语教育,2021(1):31-45.

[2] 冯智文.中国外语金课的内涵及其建设方略[J].外语教学,2020(2):59-63.

[3] 韩兰灵,时春慧,毕杨,等."中级日语听说"慕课的设计与建设[J].牡丹江大学学报,2021(10):60-67.

[4] 黄开胜,周新平.我国外语类慕课的建设与应用现状调查[J].现代教育技术,2017(12):88-93.

[5] 蒋艳,马武林.论大学英语慕课建设应该避免的误区[J].外国语文,2018(1):155-160.

[6] 蒋艳,马武林,轩雅莉.中国慕课学分认定和转换技术路线研究:以大学英语课程为例[J].外国语文,2019(4):129-137+152.

[7] 孙莉,张文丽,许大炜.外语类慕课中的交互现状研究:以《大学日语》为例[J].当代教育实践与教学研究,2020(7):13-14.

[8] 孙田琳子,沈书生.影响MOOC学习者持续学习的原因分析:基于CNKI 2011—2016年实证研究的综述[J].中国远程教育,2017(10):55-62+80.

[9] 孙先洪,张茜,邵越,等.外语慕课平台自适应性评价指标验证研究[J].外语电化教学,2021(1):66-70.

[10] 覃军.技术驱动学习 打造外语"金课":外语类国家精品在线开放课程建设现状、问题及对策研究[J].外语电化教学,2019(3):55-61.

[11] 王勃然,金檀,赵雯.慕课与"高"辍学率:基于学习者视域[J].黑龙江高教研究,2017(10):159-164.

[12] 王守仁.转变观念 深化改革 促进大学外语教学新发展[J].中国大学教学,2017(2):59-64.

[13] 杨晓宏,周效章.我国在线教育现状考察与发展趋向研究:基于网易公开课等16个在线教育平台的分析[J].电化教育研究,2017(8):63-69+77.

[14] 叶兴国.外语教师面临的新形势新问题[J].外语教学与研究,2017(2):292-295.

[15] 张殿恩,王蕴喆.慕课视域下外语微课设计与实践研究[J].黑龙江高教研究,2018(11):149-152.

[16] 张文丽,赵蔚青,曹红荃,等."大学日语"慕课建设实践报告[J].高等日语教育,2018(2):14-24.

[17] 赵宏,郑勤华,陈丽.中国MOOCs建设与发展研究:现状与反思[J].中国远程教育,2017(11):55-62+80.

作者信息

姓名:张静苑

职称:讲师

单位:河南大学外语学院

联系地址:河南省开封市顺河回族区明伦街85号河南大学 外语南楼317C

电子邮箱:zhangjingyuan83@126.com

叙事视角下日语学习者的身份认同建构*

天津外国语大学 赵冬茜

1 前言

除了英语专业，大部分高校外语类专业学生都是零起点学习一门新的语言。以日语专业为例，有的学习者是出于对日本文化的喜爱主动选择了日语，而有的学习者则是被调剂到日语专业。进入日语专业的初衷不同，在日后的学习过程中遇到的状况就会不同。有的人具有强烈的学习动机，自主学习能力较强，因此得到良好的学习效果；有的人在语言学习的挫折中一蹶不振，荒废学业直至毕业；还有的人虽然一开始不是自愿学习日语，但在日后的学习中体会到了日语学习的乐趣，而喜欢上了日语。那么，这些学习者在外语学习的过程中是如何认识自己的？经历了长时间的外语学习之后，他们是如何阐释自己外语学习者的身份的？带着这些问题，笔者开始思考外语学习者的身份认同情况，本文是笔者对H学习者两年来的历时研究。

2 文献综述

身份认同是关于“我是谁”或“我们是谁”的问题，它关注个人或群体对其独立性和特殊性的认识，已成为社会语言学、语言学习、语言教学等领域的重点研究课题（张，2015），但在我国外语教学界尚未引起足够的关注（高，李，边，2008）。在国外研究中，Block（2007）概括评述了关于语言与身份认同的实证研究，着重评述了“自然语境”“外语语境”以及“短期留学（1个月～2年）语境”等三种不同语境下的身份认同研究。张（2015）则针对2010—2014年的海外语言与身份认同实证研究进行了分析，指出身份认同与语言选择、身份认同与语言变异、身份认同与专门用途英语以及语言教师和学习者身份认同四个主题是目前的主流研究。相关的国内研究中，有关“外语/身份认同”的第一篇论文出现在2003年的《天津外国语学院学报》中，2008年开始出现增长趋势，2010年首次出现了有关“身份认同”的2篇硕士论文。2016年论文数量最多，达到14篇，同时硕博士论文的数量也达到顶峰。从搜索结果可以看出，从出现第一篇研究论文的2003年到2017年，约15年的时间里，有关语言学习和身份认同的研究逐步发展，特别是从2010年开始出现硕士论文，说明外语教育学界对此愈发关注，并形成了一定的研究成果。

但从研究内容来看，无论是在第二语言教育研究领域，还是在外语教育研究领域，研究者多关注教师的社会与文化认同的多样性，如教师信念及其构建（战，2010）、教师的个人实践知识

* 本文为天津市哲学社会科学规划项目“社会文化视域下中国外语学习者身份认同研究”（项目编号：TJWW18-026）的阶段性成果。

（李，2008；徐，程，秦，2014）、慕课教学中教师的角色转变（王，张，2017）、师生关系情境中的教师学习（王，朱，2008）等，对认同建构和重建过程关注不足（刘，2012：14）。另一方面，对外语学习者的研究不仅数量少，而且也缺乏研究的广度和深度。黎（2009）主要以中国30位著名外语教育专家的学习传记为样本，分析了他们各自的学习经历和内心体验，总结了他们在外语学习过程中所体现出的动机变化轨迹和因素。伍、王（2017）则是针对一位美国汉语学习者的学习动机进行了叙事研究。本文采用历时的叙事研究法，描述日语学习者在学习中的身份建构过程，并进一步探讨影响学习者身份建构的因素。

3 研究概要

3.1 研究方法

建构主义视角下的认同不再被认为是存在于人内部有待被发现的、永恒不变的本质，而是存在于社会实践中的一个过程，在这个过程中话语承担了重要的角色。叙事将认同的发展放置在一个持续的、动态的，并与外界环境不断进行互动的过程中（刘，2012：13）。建构主义的叙事研究因为涉及叙事者复杂的意义构建而成为研究复杂的教师职业认同构建的有效途径。因此，国内关于身份认同研究的成果主要集中于教师研究方面，且大多采用了叙事研究的方法。

叙事即讲故事，叙事研究是使用叙事材料进行的研究。叙事研究者认为人类经验最基本的组织、体现方式是故事，人是故事的制造者，也是故事的经历者和意义的解释者，因此叙事研究理应是研究人的最佳方式（张，2008）。叙事研究是以自己或他人的故事作为研究内容和对象，以讲述、倾听并反思这类故事作为主要研究形式的一种质的研究范式（徐，程，2014）。教育叙事探究（Narrative Inquiry in Education）从质性研究出发，相对以往所谓科学化的研究而言，强调与人类经验的联系，并以叙事来描述人们的经验、行为以及作为群体和个体的生活方式。叙事研究者的目标是对人类行为和经验的理解，研究表达和解释人类的主体感受（经验）（伍，王，2017）。

3.2 研究问题和数据收集

本文的研究问题为：在两年的学习过程中，日语专业学习者的身份建构产生了怎样的变化。

本文采用叙事研究的方法，旨在对学习者两年间身份认同的建构过程进行描述，提炼其建构过程的特点，并尝试归纳影响学习者身份认同的因素。本文主要以反思日志的文字材料、深度访谈为质性数据。学习者在外语学习过程中，应该经常反思，而且反思日志也有助于增加对案例的理解。因此，笔者与学习者商定，每两个月提交一次反思日志，主要内容包括自己的学习、日常生活、兼职打工等。回顾自己的成长是探索内在想法的重要方法，因此笔者对H学习者进行了深度访谈。深度访谈的频率为每个学期一次，在期末结课之后进行。每次访谈都会针对学习者的学习、生活、社会实践等展开，并确认反思日志中的内容。访谈用汉语进行，并录音以便文字转写。每次访谈大约60分钟。

3.3 研究对象

本文研究的是日语学习者在两年的学习过程中如何建构自身的身份认同。身份认同的建构是一个过程，需要研究者深入学习者的学习情境，收集真实、鲜活的文本数据，讲述学习者个体真实的学习和生活故事，以便多层面、多方位地展现其在大学两年的生活中建构的身份认同，从而深入理解学习者建构身份认同的过程，并对影响因素进行有效阐释。

本文的研究对象H学习者是一名来自西南地区某省会城市的女孩，进入大学之后的前两年一直是笔者所带班级的一员。H的家庭人口较多，她有一个哥哥和一个姐姐，H是这个家庭最小的孩子。从后续的深度访谈来看，H在家里备受关爱，从小衣食无忧。H的中学时代在家乡的重点中学度过，那是一所以外语见长的私立学校，H就读该校的理科班。高考时，H的志愿是国内著名的B大学的欧洲语言专业，但由于高考成绩不理想，未能得偿所愿。同时，H又想趁着年轻在外面闯一闯，在自己上网查找后，综合多方建议，最终选择了T大学的日语专业。笔者通过在课上对H的观察以及后续长时间的深度访谈和反思日志，感受到H学习者是一个性格开朗、乐观直接的女孩。

4 分析与讨论

4.1 H学习者身份认同的分析框架

本文在邱(2018)分析框架的基础上，侧重对比与联系，保留了"时间—空间"维度和"个人—社会"维度。邱(2018)中还有"稳定—变革"维度，体现了学习者身份的不断变化，但不管是"时间—空间"维度，还是"个人—社会"维度，都是不断变化的。因此，前两个维度和第三个维度并不属于同一级别。此外，由于学习者的身份认同更多关注的是学习者的情感和行为，即学习者的内心所想以及外在行动，因此，笔者将邱(2018)原有的"稳定—变革"维度改为"内隐—外显"维度。由此，本文认为学习者的身份认同可以从六个方面、三个维度来理解。1)认知感，即学生对"我是一个学习者"的认知，他们会反思"我是谁""我的目标是什么""我应该做些什么"等问题(邱，2018:136)。2)归属感，即学生在所处共同体中与他人的情感联系和情感寄托。归属感主要体现在"我与他人的关系如何，我如何与他人互动"等方面(邱，2018:138)。认知感和归属感构成了学习者身份建构的"个体—社会"维度。认知感是对自我的认知，而归属感是个体对个体所处社会关系的剖析。3)情感，即学生对不同的人、事、物所产生的感情，以及积极、消极或不置可否的评价。4)行为(behavior)，即学生由于不同情感而产生的不同行为。情感和行为构成了学习者身份建构的"内隐—外显"维度。情感是个体内部的思想感情、价值判断，而行为则是不同感情外化于行的具体体现。5)已有的学习经历，即学生的学习经历情况，包括个体学习了些什么，是如何进行学习的，学习的结果如何等(邱，2018:139)。6)今后的学习经历，即学生将要有的学习经历。已有的和今后的学习经历构成了学习者身份的"时间—空间"维度。学生过去在不同时间、地点进行过正式或非正式的学习，今后也将会在不同时间、地点进行学习。

学习者的身份认同会随着时间发生变化。学习者基于过去的学习经历，对学习以及周围的环境怀有各种各样的感情。由于这些感情，学习者会对自己、他人以及环境产生一定程度上的认知。在"内隐—外显"维度上，存在于学习者内部的某种感情会转变为外化的行为。学习者对学习抱有"喜欢""讨厌"或者"无奈"等感情，这些情感会外化为"积极学习""不学习"或者"很不情愿地学习"等具体行为。在"时间—空间"维度，本文的学习者在进入大学之前，已经在家乡有了较长时间的学习经历，进入大学之后，学习地点和学习内容发生了变化。此外，在"个人—社会"维度，学习者个人对事物均抱有自己的认知。在学习的过程中，通过与周边的人或环境的互动，学习者有可能对"学习共同体"产生归属感。学习者身份认同的建构体现了由内及外、由远及近、由点及面的三个维度，本文将学习者身份置于一个整体之中进行探讨。

4.2 H的身份建构过程

本节重点从上述三个维度探讨H在两年的时间里身份认同的建构过程。

4.2.1 认知感和归属感("个体—社会"维度)

认知感：从"日语无感"到"语言相通"

虽然我第一志愿填的是日语，但其实从来没有想过毕业以后会不会从事相关工作。

对日本也只是有所了解,感觉平平。(反思日志)

因为从小吧,○○卫视有一个特点,它特别喜欢播抗日剧,之前我真的是从小看抗日剧长大,我妈又特别喜欢看,我天天陪着她看。虽然吧,知道日本发达,有好的地方,但是呢,就因为受周边影响,还是有一点那个什么,排斥。而且有的时候吧,大家都说什么勿忘国耻啊,然后排斥日本之类的,但是你说你作为一个学日语的吧,有时候回老家,人家就问"诶,你怎么学日语"之类的。(访谈)

H在入学初期,对自己的身份认同是一个"对日语没什么感觉"[①]的学习者。因为H在上大学之前从来没有接触过日语,而H家乡的电视台又经常播放抗日剧,因此H刚进入大学的时候,对日语"没有特别大的兴趣",甚至"对日本有点排斥"。同时,H在学习过程中"以为自己特别有语言天分,但语言不同,好像那个天分也使不出来",这样的迷茫持续了大约一年半。在大二上学期结束时的访谈中似乎看到了转机。

学了挺久的日语吧,有一年半了,就能知道一些感觉。语感我觉得还是有相通的地方。虽然自己说不出来在哪儿,但有时候你看课文可能就是比别人快,那你也不知道为什么,然后有些时候你懂这个意思了,虽然讲不出来,但是我懂了。我现在又觉得还是要对自己有一点信心。(访谈)

随着日语学习时间的增长,H对日语的感觉越来越好,自己的信心也在逐步提升。她把这种自信的提升归功于以前学习英语时收获的语感。这个阶段,H由初入大学时"对日语无感"的日语学习者转变为感到"我也能行"的日语学习者。

归属感:从"直白坦率"到"人际复杂"

H在中学时期是理科生,同学中男生居多,同时,她认为自己的性格也是比较"男孩子性格"。H来到了女生居多的学校之后,在日常生活和学习过程中感到和大家相处要"小心一点"。

我觉得现在上大学之后,头一次感觉到人际关系这么难,因为我以前不是理科生嘛,就不会管这些,大家就该玩儿玩儿,吵一架,然后回头就忘了。(现在)大家相处嘛,就得更小心一点。就是我觉得有的时候一开口说出话,然后就无法挽回了。比如说我们做什么小组合作的时候,你知道小组活动都有那种不做事的人。然后莫名其妙就带她免考了[②],我就是有一点不甘心,但是当时让她,比如说就直说这该做事了,不做的话,我就会很生气嘛,然后就会急那么一两句,然后就无法挽回了,下次就不可能再跟她做小组活动了。(访谈)

H一直都是和朋友"直白坦率"地交往,任何事情都会很"直接",即使和朋友之间发生矛盾或吵架也能马上和好。H在高中时代和同学的交往都是简单的,心态也"不累"。进入大学之后,"直接"的H一如既往地保持着高中时代的"直白坦率"和他人交往,而在学习过程中发生了"无法挽回"的事情,这使得H感到自己身处的环境以及周围的人都是"复杂"的。

4.2.2 情感和行为("内隐—外显"维度)

情感:从"优越"到"平凡"

H毕业于家乡一所优秀的外语类中学,英语水平高是她引以为豪的地方。但是进入大学之后,H感到"甚至曾经我引以为豪的方面也变得不自信起来"。

上了大学之后，我还是有一点优越感吧，因为我们老师当时就跟我们说，我们○○（H学校名，笔者注）的孩子不要担心，你们去全国任何一个地方，英语都算数一数二的好。然后来了之后吧，发现，唉，不管哪里都是人外有人啊，就还是一般般，虽然就是中等偏上，还是一般般。因为落差太大，就特别难受，每天就嫌这嫌那。他们（同学，笔者注）说我上个学期一直在说这也不好那也不好。（访谈）

不仅H就读的中学很优秀，H自身在学校中也很优秀。因此，H是带着一种"优越感"升入大学的，但是，"人外有人"的现实情况大大地打击了H的"优越感"，内心的落差使她"心有不甘"，在日常生活中迁怒于身边的人和事，不停地抱怨。这种从"优越"到"平凡"的落差让H经历了一段很长时间的情绪低谷。

行为：从"不满"到"努力"

H的优越感受到了打击，认为自己"一般般"，长时间的沉寂之后，H觉得应该变被动为主动，应该更加努力，她在反思日志中提到，"但凡真正成熟了，有一点成年人独立意识的人，都不会拿着爸妈的钱来大学里荒废时间"。

我觉得有些时候吧，就是按自己想的过的话，那太轻松了。以前觉得吧，大家都说上大学轻松了，其实就是说，你在清华也可以过得很轻松，你在二本也可以过得很难。我那天看到个演讲比赛，全国冠军也有一个，就是当时看四川有一个二本学校的，人家也拿了全国金奖，也可以啊。（访谈）

经历过一段时间心理上的低潮，H开始调整自己，不管在什么样的学校，想要轻松都很简单，不努力就可以很轻松，但想要在大学里学到东西，让自己变得优秀，便只能付出加倍的努力。H在访谈中提到二本院校学生拿到全国金奖，这背后想必有很多不为人知的"不轻松"。这件事在一定程度上刺激了H，她不再因为自己内心的落差去抱怨身边的人和事，而是脚踏实地，认清自己，在学习上更加努力。

4.2.3 已有的学习经历和今后的学习经历（"时间—空间"维度）

已有的学习经历："开心"与"厌倦"

如前所述，H的高中是家乡一所有名的私立外国语学校。从H的反思日志中可以看出，高中时代的老师严格，教材也比较难，但H觉得高中时学到了很多东西。

高中的课堂也是主要以小组讨论的形式，做发表等，高中使用的英语教材很难，但经历过之后，会觉得能够学到很多东西。我们高中的英语老师非常严格，会督促我们学习。（反思日志）

进入大学后的专业学习，内容比较单一，重复频率高，因此H开始对自己的专业——日语，产生了厌倦的心理。

我虽然从小到大读的都是外国语学校，心里也明白学语言，无非靠大量的输入、不断的重复记忆……可能因为大学是专攻一门学科，每天接触的都是同样的东西，慢慢产生了厌倦。甚至在课下、周末，除了完成作业，我一刻也不想接触它。（反思日志）

关于“厌倦”日语，H认为主要有两个原因，第一是每天在学校重复学习相同的内容，第二是为了学习日语去接触日本人，但发现自己完全理解不了。从H已有的学习经历来看，H对大学和高中的外语学习的差异产生了困惑。同时，H为了学习日语所做出的努力也似乎产生了负面的影响。

今后的学习经历：“挑战”与“期待”

随着学习日语的时间越来越长，H对日本、日语的感受也发生了变化。特别是H在假期参加了赴日短期交流活动，自身的思想发生了比较大的变化。

> 我上个学期总是接受不了日本人与我们性格上和生活方式的差异，现在想想有点像在钻牛角尖。国家之间本来就有不同，中美、中日、美日，当然在中国内部地区之间也有。学习日语，并不代表着被这个语言所代表的国家“同化”。因为语言归根到底是一种交流工具，它只是提供了工具，让我们能去了解一个不曾了解的、没有机会了解的文化。（反思日志）

H在最初接触日语的时候，无法接受日本人和中国人在性格上、生活方式上的种种不同。在短期交流活动之后，虽然只是短短十余天的交流，但是H通过自己的亲身经历了解了日本人的生活方式和待人接物的方式，想法有了较大变化。同时，她还进一步认识到学习外语并不是被目的语文化所“同化”，外语只是为我们提供了一个了解世界的工具。

H通过短期交流活动，开始关注中日之间的文化差异。文化差异不仅体现在表层的、可视的文化中，还体现在深层的、不可视的价值观等中。幸运的是，这些差异带给H的是正面的影响，虽然她感到有“墙壁”，还“不习惯”，但愿意尝试去接受新的文化，“有更深的发展”。

4.3 H的身份建构模型及影响要素

通过上述分析我们可以看出，在两年的身份认同建构过程当中，H在经历了最初的学习和情绪上的低谷之后，经过不断地自我剖析并受到不同社会环境的影响，呈现出较为积极的身份认同结果。

H学习者初入大学时，在情感上经历了从“优越”到“平凡”的转变，从优秀学校的优秀学生转变为普通院校的普通学生，H感受到了“天外有天、人外有人”的“打击”。而面对枯燥、重复的专业学习，H的心态也发生了变化，经常感到“烦躁”。这样的双重变化体现出个体因素和社会因素对H的影响，也使得H在“时间—空间”维度的“已有的学习经历”层面出现了变化，这直接造成了H在外语学习中产生了两种完全对立的学习感受——高中时代学习英语的“开心”和对日语学习的“厌倦”。同时，H选择日语专业是因为网上的介绍和家人朋友的推荐，零起点学习日语的H，最初对日语和日本文化等是“完全无感”的。但随着学习时间越来越长，H首先在对日语的认知上发生了变化，她开始认为语言之间是相通的，在课文理解、单词记忆方面不知为什么就比别人快。这种积极的个人经验让H在外语学习方面逐渐显示出优势，H也开始对自己有了信心。在看到二本院校学生获得全国大赛金奖之后，H有了自己努力的动力和方向，她不再抱怨，愿意在行动上更加脚踏实地地努力。这些都说明H变成了一个拥有自信的学习者。但同时，H在人际关系方面遭遇了难题。根据H自己的描述，她是一个性格直率的人，高中时代和同学的交往非常直接，但是进入大学之后，不能再像中学时代那样“直来直去”了。所以H认为自己处在一种复杂的人际关系中，对大学期间的人际交往并不抱有正面印象。

不愉快的学习经历、复杂的人际关系以及对自己的不自信，都让H内心产生了很多“不满”，这些不满外化于行，H迁怒于学校，对身边的人、事、物都颇有微词。但通过自身的调整（认识到成熟的人不应该拿着父母的钱在大学浪费时间）和他人的刺激（二本院校的学生也可以获得全国大赛的金奖），H 开始成为一个认清现实并愿意付出努力的学习者。同时，大二的赴日短期交流活动使 H 对日本和日本人有了正面的认识，对未来的学习有了期待，并且愿意迎接新的挑战。

徐锦芬等在分析优秀高校英语教师专业成长的影响因素时提到，“个人实践知识的构建受到各自独特的个人因素和社会语境因素的影响”（徐，程，秦，2014：5）。H 的身份建构过程中同样也可以看出个人因素和社会语境因素的作用。比如，个人因素方面，H 的个人性格影响了其高中与大学时代的人际关系。社会语境因素方面，H 在升入大学之初对自己有较高的评价，但在大学这个社会环境当中，通过与他人的比较，H 认清了自己的客观状况，又通过自我调整，决定今后做出努力。而且，不仅仅是学校这个社会环境起了作用，赴日短期交流也作为更大的社会环境对 H 产生了影响。此外，H 看到二本院校的学生获得全国金奖，这给了她极大的鼓舞，这种他人因素也作为社会语境因素的一部分影响了 H 的身份建构。因此，个人因素和社会语境因素是相辅相成、相互影响的，我们要将两者结合起来，才能更好地理解身份建构的路径及特点。

5 结语

本文以 H 学习者这一个案为研究对象，探讨了其在两年时间内的身份认同的变化，并分析了影响其身份建构的要素。通过三个维度的分析，可以看出 H 学习者的身份认同具有三个特点：复杂人际环境中有信心；认清现实，并愿意付出努力；经历低谷之后期待挑战。同时，在 H 身份建构的过程中，个体因素和社会语境因素均起到了作用，且这两个因素紧密联系、相互影响。期待本文的研究成果可以为学习者的身份认同研究提供参考，并进一步推动外语教育教学改革。

注

①本文分析部分中带引号的表述均为 H 在深度访谈或反思日志中的原文。

②某些课程可以以小组活动的成绩来确定免考名单，如果某个小组的小组活动成绩好，全部小组成员都可以获得免考资格。

参考文献

[1] BLOCK D. The Rise of Identity in SLA research, Post Firth and Wagner(1997) [J]. The Modern Language Journal,2007(91):863-876.

[2] 张浩.海外语言与身份认同实证研究新发展[J]. 外语研究，2015(3):42-46+76.

[3] 高一虹，李玉霞，边永卫.从结构观到建构观：语言与认同研究综观[J].语言教学与研究，2008(1):19-26.

[4] 战菊.大学英语教师的叙事分析：信念及其构建[J].中国外语，2010(5):68-76.

[5] 李晓博.教室里的权威：对日语教师个人实践知识的叙事研究[J].外语研究，2008(3):46-50.

[6] 徐锦芬，程相连，秦凯利.优秀高校英语教师专业成长的叙事研究：基于教师个人实践知识的探索[J].外语与外语教学，2014(6):1-6.

[7] 王俊菊，朱耀云.师生关系情境中的教师学习：基于叙事日志的个案研究[J]. 外语教学与研究，2008(4):287-292+321.

[8] 刘熠.叙事视角下的外语教师职业认同研究综述[J]. 外语与外语教学，2012(1):11-15.

[9] 黎青.导致外语学习者个人动机变化原因的叙事文本研究[J]. 外语教学理论与实践，2009(2):24-31.

[10] 伍晨辰，王建琦.高级阶段美国汉语学习者学习动机探究的新视角[J]. 民族教育研究，2017(1):105-109.

[11] 张莲.外语教师教育研究方法：回顾与展望[J].外语教学理论与实践，2008(3):48-54.

[12] 邱德峰.学生作为学习者的身份建构研究[D].重庆:西南大学,2018.
[13] 王添淼,张越.慕课教学中教师角色转换的叙事研究[J].课程·教材·教法,2017(3):110-115.

作者信息

姓名:赵冬茜
职称:副教授
单位:天津外国语大学
联系地址:天津市河西区马场道117号
电子邮箱:huyuakane33@126.com

日语学习信念与学习策略的关系研究*

大连外国语大学　朱一平

1　引言

学习信念，又称学习观念，是指学习者在语言学习过程中通过自身的体验或别人的影响所形成的看法体系(文，2001:105)。许多研究表明，学习信念与某些个体因素，如学习策略、学习焦虑、学习自主性等显著相关，其中学习策略是指学习者用来提高其目标语语言能力的各项活动，是学会学习的重要手段(Oxford，1990:8)。目前有关学习信念与学习策略的研究已成为二语习得研究的热点。然而现有研究一般集中在英语教学领域，且探讨学习信念和学习策略的关系的实证研究较为匮乏。本研究以日语学习者为研究对象，通过问卷调查的方式探讨学习信念与学习策略之间的关系，以期为大学日语教学实践提供建议。

2　文献综述

2.1　关于学习信念的研究

国内外学者从不同角度对学习信念进行了研究，并取得了许多成果。Horwitz(1987)首次提出了学习信念的概念，并开发了《语言学习信念调查表》(Beliefs About Language Learning Inventory，简称 BALLI)。她将学习信念分为五个因素，即外语学能、语言学习难度、语言学习本质、学习与交际策略、动机。自 Horwitz(1987)以来，学习信念的研究主要分为两个方面：一是以问卷调查或访谈的方式探讨学习信念特征的调查研究，如 Horwitz(1988)，Trumposky(1991)，戴、王(2002)，唐、徐(2003)，励(2007)，宋(2014)，卢、王(2018)等；二是探讨学习信念与其他语言学习因素的关系等的研究，如 Young(1991)，Yang(1993)，文、王(1996)，文(2001)，雷(2005)，何等(2021)等。以我国日语学习者为对象的学习信念研究相对比较滞后，相关研究主要有板井(1997)，尹(2001)，葛(2009)，赵(2011)，冷、林(2012)，杨(2015)等。以上研究基本以 BALLI 为基础，分析了日语学习信念的特点，并讨论了学年、日语水平、学习环境等因素对学习信念的影响。

2.2　关于学习策略的研究

国内外研究者从学习策略的分类，学习策略对学习因素的影响，学习策略的选择，学习策略与学业成绩的关系，策略训练，阅读、写作、听力、词汇学习策略的不同等方面进行了详细的调查研究，如 Rubin(1987)，赖(2013)，顾、顾(2020)等。虽然学习策略的分类至今仍有争议，但 Oxford

*　本文为2021年度大连外国语大学科研基金项目青年项目“日语学习者能动性与学习信念的实证研究”(2021XJQN02)的阶段性研究成果。

(1990)的分类是最全面和最详细的，即把学习策略分为直接策略（包括记忆策略、认知策略和补偿策略）和间接策略（包括元认知策略、情感策略和社交策略）两类，并开发了《语言学习策略量表》（The Strategy Inventory for Language Learning，简称 SILL）。Oxford (1990)的策略量表(SILL)已经过多次修改并翻译成多种语言，目前已成为评价语言学习者学习策略的有力工具。以我国日语学习者为对象的相关研究有金(2010)，孙(2016)，潘、马(2018)等，她们主要对听力、语法、词汇等的具体学习策略的使用情况以及对学习成绩的影响展开了相关调查研究。

2.3 关于学习信念与学习策略的关系的研究

Horwitz 运用 BALLI 调查学习信念时，便指出了学习信念与学习策略之间的关系，认为错误的学习信念会导致学习者选择无效的学习策略(Horwitz，1987：125)。关于学习信念与学习策略之间具体存在何种关联这一问题，代表性研究有 Yang(1999)，文、王(1996)，吴(2007)，张(2008)，周、田(2012)等。文、王(1996)，周、田(2012)均采用自行设计的学习信念与学习策略的问卷对英语学习者展开调查，而 Yang(1999)、吴(2007)、张(2008)则基于 BALLI 和 SILL 量表展开问卷调查。Yang(1999)以台湾的英语学习者为对象进行问卷调查并结合因子分析，指出对英语学习的自我效能信念与所有的学习策略呈正相关，动机信念对策略的使用具有促进作用。吴(2007)则以韩国的日语学习者为对象，发现在学习信念中，对日语学习的期望、积极的学习态度这两个因素对学习策略的使用有积极作用，而“依赖母语、教材书”等语言学习本质因素对学习策略的使用则具有消极作用。张(2008)的研究结果显示，动机与元认知策略、社会策略呈显著正相关，外语学习难度与情感策略则呈负相关。以上研究以不同语言的学习者为对象论证了学习信念与学习策略的具体关系，但都未涉及我国日语学习者的学习信念与学习策略之间的关系。

3 研究设计

3.1 研究问题

基于以上论述，本研究提出以下两个问题：

(1)我国日语学习者学习信念的一般特征是什么?学习策略的使用情况如何?

(2)学习信念与学习策略之间是否存在相关关系?具体存在什么样的关系?

3.2 研究对象与研究工具

本研究的调查对象是国内10所本科高校的255名日语学习者，其中男生96人(38%)，女生159人(62%)。日语专业的学生为148人(58%)，非日语专业的学生为107人(42%)。

研究工具主要为调查问卷，问卷内容分为三个部分。第一部分是个人基本信息（包括被试者的性别、年龄、学校、专业、日语水平等）。第二部分是学习信念的调查量表，笔者以 BALLI 和赵(2011)的问卷为基础，根据日语学习者的实际情况，对问卷稍做调整和修改，最终设定六类信念因素为学习本质信念、动机与期望信念、学习与交际策略信念、学习难度信念、教师作用信念、母语使用信念，共计47道题目。问卷形式为 Likert 五级量表，选项分别为“1.非常赞同、2.赞同、3.不好说、4.不赞同、5.非常不赞同”。第三部分是学习策略的调查量表，采用 Oxford(1990)的 SILL 量表，由关于记忆策略、认知策略、补偿策略、元认知策略、情感策略、社会策略这六类策略因素的共计50道题目组成，同样采用五级量表形式，选项分别为“1.完全符合、2.符合、3.不好说、4.不符合、5.完全不符合”。

3.3 数据收集与分析

调查问卷通过“问卷星”以在线问卷的形式发放，调查实施时间是2020年10月至12月。共收回问卷318份，其中有效问卷 255份，有效问卷回收率为80.2%。问卷数据采用 SPSS26.0软件进行统计学分析：(1)首先用描述统计列出每道题目选择各选项的人数与比例，同时对各题的五个选项分别进行分值换算(如选择1对应得1分，以此类推)，计算各题的平均值和标准差；(2)利用皮尔逊相关分析验证学习信念因素与学习策略因素的相关性，并检验其是否达到显著性水平。

4 研究结果与分析①

4.1 学习信念的一般特征

学习信念的描述性统计结果如表1所示。所有学习信念因素的均值都在2.0～3.0之间，说明信念水平处于中等水平，各类信念因素都在不同程度上影响着日语学习。其中学习与交际策略信念的均值最低(M＝2.17)，说明此信念因素对日语学习的影响力最大。数据结果显示，81％的被试者赞同“大量反复的练习”(题12，M＝1.59)、“发音的准确性”(题16，M＝1.66)、“背诵单词和短文”(题19，M＝1.72)、“积累语法与句型”(题22，M＝1.84)，此外，被试者还支持通过有趣的话题学习日语(题26，M＝1.65)以及多用日语进行口语练习(题14，M＝1.98)。这表明被试者普遍认同反复练习的传统活动，重视发音、单词和语法学习，同时也愿意主动寻求与他人交流的机会，重视口语交际能力。

高于学习与交际策略信念的是母语使用信念(M＝2.35)和教师作用信念(M＝2.37)。在母语使用信念方面，68％的被试者赞同平时尽量说日语而不说母语(题47，M＝2.15)，但在实际的日语课堂中，53％的学生认为课堂上如果一点都不能使用母语会感到憋闷(题46，M＝2.28)，说明学生虽然认为多说日语对提升日语水平有帮助，但是对完全不能使用母语的课堂仍然感到不安。在教师作用信念方面，81％的被试者赞同“好教师对学好日语很必要”(题36，M＝1.80)、“想让教师告诉自己学习上的问题点和困难点”(题38，M＝2.13)，在一定程度上体现出对教师的依赖心理。

在学习本质信念(M＝2.54)方面，被试者普遍认为日语学习中最重要的是词汇(题1，M＝1.91)，其次是语法(题2，M＝2.21)，最后是翻译(题3，M＝2.67)。此外，83％的被试者认为有必要理解日本文化(题5，M＝1.60)，表现出对文化理解的强烈信念。而动机与期望信念的均值(M＝2.63)稍高一些，总体来说，被试者的动机不是特别强烈。其中“有利于就职”(题8，M＝2.36)的动机最强烈，其他依次是“显示能力”(题10，M＝2.69)、“日语是兴趣”(题9，M＝2.74)等，多数学生的动机是为了找一份体面的工作等外在工具型动机。

学习难度信念的均值最高(M＝2.95)，67％的被试者认为日语是比较难的语言(题33，M＝2.96)，且普遍认为学好日语花费时间较长(题35，M＝3.28)，这说明学生高估了学习困难，对自己的学习能力缺乏信心。

表1 学习信念的描述性统计

	最小值	最大值	平均数	标准差
学习本质信念	1.51	3.06	2.54	0.322
动机与期望信念	1.78	4.35	2.63	0.698
学习与交际策略信念	1.32	3.52	2.17	0.524
学习难度信念	1.96	4.23	2.95	0.429
教师作用信念	1.66	3.67	2.37	0.509
母语使用信念	2.13	3.69	2.35	0.403

4.2　学习策略的使用情况

有关学习策略的描述性统计结果如表2所示。根据 Oxford(1990:256)语言学习策略的记分标准,元认知策略、补偿策略、社会策略、认知策略的均值在1.5～2.4之间,表明学生通常使用此类策略。而记忆策略与情感策略的均值在2.5～3.4之间,表明学生偶尔使用此类策略。总体而言,学生使用策略的情况比较均衡,没有偏向某一种策略。其中元认知策略的使用频率最高,其次是补偿策略、社会策略、认知策略,最不常用的是记忆策略和情感策略。

表2　学习策略的描述性统计

	最小值	最大值	平均数	标准差
记忆策略	1.99	3.45	2.56	0.420
认知策略	2.01	2.95	2.39	0.348
补偿策略	1.87	2.80	2.27	0.596
元认知策略	1.85	2.66	2.14	0.442
情感策略	2.20	3.94	2.98	0.647
社会策略	1.89	3.07	2.35	0.409

元认知策略的使用频率最高(M＝2.14),如73%的被试者会充分安排日语学习时间(题81,M＝1.85),制订明确的目标以提高日语技能(题84,M＝2.11)等,表明学生具有一定的元认知意识,具有自我管理、自我规划、自我调节的能力。其次是补偿策略(M＝2.27),如82%的被试者在想不出日语词时会使用意思相同的词语(题76,M＝1.95),或使用肢体语言(题72,M＝2.13),可见学生在遇到交际困难时,通常会使用语言或非语言的线索来推测与表达。

社会策略(M＝2.35)与认知策略(M＝2.39)的使用率稍低一些,如47%的被试者经常与他人练习日语(题94,M＝2.56),但有31%的学生不常使用此策略。而认知策略中,虽然反复书写新的词语(题57,M＝2.01)等策略被普遍使用,但是通过速读、跳读的方式提炼文章主旨(题65,M＝2.54)等策略的使用率偏低。记忆策略的使用率(M＝2.56)更低一些,记忆大量的词汇(题49,M＝2.17)是最常用的学习策略,利用身体的反应、采用闪卡训练的方式(题53,M＝3.37)等记忆策略却很少被使用。

情感策略是使用率最低的策略(M＝2.98),如“鼓励自己不要害怕说错日语”(题87,M＝3.02)、“在取得进步时表扬自己”(题88,M＝3.16)、“在日记中记录学习时的情感”(题90,M＝3.64)等策略的使用频率普遍较低。

4.3　学习信念与学习策略的关系

为了明确学习信念与学习策略的相关关系,笔者采用皮尔逊相关分析检验二者的相关性,其数据结果如表3所示。结果显示,除学习本质信念与母语使用信念未发现和学习策略的相关性以外,其他信念均与学习策略相关,动机与期望信念、学习与交际策略信念、教师作用信念和学习策略呈正相关,而学习难度信念和情感策略呈负相关。

表3 学习信念与学习策略的相关行列表

	记忆策略	认知策略	补偿策略	元认知策略	情感策略	社会策略
学习本质信念	0.122	0.129	0.120	0.138	0.107	0.198
动机与期望信念	0.155	0.039	0.037	0.301**	0.273**	0.165
学习与交际策略信念	0.464**①	0.277**	0.145	0.465**	0.124	0.235**
学习难度信念	0.008	−0.125	−0.061	0.008	−0.365**	−0.079
教师作用信念	0.129	0.141	0.079	0.295**	0.065	0.227*②
母语使用信念	0.122	0.084	0.109	0.162	−0.054	0.098

注：①**在0.01水平上相关显著(双尾)。
②*在0.05水平上相关显著(双尾)。

其中学习与交际策略信念和记忆策略、认知策略、元认知策略、社会策略均呈显著正相关，且与记忆策略和元认知策略的相关系数较高。说明关于学习方法与交际策略的信念水平越高，就越让人意识到要积极地使用学习策略，而较多地使用学习策略则会更好地强化学习与交际策略信念。

动机与期望信念和元认知策略、情感策略呈显著正相关，即学习动机水平越高，元认知策略和情感策略的使用频率就越高。此结果验证了 Yang(1999)、吴(2007)、张(2008)的研究结果中动机信念与策略的正相关关系，即当外语学习者的动机水平高、情感状态好时，他们就越倾向于选择和运用元认知策略和情感策略，而策略的使用又会促进动机与期望信念的增强，从而形成一种良性循环。

教师作用信念与元认知策略、社会策略呈显著正相关，即关于教师作用的信念水平越高，学生的元认知策略和社会策略的使用率就越高。这与吴(2007)指出的对教师有所依赖的信念会抑制策略使用的调查结果不一致。这也许是因为本研究的问卷中包含关于教师在课堂活动及同伴互动中应起到的作用的题目，而课堂活动、同伴互动等的展开都需要教师在各方面做充分准备，发挥其重要作用。只有这样，学生才能够更合理地安排与管理日语学习，加强与同伴的交流，从而促进元认知策略和社会策略的使用。

研究结果中唯一呈显著负相关的是学习难度信念与情感策略，表明学习难度会抑制学生有效地使用情感策略。该结果与张(2008)一致，可见无论是英语还是日语学习者，当学生认为外语学习难时，他们的情感因素，如动机、自信心、自我效能感、焦虑程度等都会不同程度地受到影响，导致情感策略的使用频率降低。

5 结论与建议

5.1 学习信念的水平适中

学习信念的调查数据表明学习本质信念、动机与期望信念、学习与交际策略信念、学习难度信念、教师作用信念、母语使用信念这六类信念因素均在不同程度上影响着日语学习。其中学习与交际策略信念对学习的影响最大，如重视发音和语法的准确性、认同大量反复练习等传统的学习方法、对教师和母语有一定的依赖性等。这与尹(2001)，赵(2011)，冷、林(2012)，杨(2015)的调查结果一致，在一定程度上体现了日语学习者学习信念的一般特征。而学生对日语学习难度的认知水平较高，高估了学习困难，低估了自己的学习能力。因此，在教学中教师应及时关注学生对日语学习难度的认知，在不超过学生的“最近发展区”（Vygotsky，1962：4）的范围内开展教学活动，同时帮助学生对日语学习做出客观评价。

5.2 学习策略的使用较为均衡

学习策略的研究结果表明日语学习策略的使用情况较为均衡，学生能够根据不同学习任务的性质合理地使用学习策略。其中元认知策略的使用频率最高，说明日语学习者具备一定的元认知意识和自主学习的能力。而情感策略使用频率不高，说明学生在克服焦虑、自我激励、控制情绪等方面存在不足。随着外语教育研究的积极转向，学者们认识到了学习者积极与消极情感的复杂性会对语言学习产生较大的影响（徐，2021：451）。因此，当学生在学习过程中感到挫败、焦虑、不安时，教师应当引导学生积极使用自我暗示、自我鼓励、自我奖励等方法调节情绪；当学习进展顺利时，教师应当引导学生进行积极的自我评价，提高自我效能感，进行积极的自我归因。

5.3 学习信念与学习策略密切相关

学习信念与学习策略的相关分析结果显示，学习与交际策略信念和记忆策略、认知策略、元认知策略、社会策略均呈正相关，动机与期望信念和元认知策略、情感策略呈正相关，教师作用信念与元认知策略、社会策略呈正相关，而学习难度信念与情感策略呈负相关。总体而言，日语学习信念影响学生选择和使用学习策略，而学习策略的使用又会影响学习信念的构建，二者密切相关、相互影响。因此，教师要了解学生的学习信念，帮助学生根据正确的想法采取合适的学习策略，并指导具体的学习行为。此外也要特别留意学习难度信念，使学习内容的难度与学生的情感态度相适应，从而激发学习动机，使学生更有效地选择和使用日语学习策略。

本研究以我国高校255名日语学习者为调查对象，采用定量研究的方法探究日语学习信念和学习策略的关系，本研究结果对日语教学有一定的启示。教师要了解学生的各类信念因素，帮助学生树立积极的学习信念，摒弃消极、不正确的学习信念，从而促进学习策略的使用，改善日语教学状况，提高日语教学质量。

注

①受版面限制，问卷数据表格未在文中呈现，感兴趣的研究者可联系作者。

参考文献

[1] HORWITZ E K. Surveying Student Beliefs About Language Learning[M]//WENDEN A, RUBIN J. Learner Strategies in Language Learning. London: Prentice-Hall, 1987.

[2] HORWITZ E K. The beliefs about language learning of beginning university foreign language students [J].The Modern Language Journal,1988,72(3):283-294.

[3] OXFORD R L. Language Learning Strategies: What Every Teacher Should Know[M]. New York: Newbury House, 1990.

[4] RUBIN J. Learner Strategies: Theoretical Assumptions, Research History and Typology[M]// WENDEN A, RUBIN J. Learner Strategies in Language Learning. London: Prentice-Hall, 1987: 15-30.

[5] Trumposky N. Student beliefs about language learning: A cross-cultural study[J]. Carleton Papers in Applied Language Studies, 1991(8):50-65.

[6] VYGOTSKY L. Thought and Language[M]. London: MIT Press, 1962.

[7] Yang Nae-Dong. Understanding Chinese students' language beliefs and learning strategy use[J].Paper presented at the Annual Meeting of TESOL, Atlanta, GA, 1993.

[8] Yang Nae-Dong. The relationship between EFL learners' beliefs and learning strategy use[J]. System, 1999(4): 515-535.

[9] YOUNG S J. Creating a low-anxiety classroom environment: What does language anxiety research suggest? [J]. Modern Language Journal, 1991, 75(4):426-437.

[10] 板井美佐.言語学習についての中国人学習者のBELIEFS:上海復旦大学の質問紙調査より[J].日本語教育論集, 1997(12):63-88.

[11] 尹松.日本語学習者のビリーフについての意識調査:中国首都師範大学の場合[J].日本語教育研究,2001(41):115-129.

[12] 呉禧受.日本語学習におけるビリーフと学習ストラテジーの関係:日本語を専門とする韓国人大学生を対象に[J].ことばの科学,2007(20):49-64.

[13] 葛茜.中国の日本語専攻大学生が持つ学習ビリーフについて:中国南方A市における量的、質的調査を通して[J].日本語教育研究,2009(55):82-97.

[14] 冷麗敏,林洪.中国人日本語学習者対象のBELIFS調査研究について:国内の日本語教育の現状を踏まえて[J].応用言語学研究論集,2012(6):1-13.

[15] 戴炜栋,王栋.一项有关英语专业学习者语言学习观念的调查分析[J].外语界,2002(5):24-29.

[16] 顾世民,顾钧仪.国内"影响语言学习策略使用因素"研究[J].外国语文,2020(2):135-141+151.

[17] 何春秀,顾永琦,缪佳.英语专业学生词汇学习观念与策略纵向比较研究[J].外语电化教学,2021(1):32-37.

[18] 金燕玲.谈在日语听力教学中学习策略的运用[J].教育与职业,2010(26):86-88.

[19] 赖蓉莎.新课程背景下的英语学习策略及其培养[J].外国语文,2013(5):152-155.

[20] 雷霄.大学生学习观念与学习自主性培养[J].外语界,2005(3):68-74.

[21] 励哲蔚.非英语专业大学生英语学习观念调查[J].外语教学,2007(05):49-54.

[22] 卢萍,王俊菊.通用语背景下英语专业学生学习观念研究[J].解放军外国语学院学报,2018(5):93-100.

[23] 潘秋凤,马琼.中国日语学习者的拟声拟态词学习策略的调查研究[J].外语研究,2018(2):60-64.

[24] 宋铁花.建构主义视角下EFL和ESL学习者语言学习观念对比研究[J].中国外语,2014(4):75-81.

[25] 孙晓凤.中国大学生日语语法学习观念和学习策略研究:基于日语专业学习者的调查[D].北京:北京外国语大学,2016.

[26] 唐芳,徐锦芬.大学新生语言学习观念调查与分析[J].外语教育,2003(00):1-7.

[27] 文秋芳.英语学习者动机、观念、策略的变化规律与特点[J].外语教学与研究,2001(2):105-110.

[28] 文秋芳,王海啸.大学生英语学习观念与策略的分析[J].解放军外语学院学报,1996(2):61-75.

[29] 徐锦芬.应用语言学研究的国际动态与前沿分析[J].现代外语,2021(4):448-455.

[30] 杨峻.日语专业学习者语言学习观念的特点与变化[J].湖北民族学院学报(哲学社会科学版),2015(1):172-175.

[31] 张庆宗.外语学习观念对学习策略选择的影响[J].外语教学,2008(2):43-45.

[32] 赵玉婷.工科院校日语专业学生语言学习观念调查[J].日语学习与研究,2011(1):63-71.

[33] 周大军,田少华.中国英语学习者观念与策略的相关性研究[J].外语教学,2012(4):58-61.

作者信息

姓名:朱一平

职称:讲师

单位:大连外国语大学日本语学院

联系地址:辽宁省大连市旅顺南路西段6号大连外国语大学

电子邮箱:yiping1019@163.com

初対面二者間の会話における発話の重なりについて*
—相手言語接触場面と第三者言語接触場面における中国人上級学習者を比較して—

信息工程大学洛陽キャンパス；中原工学院　陳新

1　はじめに

実際の会話の中では、複数話者の発話が同時に現れる現象がしばしば起こる。このような現象は発話の重なりと呼ばれ、初対面同士の会話において、発話の重なりが、相手が提案した話題に関心や共感などを示し、その話題に関する知識を共有していることを伝える手段として使われている(牛田,小川,斉藤,2010など)。一方、日本語学習者による重なりは、先行話者の発話を妨害するなど、否定的に捉えられることが多く、学習者の言語能力不足を理由に結論付けられることが多かった(劉,2012など)。しかし、言語習得を考える上で、話し相手が目標言語の母語話者か否かという要因が学習者内部に生じる日本語のバリエーションに影響を与える可能性は看過できないという報告がある(赤羽,2014;陳,2019など)。そこで、本稿では、対話者が日本語母語話者であるか否かという違いが学習者の発話の重なりにどのように影響するかを明らかにすることを目的として、日本語母語話者との相手言語接触場面(以下「相手場面」)に加え、非母語話者との第三者言語接触場面(以下「第三者場面」)を設定し、比較分析を行う。

2　調査概要と分析方法

本調査では、会話場面を初対面二者間会話に設定し、会話参加者の社会的属性を統制するために、全データの調査参加者を大学に所属する交換留学生、学部生と大学院生(すべて20代の女性①)とした。「初対面」における会話データは、事前に出身地、年齢などの相手に関する情報を一切与えず、自由な話題で20分間会話をするという状況で収録した。具体的には、中国人上級学習者(CNS)11名と初対面関係にある日本人(JNS)7名、韓国人上級学習者(KNS)3名、ドイツ人上級学習者(GNS)2名、マレーシア人上級学習者(MNS)1名、合計6名の日本語非母語話者との2場面14組による自由会話、合計280分の会話を収録した。調査時期は2016年5月～2019年4月までであった。会話の収録が全て終了した後、フォローアップインタビューを行った。表1に調査参加者の情報を、表2に会話情報を示す。表2に示した14組の会話データを宇佐美(2012)の「改訂版：基本的な文字化の原則」に従って文字化した。

分析の手順として、まず相手場面と第三者場面におけるCNSによる発話の重なりを分類し、その機能を考察する。次に、その出現頻度から両場面の特徴及び違いを明らかにする。

---

*　本文为2021年度河南省哲学社会科学规划年度项目(编号：2021CYY037)的阶段性成果。

表1　調査参加者の情報

	日本語能力	国籍	母語	性別	年齢	滞日歴	日本語学習歴
CNS1	上級	中国	中国語	女	21	1年	3年2ヶ月
CNS2	上級	中国	中国語	女	21	1年	3年2ヶ月
CNS3	上級	中国	中国語	女	25	2年2ヶ月	5年7ヶ月
CNS4	上級	中国	中国語	女	23	1年8ヶ月	5年2ヶ月
CNS5	上級	中国	中国語	女	23	1年	4年
CNS6	上級	中国	中国語	女	27	3年	6年
CNS7	上級	中国	中国語	女	25	2年8ヶ月	6年1ヶ月
CNS8	上級	中国	中国語	女	25	3年	5年2ヶ月
CNS9	上級	中国	中国語	女	21	3年6ヶ月	3年2ヶ月
CNS10	上級	中国	中国語	女	24	1年7ヶ月	5年7ヶ月
CNS11	上級	中国	中国語	女	21	1年	5年4ヶ月
JNS1	母語話者	日本(千葉県)	日本語	女	20		
JNS2	母語話者	日本(群馬県)	日本語	女	20		
JNS3	母語話者	日本(群馬県)	日本語	女	21		
JNS4	母語話者	日本(茨城県)	日本語	女	22		
JNS5	母語話者	日本(群馬県)	日本語	女	20		
JNS6	母語話者	日本(岐阜県)	日本語	女	20		
JNS7	母語話者	日本(千葉県)	日本語	女	20		
KNS1	上級	韓国	韓国語	女	21	7年	3年
KNS2	上級	韓国	韓国語	女	21	1年	8年
KNS3	上級	韓国	韓国語	女	21	1年	4年9ヶ月
GNS1	上級	ドイツ	ドイツ語	女	29	1年9ヶ月	3年
GNS2	上級	ドイツ	ドイツ語	女	22	2年	3年8ヶ月
MNS1	上級	マレーシア	マレーシア語	女	22	3年9ヶ月	4年6ヶ月

表2　会話情報

相手場面	第三者場面
「CNS1－JNS1」場面	「CNS1－KNS1」場面
「CNS2－JNS2」場面	「CNS2－KNS2」場面
「CNS3－JNS3」場面	「CNS3－KNS3」場面
「CNS4－JNS4」場面	「CNS8－GNS1」場面

（続き）

相手場面	第三者場面
「CNS5－JNS5」場面	「CNS9－GNS2」場面
「CNS6－JNS6」場面	「CNS10－GNS2」場面
「CNS7－JNS7」場面	「CNS11－MNS1」場面

3　分析結果と考察

3.1　発話の重なりの分類

本稿では、サックス等(2010)の話者交替規則をもとに、重なりを「発話冒頭における同時発話」(以下「発話冒頭」)、「発話終了付近における同時発話」(以下「発話終了付近」)、「発話途中における同時発話」(以下「発話途中」)の3種類に分類した。具体的な会話例に基づいて、以上の重なりについて説明する。

3.1.1　発話冒頭における同時発話

これは、前の話者が発話権を渡した後、2人の会話参加者が同時にターンを開始したために生じた重なりである。

例1(CNS2の観光について)
263 JNS2：観光とかをしてない?。
264 CNS2：観光とかもしましたけど、まあ、研修みたいな感じかな、まあ、夜だけちょっと発表とかあって、みんな一緒に鎌倉と箱根、箱根は関所、箱根関所(うーん)とあじさい電車《沈黙2秒》。
→265 JNS2：[＜あれ＞{＜}[↑]。
→266 CNS2：[＜でー＞{＞}、鎌倉は八幡宮。
267 JNS2：あ、鳩いっぱい見ましたか?、鳩。

例1では、263JNS2の「観光とかをしてない?」という質問に対し、CNS2は264で、箱根や鎌倉を観光したことを答え、ターンを終了した。2秒間という沈黙の後、相手がターンを取らないと思ったCNS2は、次の266で再びターンを取って「でー、鎌倉は八幡宮」と発話を続けている。それと同時に、JNS2は265で「あれ[↑]」と発話を開始したため、発話冒頭で重なりが生じている。このように、発話冒頭で起こる重なりは、2人の会話参加者がTRPで同時にターンを開始したために起こるものであり、会話参加者が話者交替規則を指向するために起こるものである。

3.1.2　発話終了付近における同時発話

これは、先行発話が終了すると予測できる箇所(TRP)で、もう一人の話者がターンを開始したために生じた重なりである。

例2(中国出身の芸能人について)
164 CNS2：じゃ、韓国のアイドルたちは好きですか?。
165 JNS2：大好きです、EXOが好きです。

166 CNS2：あー。
167 JNS2：張芸興[中国語発音]が大好きなんです。
（中略）
170 CNS2：今中国に帰ったん＜ですよね＞{＜}。
→171 JNS2：＜そうです＞{＞}、帰りました[＜よね＞{＜}。
→172 CNS2：　　　　　　　　　　　[＜今＞{＞}中国でもけっこう人気ありますよ。
173 JNS2：本当ですか？。
174 CNS2：はい。
→175 JNS2：大好きなん[＜です＞{＜}。
→176 CNS2：　　　　[＜あー＞{＞}、中国のランニングマンみたいなものに出てますよね。

例2では、JNS2は韓国アイドルグループEXO、特に中国出身のメンバー張芸興のファンであることを話している。CNS2もそのメンバーを知っているため、2人の間に知識の共有性が確立された。それをきっかけに、CNS2は172と176で、先行発話のターンの終了を予測して、JNS2の171と175の発話末尾に重ねてそのメンバーに関する話を始めた。この2箇所の重なりは、どちらもCNS2が先行発話のターンの完結を予測していち早くターンを開始した結果として起きたものであり、安井(2017)が指摘するように、参加者が次の話し手になるという話者交替規則を指向するために起こるものである。また、牛田等(2010)は、初対面会話ではぎこちなさを解消したいために、間を作らないように、発話終了付近での重なりが多くなることを指摘している。このような発話終了付近での重なりから、CNSは話者交替規則を指向しつつも、初対面のぎこちなさを解消する方向に行動することが観察される。

3.1.3　発話途中における同時発話

これは、現話者のターン移行の適切な場(TRP)ではない箇所で、もう一人の話者が発話を挿入するために生じた重なりである。本稿では、このような重なりを「割り込み発話」と呼ぶ。

例3（KNS3の学年について）
34 CNS3：＜え、今＞{＞}は何年生ですか？。
→35 KNS3：今はですね一、えっと韓国で3年までやってここ来て、また来年は【【[。
→36 CNS3：　　　　　　　　　　　　　　　　　　　　　　　[】】よ、
4年＜生＞{＜}。
37 KNS3：＜4＞{＞}年生ぐらいです。

例3では、34CNS3の「え、今は何年生ですか？」という質問に対して、KNS3が35で「今はですね一、えっと韓国で3年までやってここ来て、また来年は」と答えたところで、CNS3は36で「よ、4年生」と発話を挿入し、KNS3の発話を中断させている。CNS3の発話は、KNS3の文の産出過程で挿入された割り込みで、話者交替規則に違反するものであると言える。

例3に示したように、「割り込み発話」は継続中の発話を途中で中止に追い込む場合が多く、スムーズな話者交替の妨げになるため、初対面の場合は特に情報の伝達と会話の進行に支障を来す危険性が高くなる。それにもかかわらず、CNS3はなぜそのタイミングで割り込みを行ったのだろうか。

そのCNSによる「割り込み発話」が起きる状況を明らかにするために、本稿では劉(2012)を参考にし、「割り込み発話」の機能を大きく「協調的な割り込み」と「支配的な割り込み」の2つに分類した。更に「協調的な割り込み」は、「①評価・感想」「②情報付加・補足」「③共話作り」「④質問・確認」の4つに、「支配的な割り込み」は「⑤新情報の提示」のみに下位分類された。各機能の特徴及び例文を表3に示す。

表3　割り込み発話の機能の分類

<table>
<tr><th colspan="2">機能</th><th>特徴</th><th>例文</th></tr>
<tr><td rowspan="4">協調的な割り込み</td><td>①評価・感想</td><td>先行発話に対して同意・共感・関心などを表すコメントや感想を挿入する</td><td>例4(ドイツ語の「名詞の性」について)
155 GNS2：で、それ、その前についてる言葉で(はい)後の言葉が男子か女子なのか分かるんだけど(はい)女の子は女子でも男子でも何でもないの。
156 CNS10：えー[↑]。
→157-1GNS2：なんか、[＜あのう＞{＜}，，
→158 CNS10：　[＜面白い＞{＞}。
157-2GNS2：うん、性別ないって(笑い)。</td></tr>
<tr><td>②情報付加・補足</td><td>先行発話に関連する情報を付け加えて、相手の発話を補足する</td><td>例5(韓国ドラマの男主人公について)
91 JNS2：一番好きなのはみんな好きなんですけど(CNSの笑い)、『星から来たあなた』っていう(あー)、知ってますか、＜あっ、知ってますか＞{＜}?。
92 CNS2：＜知ってます＞{＞}、知ってます。
→93 JNS2：キム・セ・ヒャン【【[。
→94 CNS2：　[】】あ、あれ中国でも(うーん)けっこうはやってたんです。</td></tr>
<tr><td>③共話作り</td><td>会話参加者が共同で一つの発話を作りあげていく</td><td>例6(KNS1の出勤先の困ることについて)
→198 KNS1：おばさんがいると[.
→199 CNS1：　[絶対何か話しかける.
200 KNS1：30分ぐらいかかるね.</td></tr>
<tr><td>④質問・確認</td><td>先行発話に対して質問や確認を挿入する</td><td>例7(中国の小学校の視察について)
271 JNS6：なんか、英語教育の盛んな小学校があるみたいなんで、(あー)そこにみんなで視察に行くんですけど。
274 CNS6：中国のどこですか?。
→275-1JNS6：あー、どこだっけな、詳しい日程も送られてきていないんですけど、[＜なんか、昨年度の＞{＜}，
→276 CNS6：　[＜何省ですか?＞{＞}。
275-2JNS6：日程を送ってもらったのがあって、それは実験学校とか、実験学校(んー)っていう学校があるんですかね?
277 JNS11：上海。</td></tr>
</table>

（続き）

機能		特徴	例文
支配的な割り込み	⑤新情報の提示	相手が話している途中で、先行話者の内容と関連性が弱い情報や新たな話題を挿入する	例8（CNS3が日本で起業することについて） 180 CNS3：でも日本だったらちょっと自分で何か商売をしたい。 （中略） 183 KNS3：すっごい、商売、えー、あーえー、なんか服屋さんとか、なんか＜やりそう＞｛＜｝。 184 CNS3：＜あーそれ＞｛＞｝。 185 KNS3：服屋さんちょっと。 186 CNS3：いやーでも、それは日本ではちょっと難しいかも。 →187 KNS3：かもですねー、うん、まあ、たしかに［声が小さくなる］これもほんと［＜むずか＞｛＜｝【【。 →188 CNS3：　　　　　　　　】】＜えっ＞｛＞｝、［自分のズボンを指して］これは韓国（えー！）、Made in Korea（笑い）。 189 KNS3：えー！どこで買ったんですか？日本で買ったんですか？。 190 CNS3：いや、中国で。 191 CNS3：でもあのー、中国は今いろいろなあのー人は韓国に行って、あのー、洋服を買うために韓国に行って、あのー、（あ、あ、そうなんだ）韓国で買ってきたら（えー）にゅ、中国で販売するという形。

表3に示した「①評価·感想」「②情報付加·補足」「③共話作り」「④質問·確認」の発話内容を見ると、①②③④のような「協調的な割り込み」は、相手のターンを取るわけではなく、相手の発話に対する関心を示し、内容の共有性を確認するための方略として用いられていることが分かる。それにより相手との連帯感と共感が深まり、協調的な人間関係の構築につながると考えられる。一方、「⑤新情報の提示」のような「支配的割り込み」は、自分の発話と意見を優先させるために、相手の発話を中断させているものである。例えば、例8では、CNS3は、188で「えっ」と割り込んで、自分のズボンを指しながら、「これは韓国、Made in Korea」という新情報を持ち出して、KNS3の発話を中断させている。しかし、188CNS3の後の談話を見ると、KNS3は続いて189で「えー!」と驚く気持ちを表して「どこで買ったんですか？日本で買ったんですか？」とCNS3に質問している。CNS3はそれに対して、190で「いや、中国で」と答え、191で中国では韓国製の洋服を販売する人が多いと詳しく説明している。このように、この談話では、CNS3の割り込んだ「自分のズボンが韓国製である」ことをめぐって会話が活発化していくことが示されている。

では、以上のCNSによる重なり、特に、割り込み発話には、相手場面と第三者場面において、どのような特徴や違いがあるのだろうか。

3.2 両場面における発話の重なりの特徴

まず、両場面におけるCNSによる「発話の重なり」について、量的分析を行う。表4-1に示したように、CNSによる発話の重なりの合計は相手場面で217発話、第三者場面で260発話であった。この結果について、χ^2検定を行ったところ、5%水準で有意であった（$\chi^2(2)=7.853$、$p<0.05$）ことから、「初対面」の場合、「発話の重なり」には相手が日本語母語話者であるか否かが影響することが把握された。更に重なりを分類すると、両場面ともに「発話途中」の重なりが最も多く、次いで「発話終了付近」「発話冒頭」の順に生じていた。表4-2に示した残差分析の結果、「初対面」会話において、「発話終了付近」の重なりは相手場面で有意に多く、「発話途中」の重なりは第三者場面で有意に多いことが分かった。

表4-1　両場面における発話の重なり　　発話数（%）

	発話冒頭	発話終了付近	発話途中	合計
相手場面	36(16.6)	70(32.3)	111(51.2)	217(100.0)
第三者場面	39(15.0)	57(21.9)	164(63.1)	260(100.0)
合計	75(15.7)	127(26.6)	275(57.7)	477(100.0)

注：$\chi^2(2)=7.853$，$p<0.05$

表4-2　残差の一覧表

	発話冒頭	発話終了付近	発話途中
相手場面	0.5ns①	2.5*②	−2.6**③
第三者場面	−0.5ns	−2.5*	2.6**

注：①ns：not significant
②*：$p<0.05$
③**：$p<0.01$

この両場面の差は何を物語っているのだろうか。3.1.2の例2に示したように、「発話終了付近」は参加者が次の話し手になるという話者交替規則を指向するために起こるものである。また、初対面会話ではぎこちなさを解消したいために、発話終了付近での重なりが多くなることが指摘されている。このような重なりは、相手場面の方では第三者場面より有意に多く起こっていたことから、初対面の場合、CNSは相手場面では相手が母語話者であることを意識し、話者交替規則を指向しつつ、ぎこちなさを解消したいという気持ちが強く働いて、発話終了付近での重なりが多くなることが示唆される。一方、「発話途中」すなわち「割り込み発話」は、一見、話者交替規則に違反するようなものであるが、このような重なりが第三者場面の方では相手場面より有意に多く起こっていたことから、CNSは「初対面」の場合、第三者場面の方では話者交替規則への配慮より、積極的な会話参加に意識が傾いていることが示唆される。

次に、「発話途中」すなわち「割り込み発話」を分類すると、表5-1に示したように、両場面ともに「協調的な割り込み」の方が「支配的な割り込み」より圧倒的に多かった。つまり、CNSは両場面ともに「評価·感想の表出」「情報補足」「共話作り」などの重なりを通じて、相手の発話へ共感などを示したり内容の共有性を伝えたりしながら、相手とともに協働的に会話を進めようとすることが窺える。

表5-1　両場面における割り込み発話　　発話数(%)

	協調的な割り込み	支配的な割り込み	合計
相手場面	103(92.8)	8(7.2)	111(100.0)
第三者場面	139(84.8)	25(15.2)	164(100.0)
合計	242(88.0)	33(12.0)	275(100.0)

注：$\chi^2(1)=4.049$，$p<0.05$

表5-2　残差の一覧表

	協調的な割り込み	支配的な割り込み
相手場面	2.0*[①]	−2.0*
第三者場面	−2.0*	2.0*

注：①*：$p<0.05$

また、表5-2に示した残差分析の結果、「初対面」の場合、「協調的な割り込み」は相手場面で有意に高いのに対し、「⑤新情報の提示」の「支配的な割り込み」は第三者場面で有意に高いことが分かった。この結果から、相手場面においてCNSは、対人的な連帯感の表出や協調的な人間関係構築を優先する傾向が強いことが示唆される。それに対して、CNSは第三者場面の方では新しい情報を提示することによって、話題を継続させ、積極的に会話を進めようとする傾向が強いことが分かった。

4　まとめ

以上、相手場面と第三者場面における「初対面」会話のCNSによる「発話の重なり」について分析した。その結果、次のことが分かった。まず、CNSによる「初対面」会話における「発話の重なり」は、両場面ともに「発話途中」の重なりが最も多く、次いで「発話終了付近」「発話冒頭」の順に生じていた。そして、「発話途中」すなわち「割り込み発話」が生じた談話を分析すると、両場面ともに「協調的な割り込み」の方が「支配的な割り込み」より圧倒的に多かった。CNSは両場面ともに「評価·感想の表出」「情報補足」「共話作り」などの重なりを通じて、相手の話に対して関心を示したり、内容の共有性を伝えたりして、相手とともに協働的に会話を進めようとすることが窺える。つまり、「対友人」会話と同じように、「初対面」会話においても、CNSの「発話の重なり」は、相手に関心を示し、会話を円滑にかつ協働的に進行させる手段の一つと考えられる。

さらに、CNSによる「発話の重なり」の場面差に注目すると、相手場面では「発話終了付近」の重なりが有意に多く、第三者場面では「発話途中」の重なりが有意に多いことが分かった。また、「発話途中」すわなち「割り込み発話」の談話を分析した結果、相手場面では「協調的な割り込み」が有意に多いのに対して、第三者場面では「支配的な割り込み」が有意に多いことが分かった。つまり、相手場面での重なりは「発話終了付近」に多く生起し、「協調的な割り込み」が有意に多いのに対して、第三者場面での重なりは「発話途中」に多く生起し、「支配的な割り込み」が有意に多い。この結果から、「初対面」の場合、相手場面においてCNSは、相手が母語話者であることを意識し、初対面のぎこちなさを解消したい気持ちが強く働くために、話者交替規則を指向して「発話終了付近」の重なりが多用され、また、対人的な連帯感の表出や協調的な人間関係構築を優先するために、「協調的な割り込み」が多用されることが推測される。それに対して、第三者場面では、話者交替規則に配慮することよりも、積極的な会話参加に意識が傾くために、新情報を加えるなどして会話の進行をさらに進めようとすることによって、「支配的な割り込み」が多用されることが推測される。

今回は、発話の重なりという視点から、相手場面と第三者場面における会話参加の様相について考察を行った。今後は、話題導入の頻度や話題導入の形式に注目し、両場面における会話参加の様相について考察を行いたい。

注

①筆者の調査した大学の留学生が男性よりも女性のほうがかなり多かったことから女性を調査対象者とした。

参考文献

[1] H. サックス,E. A. シェグロフ,G.ジェファソン.会話のための順番交替の組織:最も単純な体系的記述[M]//会話分析基本論集.西阪仰,訳.京都:世界思想社,2010.

[2] 赤羽優子.日本語非母語話者の日本語接触場面における心理面の調節[J].計量国語学,2014,29(5):131-153.

[3] 宇佐美まゆみ.改訂版:基本的な文字化の原則(Basic Transcription System for Japanese:BTSJ)2011年版[DB/OL].(2012-08-30)[2020-09-30].http://ninjal-usamilab.info/pdf/btsj/btsj2011.pdf.

[4] 牛田梨恵香,小川一美,斉藤和志.親密性の違いに着目した発話の重なり方と会話事態の認知[J].愛知淑徳大学論集:コミュニケーション学部·心理学研究科篇,2010(10):113-124.

[5] 陳新.会話における発話の重なり後の談話展開について:中国人上級学習者の相手言語接触場面と第三者言語接触場面の比較[J].言語と文化,2019(31):89-113.

[6] 劉佳珺.会話における割り込みについての分析:日本語母語話者と中国人日本語学習者との会話の特徴[J].異文化コミュニケーション研究,2012,24:1-24.

[7] 安井永子.発話と活動の割り込みにおける参与:話し手の振る舞い「について」の描写が割り込む事例から[M]//片岡邦好,池田佳子,秦かおり.コミュニケーションをを枠づける:参与·関与の不均衡と多様性.東京:くろしお出版,2017:155-175.

作者信息

姓名:陈新
职称:讲师
单位:信息工程大学洛阳校区博士后流动站;中原工学院
联系地址:河南省新郑市龙湖镇中原工学院龙湖校区校内家属楼
电子邮箱:chenxinsweety68@163.com

『紅楼夢』前八十回におけるAA型形容詞重畳式とその日本語訳の対照研究

東北石油大学　胡春艶

1　はじめに

重畳(reduplication)は、中国語の代表的な言語手段として注目される。そのうち、形容詞重畳式及び動詞重畳式が主要なテーマとして研究されている。形容詞重畳式のAA型、ABB型、ABAB型、AABB型などのパターンにおいて、AA型形容詞重畳式が最も早く出現し、バリエーションも多い。

『紅楼夢』は、中国近代漢語が現代漢語に向かう過渡期の代表的な書作であり、中国語発展史の研究において不可欠の重要な著作である。『紅楼夢』は北京官話の教材として、寛政五年十二月九日(公元1794年1月10日)に日本に伝来した(宋,2015:333)。すなわち、乾隆五十六年(1791年)、辛亥年の歳の冬に初めて刊行されたほぼ2年後である。

『紅楼夢』における形容詞重畳式は、AA型形容詞重畳式をはじめとして、頻繁に使用される。たとえば、

(1)纤腰之楚楚兮,回风舞雪,珠翠之辉辉兮,满额鹅黄。(第五回)

伊藤訳:柳腰なよなよとして、風雪をも舞わしめ、飾り珠きららきららと、照りまさる額のつややかさ。

井波訳:繊腰の楚楚として　回風の雪を舞わすがごとく　珠翠の輝輝として　満額鵝黄ならんとす

ほっそりとくびれた腰は　つむじ風に舞い踊る雪さながら　きらきら輝く宝石と　額いっぱいに施された鶴黄の化粧

松枝訳:繊腰の楚楚たるは、風を廻らし雪を舞わす。珠翠の輝輝たる、つや美しき鵞黄の額。

例(1)では、AA型形容詞重畳式が漢語オノマトペと固有オノマトペに対応することが分かった。AA型形容詞重畳式と漢語オノマトペの対応は、漢文訓読との対応関係が強いことが見て取れる。では、AA型形容詞重畳式と固有オノマトペの間にはどのような異同点があるか。本稿は、『紅楼夢』におけるAA型形容詞重畳式を対象に、主に伊藤漱平訳と対照し、さらに、松枝茂夫訳、井波陵一訳を参照し、両者に見られる対応の状況と内因を明らかにしたい。

2　『紅楼夢』の写本、版本、訳本についての説明

曹雪芹の小説『紅楼夢』は、乾隆五十六年(1791年)、辛亥年の歳の冬に初めて刊行された。この時点から、『紅楼夢』は、大量の復刻版が続々と出現し、私的転写の段階から公的印刷の

段階に入ることとなった。もとの名を『石頭記』という。現在まで「脂硯斎本」の主な写本が11種発現されている。そのうち、「庚辰本」は、書写された時期が比較的早く、内容が完備している唯一のテキストである。

日本語訳について、以下の120回全訳本の3種を言語資料とする。

1)松枝茂夫訳『紅楼夢』(全12冊)岩波書店(1972.5—1985.7)

2)伊藤漱平訳『紅楼夢』(全12冊)平凡社(1996.9—1997.11)

3)井波陵一訳『新訳　紅楼夢』(全7冊)岩波書店(2013.9—2014.3)

中国語のテキストには庚辰(1760年)過録本を底本とする人民文学出版社刊『紅楼夢』(1982年)を用いる。

3　AA型形容詞重畳式とその日本語訳の統計研究

3.1　『紅楼夢』におけるAA型形容詞重畳式

AA型形容詞重畳式とは、形式的にAA型、構文機能と語義が形容詞に合致する重畳式を指し、本稿において研究対象とする。基式は形容詞のみならず、他の品詞をも含む。胡(2020:26)の調査結果に基づくと、『紅楼夢』前八十回におけるAA型形容詞重畳式は、異なり語数132例、延べ語数579例である。

3.2　AA型形容詞重畳式とその日本語訳の対応データ

本稿は、『紅楼夢』におけるAA型形容詞重畳式とその日本語訳語例を考察した結果、AA型形容詞重畳式に対応する語例に、オノマトペが概ね三分の一を占めることが分かった。対応するオノマトペに、「皚皚」「蒼蒼」などの漢語オノマトペと「ひらひら」「くさくさ」などの固有オノマトペの二種類があることは指摘される。

中国語のAA型形容詞重畳式について、呂(2002:9)は、「重畳しないと使えない」タイプの“翩翩”“盈盈”などの語と、「重畳しなくても使える」タイプの“缓缓”“密密”などの語を分けると指摘し、前者を重言という。

AA型形容詞重畳式579例において、伊藤訳でオノマトペに訳するのは170例見られる。漢語オノマトペに対応する語数は42例である。そのうち、中国語の重言型で漢語オノマトペへの対応例は27例で、韻文における重言型で漢語オノマトペに対応する例は17例である。一方、AA型形容詞重畳式に対応する固有オノマトペの語数は、128例であり、ほぼ全体の170例の四分の三を占める。表1は『紅楼夢』におけるAA型形容詞重畳式と伊藤訳オノマトペの対応状況を示したものである。

表1　『紅楼夢』におけるAA型形容詞重畳式と伊藤訳オノマトペの対応状況

日本語	中国語AA型形容詞重畳式				合計
	重言型		非重言型		
	韻文	非韻文	韻文	非韻文	
漢語オノマトペ	17例	10例	4例	11例	42例
固有オノマトペ	4例	6例	4例	114例	128例
合計	37例		133例		170例

また、松枝訳と井波訳を調べて、状況は概ね一致している。すなわち、伊藤訳の対応例は、松枝訳と井波訳でも、概ねオノマトペに対応することが分かった。

4 AA型形容詞重畳式と固有オノマトペの対照

AA型形容詞重畳式と同じ、固有オノマトペは、繰り返しが多く採用される。AA型形容詞重畳式と固有オノマトペは、形式で重複という共通点があり、日中訳文においての対応も多い。対応の内因を探究するため、以下に、認知言語学の視点からAA型形容詞重畳式とオノマトペの共通点を比較してみよう。

4.1 描写性

形容詞重畳式は、状態を描写する意味を表す。これはすでに学界共通の認識である(李,2014:72)。AA型形容詞重畳式は、描写性が高いという特徴を有する。

本稿は、AA型形容詞重畳式に対応する状況を考察するため、オノマトペから擬声語を除き、擬態語に焦点を絞り、検討する。擬態語を擬容語·擬貌語·写容語·模様語と言い、オノマトペを描写語と称する(劉,2015:27)。中国語のAA型形容詞重畳式と日本語のオノマトペは、描写性を有することが共通点といえよう。

以下に、『紅楼夢』における例文をみよう。

(2)士隐大叫一声,定睛一看,只见烈日炎炎,芭蕉冉冉,所梦之事便忘了大半。(第一回)

伊藤訳:士隠は一声「アッ」と声をあげ、瞳をこらし見ましたところ、目に入るものとては、かっかと照りつける真夏の日射しとゆらゆら揺らぐ芭蕉ばかり。夢でみたことははや半分かた忘れ去っています。

井波訳:士隠は大声を上げ、目を据えて見ると、お日さまがギラギラ輝き、芭蕉がゆらゆら揺れるばかりで、夢見た事柄はおおかた忘れ去ってしまいました。

松枝訳:士隠はあっと叫んで目をひらき、あたりを見わたすと、真夏の日ざしがかっかと照りつけ、芭蕉の葉がゆらゆらとゆらいでいるばかり。そしてたったいま夢でみたことは、もうあらかた忘れてしまっていた。

例(2)では、AA型形容詞重畳式の"炎炎""冉冉"を通し、真夏の太陽の熱さと芭蕉の姿が描写され、士隠が見た情景があたかも目の前に存在するかのように描かれる。三種の日本語訳では、「かっか」「ギラギラ」「ゆらゆら」のオノマトペに対応し、一般的な言葉よりいきいきとして、描写性が高いと見なされる。

(3)黛玉见如此,越发气起来,声咽气堵,又汪汪的滚下泪来,拿起荷包来又剪。(第十七回至十八回)

伊藤訳:黛玉はこれを見てなおさら腹が立ち、声も出なければ息もつまりそう、はらはらと涙を流し、巾着を取りあげてまたしても切ろうとします。

井波訳:黛玉はこの様子を目にすると、ますます怒りがこみ上げ、声はつまり息はふさがり、またポロポロと涙をこぼしながら巾着を取り上げて、これも切ろうとします。

松枝訳:黛玉はその仕打ちにいよいよ腹を立て、息がつまって声が出す、ぽろぽろ涙をこぼしながら、その荷包をとりあげてまた剪ろうとした。

例(3)では、"汪汪"を通して、黛玉が腹を立て、涙をいっぱいためて、絶えず涙を流す様子が描写される。訳本の「はらはら」「ぽろぽろ」に対応し、「黛玉」の怒る情景が描写される。

“汪汪”「はらはら」「ぽろぽろ」を使えなければ、読者は、「黛玉」がどのように涙を流すかをよく分からず、自分がその場に身を置いているような臨場感も伴わない。

『紅楼夢』における情景描写はAA型形容詞重畳式の使用頻度が高く、対応する訳にもオノマトペが使われる。理由の一つとして、両者とも描写性を有するからと言えよう。それでは、なぜAA型形容詞重畳式とオノマトペは描写性を持ち、臨場感を伴うか。認知言語学の観点から、空間化の仮説を提案し、説明を試みることにする。

4.1.1　空間化の仮説

言語学の空間化とは、文法的手段により、ヒト、モノ、コトを数量的に(具体的な存在と抽象的な存在として)言語化すること。空間化の文法的な手段は、以下の品詞を用いる。名詞と組み合わせる数詞と助数詞、動詞と組み合わせるアスペクト助詞、形容詞の重畳式である。

形容詞の空間化の表現は、大島(2021:13-14)の動詞の空間化についての説明を踏襲し、以下のように説明する。多様な事象の中から、一つの出来事を取り上げ、それをその時の具体的、個別的な性状として捉えると、その性状を持つ事象が存在する空間、つまり、性状が描写される主体が存在することを前提として、場所を設定し、背景(ground)すなわち情景とする必要が生じる。

形容詞は、性質形容詞と状態形容詞に分けられる。性質形容詞は、属性を表し、観察者の体験と感覚の認知を通して、共通の常識になる場合が多く、現実の空間が存在しなくても、形容詞の性状が変わらない。そこに現実の空間が存在する必要はなく、空間化の容認度が低い。例えば：

(4)李纨忙欠身笑道:“从古至今,同时隔代重名的很多。”(第五十六回)

昔から今日まで、同名の人がずいぶん多くのが共通の認知になるという現実は事実であると認識される。実際にその時に“同名”の人が存在しない場合でも、“很多”という性状を判断できる。

状態形容詞、特にそのうちの形容詞の重畳式は、その時の性状を描写し、即時に観察者の感覚器官を通して、そのままの情景を描写する。描写される物事の存在が必須であり、存在する空間を設定する必要がある。観察者は、カメラかビデオのように、物事がその空間に存在する性状を捉え、即時の情景として認知する。実際に存在しなくても、脳内空間に存在させることで想像でき、あたかも目の前に存在するように表出する。したがって、描写性があるかどうかについては、ヒト、モノ、コトの存在する場面(空間)や、存在する対象を設定するかどうかによって、決定するといえよう。

4.2　主観性

4.2.1　「主観性」の定義

「主観的(subjective)」について、「An entity is subjective to the extent that its role as observer is maximized, and its role as object of observation is minimized」(Langacker,2004:491)と定義する。また、池上(2008:3)は「主観的な把握」について、「話者が問題の事態の中に自らの身を置き、その事態の当事者として体験的に事態把握をする場合。実際には話者が問題の事態の中に身をおいていない場合であっても、話者は自らがその事態に臨場する当事者であるかのように体験的に事態把握をする。」と述べている。以上の「主観性」は、観察者ないし話者の参与度を基に把握することである。

一方、「主観化」とは、「意味が命題に対する話し手の主観的信念／態度に根ざすようになるプロセス」と定義する(Traugott,1995:31)。沈(2001:270)は形容詞の重畳式は顕著な主観的な感情を帯びると指摘している。これは、観察者の態度と評価から「主観性」を把握するものである。

言語表現の「主観性」のプロセスをまとめれば、観察者(話者)の体験から認識し、自身の立場により、参与度を決めて、把握するプロセスである。認知する過程に観察者の自身の態度、感情を引き込んで、評価を出す。AA型形容詞重畳式とオノマトペは「主観性」を有するのが共通点である。

4.2.2 観察者(話者)の参与度

AA型形容詞重畳式という表現形式を用いて、観察者(話者)は眼前の情景を視覚的に捉え、直感的なものを伝える。観察者の臨場感を伴い、参与度も高い。従って、主観性も高いと見なされる。また、もし話者が現場に居なくても、AA型形容詞重畳式の言語手段を使えば、話者は観察者を通して、描写する対象があたかも目の前に存在するかのように描く効用があり、主観性も高いと見なされる。すなわち、まずフレームとして存在する空間を設定し、その空間に対象を設定するという空間化を施す。オノマトペについては、『広辞苑』に、擬音語とは「実際の音をまねて言葉とした語」、擬態語とは「視覚・触覚など聴覚以外の感覚印象をことばで表現した語」と定義する。オノマトペは五感の感覚器官で認知し、感覚イメージを直感的に表す言語手段である。観察者の感覚器官を通しており、参与度も高いと見なされ、主観性を有する。

以下に、『紅楼夢』におけるAA型形容詞重畳式と固有オノマトペの対応例文を見よう。

(5)话犹未了,林黛玉已摇摇的走了进来。(第八回)

伊藤訳:もう当の林黛玉、ふらりふらりと部屋のなかまではいってきていましたが、

井波訳:その声がまだ終わらぬうちに、黛玉は早くもゆらゆらと中に入って来ましたが、

松枝訳:その言葉がまだ終わらないうちに、もう林黛玉がゆらゆらと風にゆられるような様子で部屋の中へはいってきていた。

例(5)で、観察者はビデオのように、林黛玉の弱々しく揺れながら歩く様子を記録し、聞き手に伝える。聞き手は、林黛玉の歩く様子を想像することができ、そこには臨場感を伴い、主観性が表れる。日本語訳のオノマトペの「ふらりふらり」「ゆらゆら」に対応し、揺れ動くさまを表す。視覚からイメージを伝えて、主観性も有する。

4.2.3 評価

朱(1999:3)は、形容詞重畳式は、量または話者の感情と主観評価を含むものであると指摘している。

(6)林黛玉便赶着来瞧,只见宝玉正拿镜子照呢,左边脸上满满的敷了一脸的药。(第二十五回)

伊藤訳:見れば宝玉は鏡に映してみているところで、左の頬のあたり一面にべったり軟膏をつけています。

井波訳:黛玉が急いで様子を見に来たところ、ちょうど宝玉は鏡を持って火傷の具合を見ている最中で、顔の左側にはべっとりと薬が塗られています。

松枝訳:そのとき、宝玉は鏡を取ってのぞいていた。黛玉は彼の左頬に膏薬がいっぱい塗られているのを見て、

例(6)の"满满"は、いっぱいの意味である。宝玉が顔を蔽い、黛玉に見せない様子からみると、好ましくないことを表し、期待量に達しない。訳本の「べったり」「べっとり」の「貼り気が

離れない様子」は、『現代擬音擬態語用法辞典』に基づき「マイナスイメージの語」と解釈する。

つまり、「プラス評価」「マイナス評価」は、いずれも、観察者の主観の感情と態度を帯びる。期待量を超えるか及ばないかは、主観的な基準によって判断される。

5　おわりに

本稿は、『红楼梦』の言語資料と三種類の訳本を対照考察し、AA型形容詞と固有オノマトペとの関わりを取り上げて検討した。認知言語学の視点から、描写性、主観性の二つの方面で分析を行った。以下の二点を主張するものである。

1)物事の存在する空間(フレーム)を設定し、空間に存在する主体は、視覚的臨場感を伴い、観察者の目の前で起こっているかのような個別的な情景(事象)を描写する。AA型形容詞と固有オノマトペは代表的な有標表現だと考える。

2)AA型形容詞も、オノマトペも、観察者の参与度とその持つ評価を通して、主観性を把握しやすい。

以上の両方面の共通点から、『紅楼夢』におけるAA式形容詞重畳式と固有オノマトペへの対応の原因を探究し、空間化の仮説で説明を試みる。今後、AA式形容詞重畳式と漢語オノマトペへの対応について更に検討を進めたい。

参考文献

[1] 池上嘉彦.〈主観的把握〉:認知言語学から見た日本語話者の一側面[J].昭和女子大学大学院言語教育・コミュニケーション研究,2008(3):1-6.

[2] 大島吉郎.中国語における「状態」についての試論:「状態」をどう規定するか[J].中国言語文化学研究,2021(10):11-29.

[3] 胡春艶.『紅楼夢』前八十回における形容詞重畳式について:AA型を中心に[J].外国語学会誌,2020(50):24-34.

[4] 劉玲.漢語オノマトペの受容に関する研究[M].北京:学苑出版社,2015.

[5] 吕叔湘.吕叔湘全集:第一卷[M].沈阳:辽宁教育出版社,2002.

[6] 李劲荣.现代汉语形容词生动形式的语用价值[M].北京:中国社会科学出版社,2014.

[7] 宋丹.《红楼梦》日译本研究(1892—2015)[D].天津:南开大学,2015.

[8] 沈家煊.语言的"主观性"和"主观化"[J].外语教学与研究,2001(4):269-275.

[9] 朱德熙.朱德熙文集:2[M].北京:商务印书馆,1999.

[10] LANGACKER R W.认知语法基础:Ⅰ理论前提[M].北京:北京大学出版社,2004.

[11] TRAUGOTT E C. Subjectification in Grammaticalization[M]//STEIN D, WRIGHT S. Subjectivity and Subjectivisation: Linguistic Perspectives. Cambridge: Cambridge University Press, 1995:31-54.

作者情報

氏名:胡春艶

役職名:準教授・院生

単位:東北石油大学・大東文化大学

連絡先住所:黒龙江省大庆市让胡路区阳光馨园2-2-602

メールアドレス:huchunyan2080440@yahoo.co.jp

授受表达与敬语、待遇表达的关系

西北大学外国语学院　胡竹清

1　引言

授受表达由于在日语口语中使用频率高且与人际关系相关，所以是一个重点语法项目，同时也是一个难度大、易出错的语法项目。授受表达之所以难以习得，一是因为其用法复杂，二是因为授受表达还涉及使役态、被动态、敬语等日语中的其他语法难点。然而，无论是以往的教科书还是教师的课堂教学，几乎都是把授受表达当成一个独立的语法项目来处理，很少对授受表达及其周边语法项目进行综合的介绍和辨析。本文的研究对象是授受表达与敬语、待遇表达的关系。弄清这三者的关系，不仅能够深化我们对授受表达的理解，还有利于对日语中人际关系的表达方式形成较为全面的认识。

2　授受表达与敬语、待遇表达的关系

授受表达(「授受表現」)指包含「あげる·もらう·くれる」等授受动词的表达方式。狭义的敬语指"说话者或书写者出于表达敬意而对受话者、读者或话题人物使用的特定语言形式"(毋，2014:1)；广义的敬语"不仅包括抬高受话者或者话题中的人物，贬低自己等所谓的普通敬语表达方式，还包括负向敬语表达方式，即辱骂、蔑视受话者或者话题人物的轻蔑表达方式、对自身采用尊大(傲慢)态度的尊大表达方式等"(毋，2014:2)。本文中的敬语指狭义的敬语。关于待遇表达(「待遇表現」)，菊地(1994:21)是这样定义的：虽然叙述的事项意义基本相同，但因为顾及话题人物、听话人、场面等而区别使用多种表达方式，我们将这些表达方式称为"待遇表达"。菊地(1996)将待遇表达分为六个类型：(1)「上下」的待遇；(2)「丁寧↔ぞんざい、乱暴」的待遇；(3)「改まり↔くだけ/粗野/尊大」的待遇；(4)「上品↔卑俗」的待遇；(5)「好悪」的待遇；(6)「恩恵の授受」的待遇。

从以上三个概念的内涵可以看出，待遇表达是一个比敬语、授受表达范畴更大的概念，待遇表达包括敬语和授受表达。那么，为什么在讲到敬语、授受表达的时候要引入"待遇表达"这一概念呢?何(1996:73)指出，待遇表达"是以敬语为核心，包括简语、轻蔑语，同时语·体结合，所共同构成的更高层次、更为全面的表达体系"。其实质和核心是"人际关系"，采用不同的表达方式，就是为了适应不同人际关系的需要。何(1996)还强调，在学习和讲授日语人际关系的表达方式时，不能局限于敬语，而应该站在"待遇表达"的高度，才能真正抓住实质。

首先来看一下授受表达与敬语的关系。虽然授受表达与敬语内涵不同，且各自都形成了一套相对独立的体系，但实际上，两者间的关系非常密切。第一，从授受动词的用法来看，授受表达内

部存在敬语形(或敬语表达)。比如「あげる」的敬语形为「さしあげる」(自谦语),「くれる」的敬语形为「くださる」(尊他语)。第二,以「(て)いただく」「(て)くださる」「(さ)せていただく」等常见的敬语表达方式为例,其中的「いただく」是授受动词「もらう」的自谦语,「くださる」为「くれる」的尊他语。不难看出,想要得体地使用这些敬语表达方式,离不开对相关授受动词用法的准确理解。第三,授受表达和敬语都可以从「対人関係」的角度来进行把握和理解(佐治,1992;小川,前田,2003;森,2016),在这一点上,两者是平行的关系①。第四,从语言发展变化的角度来看,在敬语不断变化发展的过程中,授受表达发挥的作用日益重要。井上(2018:44)指出,在教授古代日语时,比较难的内容是平安时代以助动词为中心的敬语,而现代日语的敬语则取代了古日语敬语而使用字数更长的表述,如「休ませていただく」「始めさせていただく」等。这些表述将心理层面的恩惠关系、授受关系体现在表层,从而弱化了社会阶层层面的上下级与辈分关系。

其次是授受表达与待遇表达的关系。前述的菊地(1996)将「恩恵の授受」也视为待遇表达的一种。众所周知,授受动词在作"补助动词"使用时不仅表示行为的授受,而且这种行为背后往往还蕴含一种恩惠关系②。以三组授受补助动词为例,「てあげる」表示施恩,而「てくれる」「てもらう」则表示受惠③。菊地(1994)指出,在日语中,即便实际情况是自己的行为对他人有益或者自己掌握某种对对方的权利,但在语言表达上也不能用「てやる·てあげる」之类的施恩表达;相反,如果自己一方从对方的行为中受益,则无论如何都要在语言表达上反映出来④,否则就会给人以忘恩、没有礼貌的感觉,会对维持良好的人际关系造成不利影响。可见,从"对人关系"的角度来看,授受表达属于待遇表达中的一个组成部分。

3 涉及敬语等待遇表达的授受表达用法辨析

一些关于中国日语学习者的授受表达习得的研究表明,授受表达的偏误主要分为"回避使用"和"过度使用"两大类,前者以「てもらう」「てくれる」最为严重,后者则主要集中在「てあげる」(堀口,1984;平野,2003;杨,陈,2005)。笔者认为,授受表达易出现偏误,除了受母语迁移等因素的影响外,还有一个主要原因就是,学习者未能充分理解授受表达所蕴含的待遇表达功能及其用法。再加上同属待遇表达范畴的一些敬语表达方式往往也涉及授受动词或授受表达,所以如果对授受表达和敬语之间的联系和区别把握不清楚的话,也容易产生偏误。基于此,有必要对一些涉及敬语等待遇表达的授受表达进行辨析。

3.1 「てくれる」系列和「てもらう」系列的礼貌程度及使用问题

「てくれる」与「てもらう」都是使用频率较高的授受补助动词,甚至有时候还能互换。比如,例(1)(2)都可以在该场景中表示请求,两个例句的区别除主语、视点不同⑤外,礼貌程度(「丁寧さ」)也稍有不同。一些日本学者认为,就礼貌程度而言,「てもらう」大于「てくれる」,同时「ていただく」大于「てくださる」。庵等(2000)指出,「てもらう」没有用施动者作主语,所以礼貌程度比「てくれる」稍高一些。熊田(2000)从"待遇意识(「待遇意識」)"和"顾虑意识(「配慮意識」)"两个维度对「てくれる」和「てもらう」的礼貌程度进行了考察并指出,在待遇意识和顾虑意识高的情况下,「てもらう」较为常用,反之「てくれる」较为常用。

【场景】旅行中请求别人给自己照相时:

(1)すみません、写真を<u>撮ってくれますか</u>。

(2)すみません、写真を<u>撮ってもらえますか</u>。

(笔者自造,经日语母语者确认)

NHK放送文化研究所针对「教えて｛くださり/いただき｝ありがとうございます」这一感谢表达中「～くださり」和「～いただき」的使用情况，进行了问卷调查[⑥]，结果显示：第一，从总体上看使用「～いただき」而不使用「～てくださり」的人的比例要稍高一些[⑦]，「～いただき」在实际使用中似乎正在变得越来越占优势；第二，在60岁以上的受访者中，回答"虽然两者都使用，但是「～ていただき」的感谢程度要高一些"的人较多。

可见，对于「いただく」和「くださる」，日本人中也存在不同的看法。『敬語の指針』（文化審議会，2007）中列举了例(3)(4)两个例子，对两种表达方式"哪一个更礼貌，哪一个更恰当"这一问题给出了两种解释。第一种解释认为，「御利用いただく」和「御利用くださる」的最基本的区别在于前者属于自谦语，后者属于尊他语。然而就抬高的对象以及受惠方而言，两者都是一样的，因此两种说法都属于恰当的敬语表达方式。第二种解释认为，一部分人之所以认为「御利用いただく」这种用法有问题，是因为他们认为"「利用」的人是对方和第三方，所以应该使用尊他语「てくださる」"。

(3)御利用いただきまして、ありがとうございます。
(4)御利用くださいまして、ありがとうございます。

（文化審議会『敬語の指針』）

『敬語の指針』最后指出，对于"「御利用いただきまして…」和「御利用くださいまして…」哪一个更礼貌，哪一个更恰当"这一问题，不同的人有不同的判断和感受，但是可以说两者是用法基本相同的敬语。

当然，判断一个句子或一种语言行为的礼貌程度或得体性时，不能仅看使用了哪个授受动词，还要结合语体[⑧]、语篇[⑨]、礼貌策略[⑩]等综合分析。

3.2 「(さ)せていただく」的使用问题

「(さ)せていただく」是一种非常常见的敬语表达方式，且该表达方式经常被指出存在过度使用的情况。蒲谷(1999)指出，「(さ)せていただく」在使用上存在两个问题：一是在形式上存在"插入「さ」的表达"；二是在实际运用中未能体现"使役许可"或"接受恩惠"的含义[⑪]。本文关注后一个问题，即此处所说的「(さ)せていただく」的使用问题具体指，当「(さ)せていただく」句在实际运用中未能体现"使役许可"或"接受恩惠"的含义时，这种表达方式是否妥当、得体的问题，以及日本人对其的接受度问题。

『敬語の指針』在对「(さ)せていただく」的使用得体性问题进行说明时，列举了以下五个场景中的用例并做了解释。

(5)（为了复印对方的书向对方发出请求）コピーを取らせていただけますか。
(6)（发表会的开头）それでは、発表させていただきます。
(7)（商店停业告知书）本日、休業させていただきます。
(8)（婚礼上的致辞）私は、新郎と3年間同じクラスで勉強させていただいた者です。
(9)（自我介绍）私は、○○高校を卒業させていただきました。

（文化審議会『敬語の指針』）

对于例(5)，由于其符合「(さ)せていただく」句的使用条件，所以是恰当的。对于例(6)，除非说话人的发表行为需要对方的许可，否则这是一种略显多余和啰唆的表达，倒不如直接说成「発

表いたします」，更能给人以简洁的印象。例(7)与例(6)一样，改为「休業いたします」似乎更好一些。对于例(8)，如果认为"结婚是一个应该最大限度抬高新郎的场合"，似乎这种说法也可以接受。对于例(9)，由于可能存在"我毕业困难，受到老师们的特殊照顾才得以毕业，内心非常感激"的情况，所以也不能断言其为一种不恰当、不得体的表达方式。可见，对「(さ)せていただく」句的接受度因人而异。

盐田(2016)对日本人使用「(さ)せていただく」的实际情况进行了调查，结果表明：首先，从接续来看，「(さ)せていただく」用在「禁煙·差し控え·休業·値引き」等后面时属于正确用法，用在「営業·訴え·感動·チョコを渡す」等后面时"误用"的色彩较为强烈；其次，从使用者的学历来看，非大学毕业的人表现出了更喜欢使用「(さ)せていただく」的倾向；最后，从地域分布看，关西、东海、甲信越属于喜欢使用「(さ)せていただく」的地区，而关东属于不太喜欢「(さ)せていただく」的地区。

3.3 「てくれる」「てもらう」与请求行为

由于授受表达和敬语都是通过语言来礼遇对方的一种形式，所以日语学习者很容易将两者混淆。比如例(10)这道选择题，到底是选授受动词还是敬语，需要结合具体的语言使用场景⑫等来进行分析。在日常众多的语言场景中，请求行为⑬是一种使用频率很高的语言行为，在具体使用时多通过给对方以行为的选择余地或决定权来实现请求行为的礼貌性⑭。日语中的请求表达方式非常丰富，且多使用「てくれる」和「てもらう」两个授受补助动词⑮(参见表1)。

(10)(学生对老师说)先生、お忙しいところすみませんが、推薦状を(お書きください／お書きになりませんか／書いていただけないでしょうか)。⑯

表1 「てくれる」和「てもらう」在请求表达中的运用

请求表达的类型	表达形式	语法上的名称	在顾虑层面所要表达的意思
意志请求	Vてくれるか	请求句	给对方以拒绝的余地
		授受动词	说话者的利益
	Vてくれるか →Vてくれますか	敬语(敬体)	对对方的尊重
	Vてくれますか →Vてくださいますか	敬语(尊他语)	对对方的尊重
	Vてくれますか →Vてくれませんか	委婉化(否定)	表示一种能够接受对方否定回答的态度
	Vてくれますか →Vてくれますでしょうか	委婉化(推量)	表示一种放弃干涉对方判断的态度

（续表）

请求表达的类型	表达形式	语法上的名称	在顾虑层面所要表达的意思
可能请求	Vてくれるか →Vてもらえるか	授受被动化	表示一种“被动地接受对方决定”的态度
	Vてもらえるか →Vてもらえますか	敬语（敬体）	对对方的尊重
	Vてもらえますか →Vていただけますか	敬语（自谦语）	对对方的尊重
	Vてもらえますか →おV願えますか	愿望化	避免直接请求
	Vてもらえますか →Vてもらえませんか	委婉化（否定）	表示一种能够接受对方否定回答的态度
	Vてもらえますか →Vもらえますでしょうか	委婉化（推量）	表示一种放弃干涉对方判断的态度
许可请求	Vてもらってもいいか	许可请求表达	表示一种给予对方权限的态度
	Vてもらってもいいか →Vてもらってもいいですか	敬语（敬体）	对对方的尊重
	Vてもらってもいいか →Vていただいてもいいですか	敬语（自谦语）	对对方的尊重
	Vてもらってもいいか →Vてもらってもいいでしょうか	委婉化（推量）	表示一种放弃干涉对方判断的态度
	Vてもらってもいいか →Vてもらってもよろしいですか	敬语（郑重语）	对对方的尊重

注：根据山冈等（2010：152-155）整理制作而成。

从表1可以看出，「てくれる」「てもらう」在用于请求行为时，为了实现话语行为的礼貌性以及出于对对方的顾虑等，可以使用不同的待遇表达方式。比如，通过将「てくれるか·てもらえるか」变成其敬体或使用各自的敬语形式，可以达到“向对方表示尊重”的目的；也可以在句末加上“否定＋疑问”或「でしょう」等表示推量的形式使请求行为更加委婉；还可以用「てもらえる」来替换「てくれる」。山冈等（2010：154）将请求行为中用「てもらう」替代「てくれる」的这种现象命名为“授受被动化”（「授受受動化」）。将「てくれる」变为「てもらう」后，其在顾虑层面想要表达的是“说话者的一种‘被动地接受对方决定’的态度”。“授受被动化”的请求行为，减弱了对听话人的强制性，从而降低了对对方消极面子的威胁，达到了顾及对方感受和礼貌的效果。

前文提到的「（さ）せていただく」句其实也可以用在请求行为中，构成「（さ）せていただけませんか」「(さ)せていただけないでしょうか」等。通过把决定权交给对方,显示出尊敬和礼貌,而这种礼貌策略恰恰提高了请求行为成功的可能性。

3.4 「てさしあげる」的实际使用

前文提到,在三组授受补助动词中,与表示受恩(受益)的「てもらう」和「てくれる」不同,「てあげる」表示一种施恩行为。按照菊地(1994)指出的日语恩惠授受表达的原则,即便实际情况是自己向对方施恩或者掌握某种对对方的权利,但在语言表达上也应该尽量避免使用「てやる・てあげる」等施恩表达,因为其会给听话人一种"自大""越俎代庖"的感觉。很多日语教科书在讲解「てあげる」的敬语表达时都会举类似例(11)的用例,并建议使用「お・ご~する」等敬语自谦表达来替代。比如,将该句变为「先生、お荷物をお持ちいたしましょう」。

(11)(学生对老师说)先生、お荷物を持ってさしあげましょうか。

(翟东娜《日语语言学》)

之所以会产生这种变化,原因在于社会对敬语看法的转变。2000年第22期的日本文化厅国语审议会上提出"用'敬意表现'取代敬语"的建议。敬意表现倡导人际交往中相互尊重的精神,而这种相互尊重的精神又主要体现为两种意识,即"减轻对方的心理负担"和"顾虑意识"。关于前者,具体表现为由听者受益的表达方式演变为说话者受益的表达形式,即「~してさしあげます」→「お~します」→「~させていただきます」(翟,2006:163)。比如:

(12)ご案内さしあげます。→ご案内いたします。

(13)ご説明します。→ご説明させていただきます。

(翟东娜《日语语言学》)

4 结语

以上列举了几个常用且具有代表性的授受动词、授受句,探讨了其与敬语、待遇表达的关系,分析结果对于我们重新认识授受表达及其教学有以下几点启示:第一,授受表达与敬语一样,都是涉及和反映人际关系的一种语言表达,都应该从待遇表达这一更高的层面来审视;第二,授受表达与敬语关系密切,掌握好授受表达,有利于掌握「ていただく」「てくださる」「させていただく」等常用敬语表达方式;第三,对「いただく」「くださる」「(さ)せていただく」等表达方式在礼貌程度、使用得体性方面的评价,因人而异;第四,教师在教授「てもらう」「てくれる」「(さ)せていただく」时,可将其与请求行为等语言场景结合起来让学生进行练习,以达到灵活运用的目的。

目前,从礼貌理论的角度来分析敬语和请求行为的研究已经取得了丰硕的成果⑰,但是将礼貌理论用于授受表达的研究还不多见,这可以成为今后研究的一个新方向。

注

① 森(2016)指出,授受表达和敬语在承担社交指示(「社会的ダイクシス」)方面具有等价功能;同时,由于授受表达和敬语都要实现礼貌表达的目的,所以都必须恰当地使用,在这一点上是平行的关系。

② 严格地讲,表示"物的授受"的授受实义动词(「授受本動詞」)也包含恩惠性,因为"物的移动"和所有权的转移难免会牵扯到恩惠性。

③ 当然,「てくれる」「てもらう」也有不表示恩惠的用法。

④ 有时候也存在"明明没有从对方的行为中受益,却使用了受益的表达方式"的情况,菊地称其为「日本語の美徳」。

⑤ 关于「てくれる」和「てもらう」的区别,既往研究有胡(2017),郭(2016)等。

⑥ 调查时间:2010年12月～2011年1月。回答人数:1252人。来源:NHK放送文化研究所.最近気になる放送用語「教えて下さり」?「教えていただき」?[EB/OL].(2011-10-01)[2020-05-05].http://www.nhk.or.jp/bunken/summary/kotoba/term/146.html.

⑦ 在所有受访者中的平均比例为38%。

⑧ 比如授受动词也有简体(普通体)和敬体(礼貌体)之分。

⑨ 语篇是一个比句子更大的语言单位,是由若干个句子组成的寓意整合体。以请求行为为例,除「Vてくれるか·Vてもらえるか」等请求句外,在进行请求行为时,可能还会使用「あのう、すみません」等"行为起始语",它们也影响请求行为的得体性。

⑩ 毋(2019:6)举了如下例子:"学生让老师打开窗户,可以使用「窓を開けていただけないでしょうか」等非常礼貌的语言形式。但是从礼貌策略的角度看,即便是语言形式非常礼貌,也不一定是恰当的行为。因为从FAT(面子威胁行为)的角度来考虑,让老师打开窗户的行为本身就违反了礼貌策略。"

⑪ "使役许可"指说话人请求对方同意自己将要实施的行为,"接受恩惠"指说话人从得到对方的许可中受益。

⑫ 语言按照使用场景可以分为请求、劝诱、忠告、许可、感谢、命令、道歉等多种语言行为。

⑬ 请求行为(「依頼行為」)指说话人为了自身得到某种利益,不带强制性地请求对方做出某种动作的语言行为(陈,2002:20)。

⑭ Brown, Levinson(1987)指出,"请求行为"是一种最典型的威胁对方面子的语言行为。在请求行为中,对对方面子的威胁可以分为"积极面子的威胁"和"消极面子的威胁"。前者指对方因答应请求而产生的心理负担,后者指请求事项给对方造成的负担。

⑮「てもらう」一般多变成其可能形「てもらえる」来使用。

⑯ 解析:「お～ください」「お～になる」等敬语表达方式都只是用来抬高对方的行为,一般不涉及其他人。而在例(10)的这个请求句中,一定要涉及请求者和被请求者两方,比起抬高对方,更重要的是要交代清楚相互的关系,所以需要使用授受动词。

⑰ 将礼貌理论引入敬语教学领域并取得丰硕成果的有毋(2014)、毋(2019)等。

参考文献

[1] 庵功雄,高梨信乃,中西久実子,他.初級を教える人のための日本語文法ハンドブック[M].東京:スリーエーネットワーク,2000.

[2] 塩田雄大."させていただきます"について書かせていただきます:2015年「日本語のゆれに関する調査」から②[J].放送研究と調査,2016(9):26-41.

[3] 蒲谷宏.させていただく[J].言語,1999(5):74-75.

[4] 菊地康人.敬語[M].東京:角川書店,1994.

[5] 菊地康人.敬語再入門[M].東京:丸善株式会社,1996.

[6] 熊田道子.待遇意識から見た「てくれる」系表現と「てもらう」系表現[J].早稲田大学文学研究科紀要,2000,46(3):63-72.

[7] 佐治圭三.外国人が間違えやすい日本語の表現の研究[M].東京:ひつじ書房,1992.

[8] 山岡政紀,牧原功,小野正樹.コミュニケーションと配慮表現:日本語語用論入門[M].東京:明治書院,2010.

[9] 小川誉子美,前田直子.日本語文法演習 敬語を中心とした対人関係の表現:待遇表現[M].東京:スリーエーネットワーク,2003.

[10] 森勇太.発話行為から見た日本語授受表現の歴史的研究[M].東京:ひつじ書房,2016.

[11] 文化審議会.敬語の指針[EB/OL].(2007-02-02)[2020-05-05]. https://www.bunka.go.jp/seisaku/bunkashingikai/kokugo/hokoku/pdf/keigo_tosin.pdf.

[12] 平野真弓.日本語教育における授受表現について:中国語母語話者の場合を中心に[J].聖心女子大学大学院論集,2003(25):232-210.

[13] 堀口純子.授受表現に関わる誤りの分析[J].日本語教育,1984(52):91-103.

[14] BROWN P, LEVINSON S C. Politeness: Some Universals in Language Usage [M].Cambridge: Cambridge University Press, 1987.

[15] 杨秀娥,陈俊森.授受表达习得中的中介语研究:以国内的日语学习者为研究对象[J].日语学习与研究,2005(04):42-46.

[16] 翟东娜.敬语与得体表达[M]//日语语言学.北京:高等教育出版社,2006:160-164.

[17] 陈凤川.论日语请求行为得体性的实现[J].日本学论坛,2002(02):20-24.

[18] 井上史雄.日语敬语研究[M].林韶南,译.北京:中国社会科学出版社,2018.

[19] 何午.日语“待遇表现”研究[J].四川外语学院学报,1996(02):66-73.

[20] 郭力.基于礼貌策略的“てくれる”句和“てもらう”句的对比分析[J].通化师范学院学报,2016,37(07):54-58.

[21] 胡原.日语“てくれる”系列和“てもらう”系列表达方式的使用区分[J].安庆师范大学学报(社会科学版),2017,36(02):71-75.

[22] 毋育新.现代日语礼貌现象研究[M].杭州:浙江工商大学出版社,2014.

[23] 毋育新.日语敬语教学方略研究[M].北京:北京大学出版社,2019.

作者信息

姓名:胡竹清

职称:讲师/系主任

单位:西北大学外国语学院

联系地址:陕西省西安市长安区郭杜学府大街1号,邮编:710027

电子邮箱:443603832@qq.com

中日両言語における自動詞の受身に関する再考

上海外国語大学賢達経済人文学院　劉爾瑟

1　はじめに

2009年前後から、中国では“被XX”式がネットで流行り始め、現在はすでに文法化されたとも言われている。“被XX”式とは、“捐款”“自杀”などの自動詞、あるいは“幸福”“富裕”などの形容詞、並びに“中产”“微笑”のような名詞の前に“被”を付け、不本意·皮肉などの意味合いを表す新たな文型である。その中でも、“被＋不及物动词”という構造を取る実例が非常に多い。日本語においても「自動詞受身文」が存在しているが、中国語の“被＋不及物动词”と比べた場合、意味上と語用上の相違が多々見られる。両者とも教科書に取り上げられるような典型的な受身文ではないため、中日両国における言語学習者にとって、一つの難問と言えるであろう。ここでは、具体的な例を見てみよう。

(1)七年前、娘に死なれたら、私からことばが消えてしまった。(津島佑子『私』)

(2)この家庭は、お父さんが朝早い仕事なので、夜中に赤ちゃんに泣かれては困るという実情があり、激しく揺すってあやしたということです。(榊原洋一『ベビーエイジ』)

(3)“请不要乱说、不要乱写。”在一次又一次地被结婚后，这或许就是无奈的赵薇的心声吧。(《南方都市报》2009-07-31)

(4)上海李天天律师，被失踪了吗?(《凤凰博报》2011-06-06)

例(1)と例(2)は、両方とも自動詞を用いている受身文である。「死なれる」にせよ、「泣かれる」にせよ、中国語に訳す際、そのまま“被死”と“被哭”に直訳できないと考えられる。そして、例(3)の“被失踪”と例(4)の“被结婚”は、2009年前後から中国の流行語となった表現形式であり、例(1)と例(2)を比べてみれば、構造的に酷似していることが理解できるが、意味的に考えた場合、日本語における自動詞の受身とはかなり異なっている。

2　両言語における自動詞受身文の位置づけ

2.1　日本語の場合

現代日本語の受身文に関する先行研究は数多くあるゆえ、受身文の分類についてもいくつかの視点から様々な議論がなされている。本稿はヴォイスの体系に注目し、まず日本語のヴォイスの範疇には自他の対応、受身·使役·自発などの諸形態が含まれているとし、自他の対応は「語彙的ヴォイス」、能動·受身·使役·自発などは「文法的ヴォイス」と分類する。さらに、ヴォイス的対応があるか否かにより、図1のように日本語の受身文を再分類した。

- 日本語の受身文
  - 文法上の受身文
    - 直接対象の受身文
    - 相手の受身文
    - 持ち主の受身文
    - 第三者の受身文
      - 第三者の自動詞受身文
      - 第三者の他動詞受身文
  - 語彙上の受身文

図1　現代日本語の受身文の再分類

本論文の研究対象とする「日本語の自動詞受身文」は、他言語にはまれにしか見られない独特な受身表現と言われる「第三者の受身文」に属している。「第三者の受身文」とは、能動文に現れていない迷惑を受ける第三者を主語とする文のことを指し、「迷惑の受身文」とも言われている。

(5)勝手に建物を建てられたんじゃ困りますね。(小澤英明『都市の記憶』)

(6)「そうですとも。女房に逃げられた男なんてどうなるか、あの辻山って人をごらんなさい」。直美は声を上げて大笑いした。(赤川次郎『探偵物語』)

以上の例文を見れば分かるように、日本語では「建てる」のような他動詞でも「逃げる」のような自動詞でも、受身にできるのである。

2.2　中国語の場合

学界では、中国語の受動表現の範疇と分類に関して様々な学説が見られる。本稿は先行研究を踏まえ、意味から受動表現を考察した結果、「受け手主体＋仕手客体の影響を受ける出来事」という受動的意味を含む文を“被动表现”と呼ぶこととする。さらに、受動マーカーの有無により、中国語の受身表現を“有标记被动表现”と“无标记被动表现”という二種類に大きく分ける。本論文のもう一つの研究対象である「中国語の自動詞受身文」は、“有标记被动表现”に下位分類することとする。

ここで説明したいのは、中国語は語形変化を持たないため、一般的に中国語辞書は「自動詞」と「他動詞」を明記しないが、中国語にも日本語における自他動詞に相当するものとして“及物动词”と“不及物动词”が存在するということである。刘、潘(1983)では、「動詞は目的語をとれるかどうか、及びどのような目的語をとれるかによって“及物动词”と“不及物动词”に分けられる。“及物动词”とは主に受事目的語をとれる動詞を指し、“不及物动词”とは目的語をとれず、受事目的語をとれない動詞を指す」と述べている。筆者もこの説に賛成し、本稿では中国語の“不及物动词”を「自動詞」とよび、取り上げて研究する。

鄭(2012)によれば、この新たな受動表現は当初インターネットで流行りはじめ、使用範囲の拡大や使用頻度の増加に伴い、“被 XX”式に含まれている語義は次第に定着化してきた。そして、ようやく文脈による制限から解放され、今となっては、“被 XX”式は連語化され、文法的機能が生まれ、様々な文成分となりうると考えられている。“被 XX”式は一体化している独立の構造なので、中に他の成分を入れられない。また、“被 XX”式における仕手は明記できず、客語を付けることもできない。“被 XX”式の出現で、以前は滅多に見られなかった中国語の自動詞の受動表現が、一気に増えてきたと言われている。ゆえに、本稿では“被＋不及物动词”式をとる自動詞受動文に焦点を当て、日本語の第三者の自動詞受身文と対照しながら検討する。

3 自動詞受身文に用いられる動詞について

3.1 日本語の場合

日本語の「第三者の自動詞受身文」について、本稿では、《日语常用动词用法辞典》に収録されている自動詞を一つずつ受身に変え、現代日本語書き言葉均衡コーパスを利用し、それらを用いる受身文があるかどうかを調べた。その結果、「第三者の自動詞受身文」を作れる自動詞は30語あることが分かった。

凌(2005)は意味特徴により、日本語の自動詞を大きく「動作の意味を表す自動詞」「現象の意味を表す自動詞」「態度・感情の意味を表す自動詞」という三つの類に分けている。本稿ではこの分類に従い、30語を次のように分類する。

表1 日本語の第三者の自動詞受身文に用いられる自動詞

分類	下位分類	語例	比率(%)
動作を表す自動詞	一般的な動作を表す自動詞	騒ぐ、騒ぎ立てる、祟る、立つ、座る	16.7
	移動動作を表す自動詞	逃げる、来る、行く、去る、登る、やって来る、走る	23.3
現象を表す自動詞	存在を表す自動詞	いる	3.3
	自然現象を表す自動詞	降る、吹く	6.7
	生理現象を表す自動詞	泣く、寝る、倒れる、死ぬ、先立つ、気絶する	20
	状態変化を表す自動詞	なる、積み重なる、切れる、居座る	13.3
態度・感情を表す自動詞		怒る、飽きる、顰蹙する、驚く、驚嘆する	16.7

3.2 中国語の場合

中国語の"被XX"式を取る「自動詞の受身文」について、本稿では"被V"をキーワードとし、北京大学のCCLコーパスを利用して調査を行った。検索した結果、"被XX"式で"被"の後によく来る自動詞は、"自杀""自愿""留学"などを含めて27語が挙げられる。ここでは日本語の分類に倣い、以下のように下位分類を試みる。

表2 中国語の"被XX"式を取る「自動詞の受身文」に用いられる自動詞

分類	下位分類	語例	比率(%)
動作・状態を表す自動詞		自杀、留学、就业、失业、下岗、吸毒、结婚、离婚、捐款、退休、消费、腐败、上班、违约、吵架、告别、落榜、觉醒	66.7
現象を表す自動詞	存在を表す自動詞	失踪	3.7
	自然現象を表す自動詞	井喷、提高、下降	11.1
	生理現象を表す自動詞	怀孕、痊愈、发烧	11.1
態度・感情を表す自動詞		自愿、做主	7.4

表2から、"被 XX"式を取る「自動詞の受身文」に用いられる自動詞では、動作·状態を表す自動詞が全体の半分以上に達していることが分かる。また、"被 XX"式に用いられる自動詞は、ほとんどが二音節であることも分かった。王(2009)、付、彭(2009)、王(2010)、施(2013)によれば、"被 XX"式が大量に現れたきっかけは、2008年3月に起きた"李国福"自殺事件を報道する記事である。その記事において"被自杀"という言葉が初めてマスコミに使われ、"李国福"の死の真相は警察によって隠蔽され、事件が自殺として扱われているという皮肉の意味が表現された。これ以降、"被 XX"式は流行語となり、マスコミに限らず一般の人によっても頻繁に使われるようになった。そして、二音節の動詞がよく"被 XX"式に用いられる理由は、最初に出てきた"被自杀"の構造に倣っているからだと考えられる。

4　両言語の自動詞受身文の意味構造について

4.1　日本語の場合

形式上から見れば、日本語の直接対象の受身文、相手の受身文、持ち主の受身文は、いずれも、それと知的同義性を有する能動文から主語と目的語を入れ替えることによって派生されるのに対し、第三者の自動詞受身文はこれらと異なり、それに対応する能動文がない。ここでは、具体的な例文を見よう。

(7)太郎は子供に夜中に泣かれた。(中島,2007:81)

(7)' ×子供が夜中に太郎を泣いた。

(8)あー、(私は)お父さんに先にトイレに入られちゃったよ。(高見,2011:48)

(8)' ×あー、お父さんが先に私をトイレに入っちゃったよ。

例(7)は、補文の主語「子供」に「ニ」が付加され、主文には補文になかった「太郎」が新しく主語として関与してくる。意味的には主文の主語「太郎」が補文の「子供が夜中に泣く」という事態からその影響を被害として被るということを表す。補文の「子供が泣く」という事態は、「太郎」が関与しない独立した事象なので、意味的には中立であり、被害の意味合いがない。しかし、「子供が泣く」ということで、「太郎」が夜中に起こされ、次の日の仕事に支障が出るかもしれないという迷惑を被ったことを、例(7)で表現している。例(8)も同様な分析ができよう。つまり、受け手主語は自分の被った被害や迷惑が「ニ」格名詞句の指示物のせいであると考えていることが分かる。受身文を用いて、客観的描写の能動文では得られにくい被害·迷惑の意味と、その責任の所在を示すことができる。最後に、以上の例文が示している「仕手」「行為」「受け手」の間にある三者間構造を次のように図示できる。

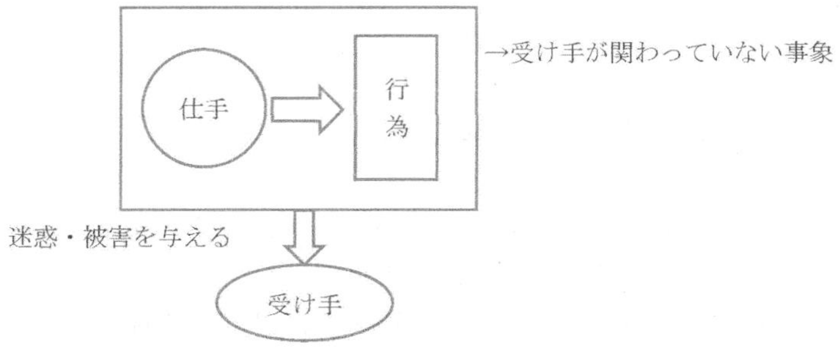

図2　「仕手」「行為」と「受け手」の三者間構造

4.2 中国語の場合

現在中国語における"被"は単純な受動マーカーなので、被害、受益、さらに中立的なニュアンスのいずれも表すことができる。しかし、"被 XX"式は、仕手による動作や事態の影響により、受け手が迷惑、不利益、害を被るというマイナス的なニュアンスを表すことが一般的であり、「迷惑・被害」専用の受動表現となっている。穆、駱(2016)では、"被＋不及物动词"式の表す意味について以下のように述べている。

不本意な行為を表す。"被"の後ろの動作は仕手によって行われるものの、外部の何らかの力や脅威などによって、やむを得ず発した不本意な動作である。

(9)教师节到来之际，湖南长沙县教师网上反映"被捐款"的声音引起了各方的重视。网友质疑，原本处于自愿的捐款为何要用"红头文件"强制规定?(《京华时报》2011.9.6)

承認されない事態を表す。"被"の後ろの状況や事態は多くの人に承認されなかったり、特に受け手に承認されなかったりする意味を表す。

(10)给群众办实事、办好事，不能让群众处在"被代表"、"被做主"的地位，关键是看群众认不认可、买不买账。(《人民日报》2012.12.18)

非事実を表す。"被"の後ろの動作や事態などが確認されていない、または事実でない作り話やデマを表す。

(11)最近的娱乐圈，假新闻层出不穷。一会儿，张靓颖"被结婚"了。再一会儿，白岩松"被自杀"了。没多久，杨振宁妻子翁帆又"被怀孕"了。(《京华时报》2009.11.2)

例(9)における"被捐款"は、長沙県の教師たちが寄付したのは本人の意思による自発的行動ではなく、学校の管理職に命じられて無理やり寄付させられたという「不本意な行為」を表す。例(10)の"被做主"は、国民のためにいい政策を推進し社会問題などを解決する義務を負う役人が、国民の悲願を無視し、国民に承認されない政策を勝手に決めるという意味を表す。例(11)における"被结婚""被自杀""被怀孕"は、すべてマスコミによって流されたフェイクニュースであり、存在しない事実を表す。「不本意な動作」「承認されない事態や状況」「非事実」という三つの意味から、"被 XX"式は典型的な"被字句"より、かなり複雑な意味合いを表せることが理解できる。

5 両言語の自動詞受身文の相違

中日対照の視点から考えれば、日本語の第三者の自動詞受身文と中国語の"被＋不及物动词"式をとる自動詞受身文には、興味深い相違点が二つ見られる。

一つは、前節でも述べたように、"被 XX"式は三つの意味を持っているとはいえ、実際には文脈や背景情報を踏まえて、三つの意味の中から一つが聞き手に選ばれ、理解されている点である。この点は日本語とはかなり異なる。日本語の場合は、用いられる受身文の種類によって、それぞれ異なる意味を聞き手に伝えている。中国語のように、三つの異なる意味が一つの構文に含まれることはない。

もう一つは、"被 XX"式と第三者の受身文はともに「迷惑・被害」を表すが、両者の仕組みは同様ではないという点である。「フェイクニュース」という文脈や背景情報が明記され、"被结婚"は「結婚していないのに結婚したというデマが流された」、"被自杀"は「生きているのに自殺したという悪意に溢れた噂がされた」、"被怀孕"は「自分自身が妊娠したと発表するのではなく、単にマスコミにそう噂されるだけ」という「迷惑・被害」の意味合いが表されている。しかし、これらの情報は"被 XX"式に現すことも補うこともできない。これに対し、「(私は)一晩中隣の子に泣かれた」のような第三者の受身文の場合、「一晩中隣の子に泣かれて、眠れなかった」と言うべきところを、後文を省略していると考えてよい。「迷惑・被害」の意味合いがむしろ「眠れなかった」という明言されていない出来事の「結果」によって表されているが、"被XX"式に組み込まれた背景情報と異なり、第三者の受身文では後文の「眠れなかった」という「結果」は省略されてもよく、文面に現すことも補うこともできる。

さて両言語の自動詞受身文の相違点を述べた後、"被 XX"式の三つの意味が、それぞれ日本語のどの受身表現に対照できるかを検討していきたい。まず、"被 XX"式が「仕手が外側の何らかの力や脅威などによって、やむを得ず不本意な動作を行った」という意味を表す場合、構文全体の意味は日本語の使役受身に近いと言われている。"被捐款"は「寄付させられる」とほぼ同じ意味である。つまり、ある行為が強制的に行われ、被使役者側が迷惑などを感じている際に使用する。次に、"被 XX"式が「事態や状況が多くの人に承認されなかったり、特に仕手に承認されなかったりする」という意味を表す場合、日本語には相当する受身表現がなく、構文に組み込まれた文脈や背景情報などを明示して訳す必要がある。また、"被 XX"式が「動作や事態などが確認されていない、または事実ではない」という意味を表す場合も、日本語には対応できる受身表現がない。

6 おわりに

本稿では、まず先行研究を踏まえ、中日両言語における受身表現を再分類し、研究対象となる自動詞受身文を位置づけた。そして、日本語の第三者の自動詞受身文と中国語の"被+不及物动词"式をとる自動詞受動文に焦点を当て、これらに用いられる自動詞を下位分類し、それぞれの表す意味について詳しく検討した。"被 XX"式は、「不本意」な行為、「承認されない」事態、「非事実」という三つの意味を表せるのに対し、第三者の自動詞受身文は、受け手が関わっていない仕手の行為によって影響され、「迷惑・被害」を与えられる意味だけを表す。最後に、"被+不及物动词"式をとる中国語の自動詞受動文と対応する日本語の受身文について少し触れたが、今後の課題としてさらなる比較対照をするつもりである。

参考文献

[1] 高見健一.受身と使役[M].東京:開拓社,2011.
[2] 中島悦子.中日対照研究ヴォイス:自・他の対応・受身・使役・可能・自発[M].東京:おうふう,2007.
[3] 穆欣,駱牛牛.中国語における被○○構文について:認知言語学と対照言語学の視点から[J].異文化研究,2016(10):22-34.
[4] 付开平,彭吉军."被 XX"考察[J].郧阳师范高等专科学校学报,2009(05):53-56.
[5] 凌蓉.关于日语被动句和汉语"被"字句的对比研究[D].上海:上海外国语大学,2005.
[6] 刘月华,潘文娱.实用现代汉语语法[M].北京:外语教学与研究出版社,1983.
[7] 施春宏.新"被"字式的生成机制、语义理解及语用效应[J].当代修辞学,2013(01):12-28.
[8] 王灿龙."被"字的另类用法:从"被自杀"谈起[J].语文建设,2009(04):65-66.
[9] 王开文.表示反讽的非及物动词被字结构[J].语言教学与研究,2010(02):77-83.
[10] 郑霖."被 XX"的形成及相关问题[D].宁波:宁波大学,2012.

作者情報

氏名：劉爾瑟

役職名：講師

所属機関：上海外国語大学賢達経済人文学院

連絡先住所：上海市浦東新区南匯新城鎮洛神花路55弄東宸源著7-401

メールアドレス：duanmubu1988@yahoo.co.jp

「自転車で」と「自転車に乗って」の選択について

名古屋大学　杉村泰

1　はじめに

本研究は日本語の「自転車で」と「自転車に乗って」の選択について考察したものである。例(1)の"骑自行车"は日本語で「自転車で」とも「自転車に乗って」とも訳せるが、普通は「自転車で」が使われると思われる。また、例(2)の"骑自行车"は普通「自転車で」と訳し、「自転車に乗って」と訳すと許容度が落ちると思われる。

(1)"公共汽车很挤,所以我骑自行车来。"
　A.「バスが混んでいるから、自転車で来ます。」
　B.「バスが混んでいるから、自転車に乗って来ます。」
(2)"你朋友家远吗?""不远。骑自行车用了十五分钟左右。"
　A.「遠くありません。自転車で十五分ぐらいです。」
　B.「遠くありません。自転車に乗って十五分ぐらいです。」

しかし、例(1B)も例(2B)も必ずしも誤用とは言えない。そこで本稿では日本語の「自転車で」と「自転車に乗って」について、「言える・言えない」という観点ではなく、「どれぐらいの割合で使われているか」という観点から論じることにする。

2　辞書や教科書の記述

中国でよく使われる日本語の教科書である『新編日語』(第一冊)(周,陳,1993)や『総合日語』(修訂版 第一冊)(彭,守屋,李,等,2009)などでは、初級前半で「自転車で行く」のような表現が教えられている。次に挙げるのは『新編日語』(第一冊)の第六課と第七課から抜粋したものである。

『新編日語』(第一冊)抜粋
第六課　「大学の生活」

前文　そして、七時四十分ごろ自転車で教室へ行きます。

会話　木村　自転車で行きますか。

李　　はい、自転車で行きます。

解説　五、格助词「で」表示动作的场所及手段、方法、材料

運動場でバスケットボールやラジオ体操をします。 自転車で教室へ行きます。

表示在某一地方做某件事或用某种工具、方法、材料做某件事时，要在表示地点或工具等的词后面加格助词「で」。

○船で行きます。(坐船去。)

読解文　佐藤さんの家は東京の郊外にあります。会社は東京の市内にあります。家から駅まで十分歩きます。そして電車で会社へ行きます。家から会社まで一時間ぐらいかかります。

練習　六、次の中国語を日本語に訳しなさい。(请将下列汉语译成日语)

(2)"坐什么车来的?"

"公共汽车很挤，所以我骑自行车来学校。"

第七课「日曜日」

前文　留学生の木村さんは日本語科の呂さんといっしょに自転車で淮海路へ行きました。

会話　木村　バスで行きましたか。

李　　いいえ、自転車で行きました。

読解文　わたしは友達といっしょに蘇州へ行きました。学校から駅までバスで行きました。駅から汽車に乗りました。

練習　六、次の中国語を日本語に訳しなさい。

(2)"你朋友家远吗?"

"不远。骑自行车用了十五分钟左右。我们十点左右到那儿的。午饭在朋友家三人一起吃的。"

ここでは中国語の"骑自行车"は日本語の「自転車で」に対応し、「で」は道具を表すと説明されている。しかし、「に乗って」については触れられていない。

一方、『日中辞典』(第2版)では中国語の"坐""骑""乘""上""开"の違いについて、日本語の「乗る」と比較しながら次のように説明されている。

『日中辞典』(第2版)(p.1496)抜粋

のる【乗る·載る】1(人や動物が)

①(乗り物などに)[座って乗る]坐 zuò;[またがって乗る]骑 qí;[文語的]乘 chéng;[乗り込む]上 shàng;[運転する]开 kāi.¶車〔汽車,バス,船,飛行機,エレベーター〕に～/坐车〔火车,公共汽车,船,飞机,电梯〕.¶自転車〔ウマ,オートバイ,ラクダ〕に～/骑自行车〔马,摩托车,骆驼 luòtuo〕.¶宇宙船に乗って月へ行く/乘宇宙 yǔzhòu 飞船去月球.¶タクシーに乗って家に帰る/坐出租 chūzū 汽车回家.¶ぶらんこに～/打〔荡〕〔秋千〕.¶ジェットコースターに～/坐过山车.

比較 “坐”“骑”“乘”“上”“开”:“坐”は基本的に,“汽车”“火车”“船”“飞机”など,「腰掛けて」乗る場合に使われ,“骑”は“马”“自行车”“摩托车”などに「またがって」乗る場合に使われる.“乘”は文章語的な語で,“坐”“骑”の意味で用いられる.“上”は乗り物に乗り込むことをさす.また,“开”は“汽车”“火车”“船”“飞机”などの乗り物を運転操縦することをさす.「車に乗る」は,乗客としてならば“坐车”,運転するのであれば“开车”,乗り込むのであれば“上车”という.

これを基に エレベーターやエスカレーターの場合も含めて整理すると次のようになる。

●中国語の「ノル」

自分で運転する	椅子に腰かける	“开”(汽车、火车、船、飞机)
	背中に跨る	“骑”(马、大象、自行车、摩托车)
他人が運転する	椅子に腰かける	“坐”(汽车、火车、船、飞机)
	背中に跨る	“他骑马(自行车/摩托车)带着我” “他骑马(自行车/摩托车),我坐在后面” “我们两个(一起)骑一头大象去学校”
自動運転		“坐”(电梯、自动扶梯) “他坐电梯(自动扶梯)去二楼”

これは日本人中国語学習者には役に立つが、中国人日本語学習者にはあまり役に立たない。『中日辞典』にも“坐”“骑”“乘”“上”“开”の多義については書いてあるが、「で」と「に乗って」の使い分けについては書かれていない。

3 先行研究

彭(1998)は中国語の“上车”と“坐车”の違いについて考察し、いずれも日本語では「乗る」と訳されるが、“上车”は人が交通機関に乗り込むこと(第一段階)を表し、“坐车”はその後交通機関とともに移動すること(第二段階)を表すと論じている。“上车”は例(3)のように時点を表すニ格をとるのに対し、“坐车”は例(4)の「2時間」のように時間幅を表す表現と共起することを指摘している。

(3)6時に新幹線に乗った。(6点上了新干线。)(彭,1998:57の例(4))
(4)満員電車に2時間乗った。(坐了两个小时拥挤不堪的电车。)(彭,1998:57の例(5))

しかし、「で」については論じられていない。これに対し杉村(2021)では“坐”“骑”“乘”“开”の日本語訳について論じ、著者の語感によって、次のように「で」と「に乗って」の使い分けについて指摘している。

●中国語の“坐”“骑”の日本語訳の特徴(抜粋)
・後に移動動詞や移動名詞が来ない場合は「乗る」と訳す。
・“坐+[乗り物]+去”のように移動動詞を伴って連動文になる場合は,「バス {に乗って/

で｝行く」のように「に乗って」または「で」と訳す。

①一般的な乗り物には「で」が使われやすく,特殊な乗り物には「乗る」が使われやすい。

②通勤,通学など日常の移動には「で」が使われやすく,特別な移動には「で」も「乗る」も使われる。

·"坐＋[乗り物]＋的旅游"のように移動名詞を伴って連体修飾になる場合は,「列車での旅行」のように「で」と訳す。

·所要時間を表す場合

① "坐/骑＋[乗り物]＋[時間]" は「乗り物で[時間](で着く/かかる)」と訳す。

② "坐/骑＋[時間]＋[乗り物]" は「乗り物に[時間]乗る」と訳す。

③ "坐/骑＋[時間]" は「[時間]かかる」と訳す。

これを受け、杉村(2022)ではコーパス調査およびアンケート調査によって、後に移動動詞や所要時間を表す述語が来る場合、普通は「で」が選択されやすいが、①特別な乗り物に乗る場合、②交通機関を乗り継ぐ場合、③特別な移動をする場合には相対的に「に乗って」が選択されやすくなることを論じている。

本稿では杉村(2022)のコーパス調査のうち、「自転車」の場合を中心に見ていく。

4 コーパス調査の概要

本稿では検索ソフト「中納言」を使って現代日本語書き言葉均衡コーパス(BCCWJ)から「自転車で」と「自転車に乗って」の用例を抽出した。検索対象は「全データ」で、次の①および②の設定で短単位検索を行った。これによって出現した用例の中から「自転車」の用例を抽出した。

①前方共起1（キーから1語以内） 書字出現形が〔車〕
　キー(——) 書字出現形が〔で〕
②前方共起1（キーから1語以内） 書字出現形が〔に〕
　キー(——) 書字出現形が〔乗っ〕
　後方共起1（キーから1語以内） 書字出現形が〔て〕

5 コーパス調査の結果

本稿ではBCCWJから抽出した「自転車で」と「自転車に乗って」の用例のうち、例(5)～(9)のように移動表現を修飾するものを考察の対象とし、例(10)のように移動表現を修飾しないものは考察の対象外とする。

(5)私は自転車｛で/に乗って｝店に<u>行った</u>。(移動動詞)
(6)私は自転車｛で/に乗って｝店｛<u>に</u>/<u>へ</u>｝。(格助詞)
(7)私は自転車｛で/に乗って｝<u>店</u>。(場所)
(8)私は店まで自転車｛で/に乗って｝<u>ϕ</u>。(移動表現の省略)
(9)家から駅まで自転車｛で/に乗って｝<u>30分</u>(かかる)。(時間)

(10)私は自転車｛で/に乗って｝遊ぶ。(非移動表現)

その上で、「自転車で」と「自転車に乗って」の修飾語と用例数を調べた。その結果をそれぞれ表1と表2に示す。延べ語数を比べると、「自転車で」は499語、「自転車に乗って」は72語で、「自転車で」の方が約7倍多いことが分かる。

表1　「自転車で」の修飾語

(延べ語数499語、異なり語数124語)

<table>
<tr><th></th><th>動詞</th><th>数</th><th></th><th>動詞</th><th>数</th><th></th><th>動詞</th><th>数</th></tr>
<tr><td>1</td><td>行く</td><td>67</td><td>11</td><td>走り回る</td><td>10</td><td rowspan="3">18</td><td>通りかかる</td><td rowspan="3">6</td></tr>
<tr><td>2</td><td>走る</td><td>40</td><td rowspan="4">12</td><td>かかる</td><td rowspan="4">9</td><td>通る</td></tr>
<tr><td>3</td><td>(時間)</td><td>21</td><td>やって来る</td><td>登校する</td></tr>
<tr><td rowspan="2">4</td><td>移動する</td><td rowspan="2">18</td><td>帰る</td><td rowspan="4">24</td><td>～しに出かける</td><td rowspan="4">5</td></tr>
<tr><td>帰宅する</td><td>来る</td><td>下る</td></tr>
<tr><td>6</td><td>出かける</td><td>16</td><td>16</td><td>通勤する</td><td>8</td><td>向かう</td></tr>
<tr><td>7</td><td>通う</td><td>15</td><td>17</td><td>走行する</td><td>7</td><td>追い駆ける</td></tr>
<tr><td rowspan="2">8</td><td>通過する</td><td rowspan="2">12</td><td rowspan="3">18</td><td>～へ</td><td rowspan="3">6</td><td rowspan="3"></td><td rowspan="3" colspan="2"></td></tr>
<tr><td>～しに行く</td><td>回る</td></tr>
<tr><td>10</td><td>通学する</td><td>11</td><td>出る</td></tr>
<tr><td>28</td><td colspan="6">行って来る、出発する、通り過ぎる、運ぶ、登る、散歩する、φ(合計7語)</td><td colspan="2">4</td></tr>
<tr><td>35</td><td colspan="6">～に、急ぐ、漕ぐ、通行する、渡る、飛び出す(合計6語)</td><td colspan="2">3</td></tr>
<tr><td>41</td><td colspan="6">省略(合計22語)</td><td colspan="2">2</td></tr>
<tr><td>63</td><td colspan="6">省略(合計62語)</td><td colspan="2">1</td></tr>
</table>

表2　「自転車に乗って」の修飾語

(延べ語数72語、異なり語数41語)

<table>
<tr><th></th><th>動詞</th><th>数</th><th></th><th>動詞</th><th>数</th></tr>
<tr><td>1</td><td>走る</td><td>11</td><td rowspan="7">8</td><td rowspan="7">～しに行く、～しに出かける、GO、サイクリングする、どこまでも、一番乗りする、引き返す、回る、帰って行く、帰って来る、急ぐ、近付く、駆け付ける、現れる、向かう、行って来る、出かけて行く、出る、出勤する、進む、漕ぐ、走り回る、走り去る、走行して行く、走行する、探しに行く、探し回る、追い駆ける、届けに来る、飛ばす、立ち去る、ワープする、(時間)、(場所)(合計34語)</td><td rowspan="7">1</td></tr>
<tr><td>2</td><td>行く</td><td>9</td></tr>
<tr><td>3</td><td>来る</td><td>6</td></tr>
<tr><td>4</td><td>帰る</td><td>5</td></tr>
<tr><td>5</td><td>出かける</td><td>3</td></tr>
<tr><td>6</td><td>フラフラする</td><td>2</td></tr>
<tr><td>7</td><td>やって来る</td><td>2</td></tr>
</table>

このうち移動を表す代表的な動詞「行く」「来る」「帰る」、通勤·通学の意味を表す「通う」「通学する」「登校する」「通勤する」「出勤する」「帰宅する」、移動時間を表すものの「で」の割合を示すと表3のようになる。(「来る」と「やって来る」等同類のものは一つにまとめた。)

表3 「自転車で/に乗って」の用例数と「で」の割合

<table>
<tr><th>述語</th><th colspan="2">で</th><th colspan="2">に乗って</th><th>「で」の割合</th></tr>
<tr><td>行く</td><td colspan="2">67</td><td colspan="2">9</td><td>88.2 %</td></tr>
<tr><td>来る</td><td colspan="2">18</td><td colspan="2">8</td><td>69.2 %</td></tr>
<tr><td>帰る</td><td colspan="2">11</td><td colspan="2">7</td><td>61.1 %</td></tr>
<tr><td>通う</td><td>15</td><td rowspan="5">40</td><td>0</td><td rowspan="5">2</td><td rowspan="5">95.2 %</td></tr>
<tr><td>通学する</td><td>11</td><td>0</td></tr>
<tr><td>登校する</td><td>6</td><td>1</td></tr>
<tr><td>通勤する</td><td>8</td><td>1</td></tr>
<tr><td>出勤する</td><td>0</td><td>0</td></tr>
<tr><td>帰宅する</td><td colspan="2">18</td><td colspan="2">0</td><td>100.0 %</td></tr>
<tr><td>(時間)</td><td colspan="2">21</td><td colspan="2">1</td><td>95.5 %</td></tr>
<tr><td>全体</td><td colspan="2">499</td><td colspan="2">72</td><td>87.4 %</td></tr>
</table>

これを見ると、全体的に「で」の割合が高いが、日常的な通勤·通学を表す動詞や移動時間を表す表現を修飾する際に特に「で」の割合が高くなることが分かる。

6 まとめ

以上、本稿では「自転車で」と「自転車に乗って」の選択についてコーパスを使って出現率の違いを見た。その結果、特に通勤·通学や移動時間を表す場合には「で」が使われやすいことを見た。今後はバス、電車、タクシー、飛行機、船など他の交通機関の場合についても見ていきたい。

参考文献

[1] 杉村泰.「坐、骑、乘、开」の日本語訳について[J].中文日訳の基礎的研究,2021(3):40-48.
[2] 杉村泰.日本語の「〔乗り物〕で」と「〔乗り物〕に乗って」の選択について[J].東アジア日本学研究,2022(7):43-50.
[3] 対外経済貿易大学,商務印書館,小学館.日中辞典[M].2版.東京:小学館,2002.
[4] 彭广陆.从词语搭配错误看汉语对日语学习的影响[J].日本语言文化论集,1998(1):55-69.
[5] 彭广陆,守屋三千代,李奇楠,等.综合日语:第一册[M].修订版.北京:北京大学出版社,2009.
[6] 周平,陈小芬.新编日语:第一册[M].上海:上海外语教育出版社,1993.

作者情報

氏名:杉村泰

役職名:教授

所属機関:名古屋大学

連絡先住所:日本名古屋市千種区不老町 B4-4(700)

メールアドレス:sugimurayasushi@gmail.com

日本吟诵的跨学科研究构想

西安交通大学　金中

1　研究日本吟诵的意义

吟诵在日本具有悠久的历史传统和广泛的社会基础。日语中将吟诵称为「吟咏」(Gin-ei)或「詩吟」(Shigin)。据日本最大的吟诵组织“日本吟剑诗舞振兴会”的主页(http://www.ginken.or.jp/)上的说明,“吟咏”为“歌唱日本人心灵的传统艺道”“为诗歌加上旋律来歌唱的日本传统音乐之一”。日本吟诵的旋律称为「節」(Fushi),使用五声音阶,延长诗作中特定词句的语音,其中也包括强弱、拍子和节奏等要素。

日本当今的吟诵爱好者有数百万人,流派林立,在大街小巷很容易看到「詩吟教室」的招牌。中日邦交正常化以来,时有日本的吟诵团体访问我国进行交流演出。研究日本吟诵,不仅有助于了解日本的传统诗乐文化,对中华吟诵的保护与传承也有很大的借鉴作用。

2　研究综述

这里首先回顾一下国内关于日本吟诵的介绍及研究情况。据笔者统计,自二十世纪九十年代以来,在各类期刊报纸上发表的相关文章如下。

东明《从日本人的汉(唐)诗吟唱论唐诗与音乐的关系》(1991)的开头,提到了由日本京都府诗吟联盟和京都府吟剑诗舞道总联盟组成的日中友好汉诗吟咏访华团于1990年9月访问西安音乐学院,与陕西艺术家联合演出。

林克仁《日本民间艺术的精粹——吟剑诗舞》(1991)介绍了作者于1990年9月在东京参观伯克思吟咏会全国决赛大会的场景。

金中《日本首次汉诗朗诵会追记》(2006)介绍了笔者于2004年10月在东京首次举办“汉诗朗诵会”的经过与相关思考,其中提到笔者认为日本吟诵有两点不够理想。一是日本吟诵基本为铿锵激昂的腔调,作品情感内涵的柔和与刚健之别体现得不够明显。二是日本吟诵将何处语音拖长,以何种方式吟诵均以符号的形式明确标出,形成了统一的模式,这固然便于学习掌握,但也使得一首作品无论让谁吟诵都大体相近,个人自由发挥的空间较小。

加藤浩介等人合著的英语论文《日本传统“诗吟”中单个反射声优选时延与自相关函数的关系》(2007)对日本吟诵的录音做了数字化分析,通过成对比较法试验得出了主观优选的标度值。该文指出在聆听“节”的吟咏时,听者更喜欢在干信号中加上延时为10～30ms的单个反射声,而在聆听“节”以外内容的吟咏时,是否加上单个反射声对听者而言并无显著的差别,并从吟唱“节”的声源信号的自相关函数的包络特征角度对该发现进行了研究。

李立、石锋《日本汉诗吟诵记谱举例》(2008)在简述了日本汉诗吟诵的历史及现状后,对日本汉诗吟诵记谱的主要内容做了说明。文中依次介绍了吟体,吟诗规则中的间隔的选取法、音高的变化法、余韵的拖长法,吟调及声音训练,并列举了赖山阳《题不识庵击机山图》、新井白石《春日作》、李白《静夜思》、曹植《七步诗》的日本吟诵谱。

金中《诗词朗诵与吟诵的配合——记日本第二次“汉诗朗诵会”》(2009)介绍了笔者于2005年10月在东京再次举办“汉诗朗诵会”的经过。笔者拜访了日本吟剑诗舞振兴会,请该会的菊池吟正常务理事在朗诵会上登台表演了杜甫《登高》和菅原道真《九月十日》两首诗作的日本吟诵。

《日本读者在诗歌节上吟诵李白诗歌》(2010)是一篇未署名的小幅报道,介绍了2010年10月日本吟道学院古田泰人副院长在马鞍山李白诗歌节的开幕式上表演李白诗的日本吟诵。

赵树胆《日本的吟诵》(2012)介绍了日本吟诵的历史以及在当代的开展情况。在日本社会,在庆吊、祝寿、迎送等聚会场合时有吟诵助兴。该文指出日本吟诵初听比较单纯、单调,但细细品味,会感到余韵无穷,舞台表演的印象是淡雅,这也是日本人在文化上所崇尚的。

赵敏俐、李均洋《日本汉诗的吟诵及启示》(2012)指出日本汉诗属于中国文化在日本的直接式文化传布的产物,依次介绍了日本汉诗的创作传统、日本吟剑诗舞振兴会的活动开展情况及其统一教材《吟剑诗舞汉诗集》中收录的作品。该文提出有必要借鉴日本继承和推广汉诗吟诵的成功经验,在国内中小学教育中开展对这一传统文化的教育,然后逐步推广到社会及海外的汉语文化教育之中。

穆兰《它山之石,可以攻玉——日本“吟剑诗舞振兴会”访华交流演出有感》(2014)以2013年日本广岛贺堂流“吟剑诗舞堂”水真流派访问首都师范大学时的交流演出为例,从诗舞语言的创作、诗舞意境的创设及诗舞音乐和道具的运用等方面,分析了日本吟诵诗舞艺术的特点。

杨起《日本汉诗吟咏现状及其与中日交流的关系》(2014)介绍了日本汉诗和汉诗吟诵的历史概况以及在当代的普及、教学情况。该文指出汉诗吟诵在日本目前面临着爱好者老龄化、后继乏人的困境。作者提出,应加强中日两国在汉诗吟诵方面的互动交流,建立中日吟诵交流组织,举办中日吟诵交流会,开展面向日本学生的修学旅行活动,这些是培养日本青年一代对汉诗的兴趣,帮助日本汉诗和汉诗吟诵活动走出困境的重要途径。另外值得一提的是,该文为安徽省教育厅人文社会科学项目“日本汉诗吟咏的发展及其对中日交流的影响研究”的研究成果,作者的工作单位安徽外国语学院东方语言学院设立了安徽汉诗吟咏会,每年与日本吟道学院进行吟诵方面的交流互访活动。

赵敏俐《略谈日本的诗吟》(2014)介绍了作者于2014年8月到广岛做的关于日本吟诵的采访,包括八线谱的记谱方式、全国大会的评分标准、发声训练的技巧等内容。该文指出日本吟诵强调对一字一音的发声的讲究,强调对诗歌作品的理解,将其作为一种文化学习和身心修养的方式,这些都与中华吟诵有相通之处。二者的差异在于,中华吟诵主要作为一种读书方法而传承下来,并没有被当作一种独特的艺术;而日本吟诵则增加了鲜明的日本语言文化特征,脱离了最初的读书形态,确立了严格的规范,发展成为一门独特的艺术形式。

3 日本吟诵研究的跨学科构想

通过研究综述可见,近年来我国学界加大了对日本吟诵的关注。研究从先前的对特定吟诵演出活动的介绍扩展到了对日本吟诵整体情况的介绍,也提到了日本吟诵的独特性。不过,从总体来看,研究还只限于对日本吟诵的概况式描述,尚未开展深入、细致的实证性研究。

关于日本吟诵,以下三个课题有待进一步研究:

1)日本吟诵与舞蹈等其他表演艺术的结合方式

2)日本吟诵的社会活动方式

3)日本吟诵诗乐结合的具体形态

第一个课题要求研究员有舞蹈专业的知识背景。前引《它山之石,可以攻玉——日本“吟剑诗舞振兴会”访华交流演出有感》一文的作者穆兰即为湖北文理学院音乐学院的舞蹈专业学者,是该研究的合适人选。

第二个课题是具体调查日本吟诵社团的组织结构及运营方式,吟诵培训、比赛等活动的开展情况等,以对我国开展类似活动提供借鉴。该研究要求在日本进行相对长期的实地观察与体验。

第三个课题可以说是日本吟诵研究中的核心内容,也是探索日本吟诵的艺术风格、审美情趣等问题的基础,从事该研究需要具备日本古典文学和音乐等方面的专业知识背景。

首先,汉诗并非日本吟诵的全部内容。日本吟诵家来华访问时,为了便于交流,主要选择表演汉诗作品。实际上,日本吟诵的作品除了中国古诗和日本人创作的汉诗作品以外,还包括和歌、俳句、新体诗等多种日本固有的诗歌体裁。这些作品不大为中国所了解,很多作品尚无中文译文。

顺便一提,在日语中,“汉诗”一词是日本人对中国古典诗歌的总称。而在汉语中,“汉诗”一般是指汉代诗歌。日语中的“汉诗”一词基本与汉语中的“诗词”相对应,但二者的语感和实际所指还是有区别的。中国将“诗”与“词”并称;而在日本吟诵中,相对于“诗”,“词”比较少。

在实际的日本吟诵中,汉诗表现为日语文言自由诗的日语训读,从中文汉字层面只能看出诗作整句的内容,无法了解其中具体词语的语感。

在接触汉诗、和歌、俳句、新体诗等日本吟诵所涉及的各类诗歌作品时,需要懂得日语,特别是日语的文言表达。还需要对日本古典文学有综合了解,这有助于充分把握诗作的内容和情感,品味其中词语的语感及音韵方面的细节。

其次,对于经典的日本吟诵音频资料,需要由音乐领域的专业人士进行记谱,分析其旋律特点。并结合日本古典文学方面的专业知识,归纳日本吟诵中的诗乐结合规律,向缺少接触条件的读者提供展示日本吟诵具体形态的翔实资料。

在专业细分的今天,兼具日本古典文学和音乐专业知识背景的人士很难找。为了对日本吟诵中的诗乐结合课题展开深入研究,组建一支由日本古典文学和音乐领域的专业人士构成的团队,采用跨学科合作的方式进行研究是一条可行的思路。

笔者从事日本古典诗歌研究,在日本留学期间,于早稻田大学附近的“日本诗吟文化学院”学习过日本吟诵。此前与音乐人士合作,对日本吟诵名家笹川镇江吟诵《春夜洛城闻笛》的音频做了记谱并考察了其音乐形态。在张珊、金中《日本汉诗吟诵的音乐形态——结合笹川镇江的〈春夜洛城闻笛〉》(2015)一文中笔者指出,该吟诵每句分四节,每句中最长的尾腔均位于第三节的位置。旋律中出现的基本音级为“1、3、♯4、5、7”,其中“3”“♯4”“7”所占比重较高。尾腔大多呈下行走向,产生寂寥苍凉之感。其音域整体较为宽广,具有高亢激昂的气氛。

日本吟诵的很多课题有待深入、细致的实证性研究,期待今后有更多人士参与。跨学科研究是解决当下专业细分的弊端的有效方式,在吟诵之外的其他领域同样值得尝试。

参考文献

[1] 东明.从日本人的汉(唐)诗吟唱论唐诗与音乐的关系[J].交响:西安音乐学院学报,1991(1):70-74.

[2] 加藤浩介,田中慎一郎,川井敬二,等.日本传统“诗吟”中单个反射声优选时延与自相关函数的关系[J].华南理工大学学报(自然科学版),2007(Z1):92-95.

[3] 金中.日本首次汉诗朗诵会追记[J].文化月刊·诗词版,2006(5):123-127.

[4] 金中.诗词朗诵与吟诵的配合:记日本第二次"汉诗朗诵会"[J].诗词月刊,2009(5):87-90.
[5] 李立,石锋.日本汉诗吟诵记谱举例[M]//陈洪,张洪明.文学和语音的界面研究.天津:南开大学出版社,2008:206-216.
[6] 林克仁.日本民间艺术的精粹:吟剑诗舞[J].乐器,1991(2):40.
[7] 穆兰.它山之石,可以攻玉:日本"吟剑诗舞振兴会"访华交流演出有感[J].湖北文理学院学报,2014(12):60-63.
[8] 杨起.日本汉诗吟咏现状及其与中日交流的关系[J].安徽农业大学学报(社会科学版),2014(1):136-140.
[9] 佚名.日本读者在诗歌节上吟诵李白诗歌[J].语文教学与研究,2010(36).
[10] 张珊,金中.日本汉诗吟诵的音乐形态:结合笹川镇江的《春夜洛城闻笛》[J].黄河之声,2015(24):106-107.
[11] 赵敏俐.略谈日本的诗吟[N].人民政协报,2014-11-03(10).
[12] 赵敏俐,李均洋.日本汉诗的吟诵及启示[N].光明日报,2012-02-20(15).
[13] 赵树胆.日本的吟诵[J].中华诗词,2012(2):55-57.

作者信息

姓名:金中
职称:教授
单位:西安交通大学外国语学院
联系地址:710049 西安市咸宁西路28号西安交通大学1793信箱
电子邮箱:jinzhongshici@aliyun.com

东亚视域下的日韩宫廷女性日记文学

上海外国语大学贤达经济人文学院　张彩虹

1　前言

"日记文学"是日本文学的一种体裁，这一概念产生于二十世纪二十年代的大正末期。"（日本）平安时代确立的日记文学，作为一种文学体裁，不同于通常所言的日记，指作者基于本人一生或者特定阶段的人生经历创作，用来再塑人生、表述内心的系列作品。"（日本古典文学大辞典編集委員会，1984：608）从平安时代到镰仓时代，以宫廷女性为代表的主要创作群体，著有为数不少的日记文学作品。可以说，平安时代的宫廷女性日记文学与紫式部的小说《源氏物语》一起，形成了日本女性文学史上的第一个高峰。无独有偶，在韩国的朝鲜王朝时代，也产生了一些由宫廷女性用谚文[①]书写的类似作品。虽然国别不同，但根据日本"日记文学"的定义，也可以把它们称为"日记文学"。这些日记文学作品亦是韩国文学史上的瑰宝，以《恨中录》为代表的朝鲜王朝宫廷女性日记可以视为朝鲜女性文学史上的第一座高峰。

虽然时代不同，但在日韩两国都产生了宫廷女性日记文学，且都成为本国女性文学史上的第一座高峰，而在同处东亚文化圈的中国，却并未产生这样的文学现象。接下来，笔者将结合以往的研究成果来探寻这背后的原因。

许荣恩（허，2005）通过比较《蜻蛉日记》《恨中录》两部作品中的读者意识、文学技法、"恨"的意识，考察了两部作品的写作目的。金英（김，2005）通过对比《枕草子》《闲中录》（《恨中录》），考察了日韩宫廷女性的教育、文化以及美意识的不同。梅山秀幸（梅山，2010）考察了日韩宫廷女性日记文学中的"恨""物哀（悲哀）"。金钟德（김，2016）通过对比日韩宫廷女性日记文学，考察了日韩两国文字的创立与女性教育问题。朴润浩在这方面的研究成果比较多，他发表了多篇论文，对《蜻蛉日记》《恨中录》进行对比研究，先后考察了这两部作品的核心特征、自传性质、两位作者的自我意识等（박，2001等）。从以上研究可以看出，日韩宫廷女性日记文学比较研究的成果大多出自韩国学者。研究的文本比较集中，日本方面主要是《蜻蛉日记》，韩国方面则主要是《恨中录》。研究内容集中在个别主题上，比如作品的写作目的、宫廷女性形象、美意识等。比较研究的视野也主要聚焦在日韩两国，并未解答笔者上一段提出的问题。笔者拟在以往研究的基础上，在东亚视域中，在更为广阔的文化语境下，引入女性主义文学视点，探究这一问题的答案。

2　日韩宫廷女性日记文学

日本平安朝，贵族女性才媛辈出，她们用生花妙笔记录下自己生命中的片段。

《蜻蛉日记》的作者为藤原道纲母。这部作品记录了她婚姻生活中的嫉妒、愤怒、痛苦、灰心等情感以及心理活动。

《枕草子》的作者为清少纳言。这部作品主要记录了她在宫中侍奉中宫定子时的宫廷生活以及所见所闻。

《紫式部日记》的作者为紫式部。这部作品详实地记录了中宫彰子产子的过程以及种种仪式、庆典,还有彰子之父藤原道长府中的情况。

《和泉式部日记》的作者为和泉式部。这部作品记述了她与敦道亲王之间轰动一时的为期十个月的恋爱经过。

《更级日记》的作者为菅原孝标女。这部作品是作者在晚年孤独中的回忆录,回顾了十几岁到五十几岁的人生岁月。

《赞岐典侍日记》的作者为藤原长子。这部作品记述了堀河天皇从病重到过世的过程,以及作者对过世的天皇念念不忘的绵绵情意。

朝鲜王朝宫廷女性日记文学的主要代表作是《癸丑日记》《仁显王后传》《恨中录》。

《癸丑日记》又名《西宫录》,作于十七世纪初,作者不详。作品记录了朝鲜王朝废君光海君朝的事情。光海君在父王宣祖升遐后继位,使用种种手段杀害了仁穆王后的父兄以及永昌大君,之后又把仁穆王后幽禁在西宫,施以种种迫害。

《仁显王后传》作于十八世纪,作者亦不可考。作品记录了党争激烈的肃宗朝之事。仁显王后出自肃宗朝当权的西人党家族,因无子被废,后来又被复位。这本书讲述了其不幸的遭遇,包括她与诞下肃宗龙子的宠妃张禧嫔的争斗等。

《恨中录》的作者是惠庆宫洪氏,思悼世子之妻。这部作品记录了英祖时期思悼世子冤死事件的来龙去脉,以及洪氏家族由盛至衰的过程中作者父亲蒙冤、叔父和三弟被杀等事件。

出自宫女或者妃嫔之手的朝鲜宫廷女性日记,内容主要是宫廷内外斗争。在当时的情况下,虽然作者的作目的是主张政治斗争中自己这一派的清白无辜,但由于涉及敏感的政治话题,一不小心就会招致杀身之祸,因此这些手稿都深藏于宫廷内部或作者本家,在朝鲜王朝结束之前,从未流传到民间。

3 日韩宫廷女性日记文学的产生背景

日韩都有宫廷女性日记文学,而中国并没有这一体裁,其原因何在?

中国历史上不乏才女,从《诗经》中吟咏"燕燕于飞"的中国第一位女诗人庄姜、写下传诵至今的《白头吟》的西汉才女卓文君、以辞赋见长的西汉才女班婕妤、号称"曹大家"的东汉才女班昭、著有血泪呐喊名篇《胡笳十八拍》的东汉才女蔡文姬、以一首回文诗《璇玑图》享誉古今的前秦才女苏若兰、吟咏"未若柳絮因风起"而诗名流传千古的南朝才女谢道韫,到唐代才女上官婉儿、唐代女诗人薛涛、南宋女词人李清照与朱淑真、元代管道升、明清柳如是……中国历史上的才女可谓灿若星辰。

那么,是中国没有日记这一体裁吗?日本的"日记"其实最早是从中国传去的。从国内现存最早且完好的日记——西汉初年王世奉的日记牍[②],到以唐代李翱《来南录》、南宋陆游《入蜀记》为典型代表的兴盛于唐宋时期的行记类日记,再到元、明、清时期郭畀的《元郭髯手写日记》、徐霞客的《徐霞客游记》、查慎行的《南斋日记》、吴骞的《吴兔床日记》……从行记类日记,到金石书画日记、学术考据日记、文艺创作日记、考察日记、差事日记,中国古代日记种类繁多,但是像日本这样的"日记文学"却是阙如。

中国历史上既不缺少才女,也有日记这种体裁,何以没有才女创作的日记文学呢?当然,或许有零星创作也未可知，但至少没有形成日韩那样的女性日记文学，尤其是宫廷女性日记文学的创作高峰。要解开这个谜题，考察一下日韩形成宫廷女性日记文学的时代文化背景，或许能得到一二线索。

关于日本宫廷女性日记文学的形成背景，已有诸多研究。一般认为，日本宫廷女性日记文学兴盛的原因主要有以下几点。第一，女房（宫廷女官）制度发挥着重要作用。女房们积极活跃地联系内外，推动着宫廷文学、和歌走向成熟。第二，平假名文字的兴盛构筑了女房文学的基石，女房宣旨的兴盛使宫廷中假名的使用范围扩大，进而使假名在政治系统中长期存在。第三，女房文学的形成与宫廷贵族社会中修养的必要性息息相关。（田渕，2019）

朝鲜王朝宫廷女性日记文学出现的背景，金英认为有两点。一是万历朝鲜战争之后国王绝对性权威的下降，二是谚文的创制及普及。

万历朝鲜战争后，朝鲜国王从绝对性的存在变为相对性的存在，文学作品也不再无条件地赞美、称颂国王，而是将其在某种程度上客观化并进行批评，比如在《恨中录》中，惠庆宫洪氏对公公英祖的偏执和丈夫思悼世子的精神疾病乃至不道德的行为都进行了详细描写。

另一方面，1443年朝鲜王朝第四代国王世宗大王召集学者创制谚文，1446年正式颁布使用。十七世纪，宫廷女性开始使用谚文创造独特的小说文化。对此，郑昌权曾做过详细考察（정，2004）。

十六世纪末万历朝鲜战争之后，大量翻译成谚文的中国小说进入朝鲜宫廷，妃嫔们为了打发无聊的时间、娱乐自己而传阅小说，而内人（宫女）们在给妃嫔读书或抄写的过程中也接触到了小说。《恨中录》的作者惠庆宫洪氏的婆婆宣禧宫有大量藏书，并且自己也曾翻译过中国的《女范》。另外，有学者考证说编撰《中国小说绘模本》的完山李氏就是宣禧宫。妃嫔们不但自己传阅小说，还不断与外界交流，包括与当时的两班阶层的贵族妇女互相传阅小说，这促进了朝鲜王朝小说的繁荣发展。

日本和韩国宫廷女性日记文学繁荣的首要条件都是有肥沃的文学土壤，日本平安时期的摄关政治制度和文学制度化催生了宫廷女性文学，而万历朝鲜战争之后朝鲜王朝宫中流行的小说文化也为宫廷女性文学的繁荣提供了条件。而日韩独特的社会制度和风俗之下的女性的生存状态，又催生了各自宫廷日记文学的独特之处，使它们的内容大相径庭。

如果只考虑以上两点，中国历史上也曾有过宫廷女性文化繁荣时期，比如唐代以上官婉儿为女官之首的时期，但为何并未产生类似的文学现象呢？日韩的以下共同点或许是解开这个谜题的关键：日韩宫廷女性日记文学都是在各自国家产生了自己的文字之后，两国的女性掌握了自由表达的工具，才发展繁荣起来的。

4 东亚视域下的宫廷女性日记文学

4.1 日韩文字的产生与其宫廷女性日记文学的繁荣

日本古代没有自己的文字，借用中国的汉字表音表意，到了公元九世纪左右，产生了平假名。但是在男性主导的平安时代的社会中，男性贵族将汉字作为正式场合的书写文字来显耀和保持自己的地位和权威，并且凭此出人头地。当时的男性的汉字文化是把女性排除在外的。《紫式部日记》中曾记载：

> 舍弟式部丞孩童时习读汉籍，我在侧近旁听。有时舍弟不能顺利背诵，有时又会忘掉一些内容，而我竟然意外地能够理解，爱好学问的父亲常常感叹："可惜啊！汝生为女子，乃吾之不幸！（张，2021：297）

虽然紫式部幼时即能理解汉文典籍，但是因为女子不能凭此出人头地，所以她的父亲深感惋惜。

由于女性被排除在汉字文化圈和权力通道之外，所以平假名发明之初，主要由女性使用，平假名因此又被称为“女手”（女性文字）。但是当时的男性也并非不使用假名，他们用假名创作和歌。到公元十世纪的时候，和歌已经制度化，其表现就是敕撰和歌集的编撰以及赛歌这种活动的盛行。虽然和歌集里面收录了很多女性歌人的作品，但是在彻底制度化的和歌世界里，评价者以及编撰者没有一个是女性，所以使用了假名的和歌也是男人发迹的工具。即便有了以和歌为代表的假名作品，“从整个语言体系来看，这并不代表当时的整体现状。继承前代发展而来的汉诗仍然占据统治地位”，而且“俯瞰平安时代以后日语文体的走向，稳居中心地位的，并非以平假名或片假名为载体的文章，而是继承古代传统的汉文”（築島，1981：67）。

也就是说，虽然男性也使用假名创作和歌，但除此之外，汉文仍然雷打不动地稳居父权社会的“公家”（官方）地位，假名文字的主要使用者仍是女性，可以说是女性的“私家”文字。而物语（故事）与日记类的写作，更是女性公开使用假名来进行的工作，但是“对男性贵族官僚来说，用假名写日记和小说是秘密的业余爱好”（加藤，2011：182）。日本日记文学的开山名作应属纪贯之的《土佐日记》，纪贯之在日记的开头就曾假托自己是女性，说“日记本是男子所写，我虽是女人，也想尝试一下”（菊地，木村，伊牟田，1995：29）。当然，纪贯之所说的“日记本是男子所写”的“日记”，是指男性贵族用汉语或变体汉文书写的具有“公家性质”的日记。

同样的情况也发生在朝鲜王朝。朝鲜王朝成立后，第四代国王世宗大王组织集贤殿的学者于1443年创立了本国的文字——谚文，并于1446年颁布使用。但是，韩国崇尚中国汉文化，谚文的创制和使用，均遭到了士大夫阶层的猛烈反对，他们蔑视谚文，把谚文称为“女人文字”“孩童文字”。直到朝鲜王朝结束，汉字始终是官方文字，《承政院日记》以及《朝鲜王朝实录》等官方书籍均用汉字书写，士大夫阶层也仍然靠汉文修养出人头地。在这种情况下，谚文便成了主要由女性使用的“私家”文字。惠庆宫洪氏这样的士大夫家族的女性，从小学习谚文。十七世纪开始，宫廷内外开始流行用谚文创作和翻译的作品。

如上所述，日韩两国都是在自己本国的文字发明一两百年之后，迎来了女性文学史上的第一座高峰。从女性主义视角来看，这样的文学现象并非偶然。

4.2 女性主义与东亚视域下的日韩宫廷女性日记

英国女作家与女性主义先锋弗吉尼亚·伍尔芙关注女性写作，她对回忆录、书信、日记等周边的、不被社会认可的文学形式有着极大的兴趣。她于1929年发布了著名的随笔《一间自己的房间》，认为妇女要成为伟大的作家，其先决条件是要争取独立的经济基础和社会地位——自己的房间。唯有这样，女性才能敞开心扉，不受外界的干扰，平心静气地从事文学创作，才华才能得到充分的展现。虽然这里的房间是指独立的经济基础和社会地位，但从某种意义上来说，也可以看作女性写作的隐喻。女性借独特的写作来创造属于自己的房间——女性自己的人生和生存的价值与意义。

法国新女性主义的领军人物之一埃莱娜·西苏在上世纪七十年代提出了“女性书写”理论，呼吁女性积极地写作，建构属于女性的语言表达谱系，形成女性的书写方式，让女性摆脱沉默者和被书写者的地位，发出自己的声音。在《阁楼上的疯女人》中，桑德拉·吉尔伯特与苏珊·古芭认为，父权制语言强迫女性保持沉默，女性要发出自己的声音，不得不在使用父权制语言的同时，对其进行变形。

西方的女性主义先驱者们不约而同地提出了女性写作这个问题，并且都指出父权制语言中女性被迫保持沉默，女性如果要发出自己的声音，书写自己的人生，就需要属于自己的独特的书写方式。而独特的书写方式,需要一种与男性语言文字不同的新机制。这种新的机制包括使用与男性不同的语言和写作方式。

视线回到东亚,日本九世纪创制的假名、朝鲜王朝十五世纪创制的谚文,它们在创制之初,并未成为当时男权社会的"公家"(官方)文字,主要使用者是女性,某种程度上可以说是女性的"私家"文字。这两种文字都比外来文字——汉字更能表达柔软的感性和细腻的情绪,无论是记录私人生活还是个人内心世界,使用假名或谚文都比汉字更加恰当妥帖。因此,在日韩两国文字创制之后,日记文学可以说是应运而生。但是,在日本平安时代的男权社会中,日记文学并未成为男权社会主流的文学体裁,如前文所述,纪贯之在写《土佐日记》时,还要假托自己为女性。韩国亦是同样的情况。因此,如同假名和谚文是主要由女性使用的文字,日记也成为主要由女性使用的文学体裁。被排除在男性权力系统之外的日韩女性,借同样被排除在男权主流社会之外的文字和文学体裁,书写自己的人生,而这也为日韩两国的女性文学提供了划时代的转机。在日韩,在假名和谚文创制的一两百年之后,在女性的"私家"文学世界里,以宫廷女性为主的创作者们创造了女性文学的高峰,这几乎可以说是必然的文学现象。

反观同在汉字文化圈的中国,中国古代女性的生活和日韩虽不尽相同,但她们也有表达的欲望,无论是处于父权社会中的女性的屈辱、痛苦,还是对自然、人生的感悟。但是因为没有自己的"私家"文字,她们或在父权制语言系统的监控之下无法随心所欲地表达,或只能使用父权制的语言来表达。在中国,虽然如前文所述,也曾有过日记这种文学体裁,但其主要写作者为男性,并且内容大多为纪行、学术考据、差事记录等,与个人体验和内心世界基本无关,并不符合本文对"日记文学"的定义。另外,中国的主流文学形式是诗词歌赋,所以中国历史上才女的作品也几乎都是诗词歌赋,即便在宫廷女性文学繁荣的唐五代也不例外。仅在初唐宫廷女性作品中,就有诗歌95首,文赋102篇,五代作品中有诗歌121首,文赋9篇。这些作品中,诗歌大多是描写宫廷生活与自然的,而辞赋既有武则天所作的政令性文章、小传,又有德宗年间才女鲍君徽[③]所作的《乞归疏》这样情深意切的文章。这篇文章堪比誉满天下的李密的《陈情表》,字里行间流露出为人子女反哺尽孝的恳切之情,令人感动。"妾也幼鲜昆季,长失椿庭。室无鸡黍之餐,堂有垂白之母。……惟是茕然老母,置诸不问,岂为子女者恝然若是耶?臣一思维,寸肠百结。"(董,1999:945)其文言辞恳切,打动了德宗,鲍君徽获得出宫批准,改变了困守皇宫的命运。类似这样的出自才女之手的感情细腻且发自肺腑的文章,中国历史上应该还有,但一来篇幅短小,二来并不具备如日韩女性日记文学那样书写个体经验的"私家"性格,毋宁说都是如《乞归疏》这样面对"公家"的作品。中国并未出现日韩两国女性日记文学那样的文学潮流,其原因在于,中国女性没有日韩那样主要由女性使用的文字,又因此没能出现书写个体经验的日记文学诞生的契机。

综上所述,同在汉字文化圈,日韩在本国文字创制之后,形成了一个女性"私家"的语言文字表达世界,在这个世界里,由于没有父权制语言的压制,女性可以自由地表达,这才形成了表达女性个体经验的宫廷女性日记文学潮流,并形成了日韩女性文学史上的第一座高峰。而与此相对,在没有女性"私家"的语言文字表达世界的中国,则没有出现这样的文学潮流。

5 小结

本文在东亚视域下对日韩宫廷女性日记文学进行了考察。首先介绍了两国女性日记文学及其产生背景,然后引入东亚视域以及女性主义视角进行考察。笔者认为,日韩两国的文字在被创制后,都主要由女性使用。女性使用"私家"文字和表达方式,借此脱离了父权制语言系统的压制,得以自由发挥,书写自己的所思所想以及个体经验,这便带来了日韩两国宫廷女性日记文学的繁荣。而在同处东亚文化圈的中国，因为女性与男性共用父权制语言——汉语，没有自己的“私家”文字和表达方式，所以并未形成自由书写个人体验的女性日记文学潮流，因此也就未形成日韩那样的女性日记文学高潮。

日韩宫廷女性日记文学，主题、内容大相径庭，但它们俱出自女性之手，写女性的所见、所思、所想，属于女性言说和女性书写。而使这样的女性言说和书写成为可能的，正是日韩女性拥有的“私家”语言表达系统。有了这样的“私家”语言表达系统，无论是藤原道纲母的幽怨、清少纳言的明快、紫式部的审慎、菅原孝标女的怅惘、藤原长子的哀思，还是仁穆王后、仁显王后、惠庆宫洪氏的悲愤，都被书写并传承下来，令千百年后的我们，得以窥见那个时代的女性的真实的喜怒哀乐。而这也是现代西方女性主义者的“女性书写”理论在几百年前的东亚的“实践”。

注

① 韩国文字。由朝鲜王朝第四代国王世宗大王召集学者创制，1443年创制成功，1446年正式颁布使用。

② 1980年4月江苏邗江胡场五号汉墓出土的木牍片，上面有西汉宣帝时平民王世奉逐年月日而记的简单文字。

③ 据《全唐文》记载，鲍君徽，字文姬，擅长作诗，曾被德宗召入宫中。现存诗4首，散句3组，文1篇。

参考文献

[1] 日本古典文学大辞典編集委員会.日本古典文学大辞典：4巻[M]東京：岩波書店，1984.

[2] 菊地靖彦，木村正中，伊牟田経久.新編日本古典文学全集：13·土佐日記/蜻蛉日記[M].東京：小学館，1995.

[3] 田渕句美子.女房文学史論[M].東京：岩波書店，2019.

[4] 築島裕.日本語の世界：5 仮名[M].東京：中央公論社，1981.

[5] 김영.한일 양국의 궁중문학에 나타난 여성상 연구:마쿠라노소시(枕草子)와 한중록(閑中錄)을 중심으로[J]. 일본학보, 2005(65)：335-350.

[6] 김종덕.韓日宮廷女流文学における教育の研究[J].일본연구, 2016(68)：7-26.

[7] 허영은.가게로 일기(日記)와 한중록 비교 연구[J].일본학연구, 2005，17：163-186.

[8] 박윤호.『가게로닉키(청령日記)』와『한중록』의 “미(身)”와 “몸”의 자기서사성[J].일본어교육, 2011，55：205-226.

[9] 정창권. 조선조 궁중여성의 소설문화[J].여성문학연구, 2004(11)：299-317.

[10] 梅山秀幸.「한(恨)」과「모노노아와레」:고전문학을 통한 한국문화 비교 시도[J].원불교사상과 종교문화, 2010(46)：251-283.

[11] 董浩.全唐文[M].上海：上海古籍出版社，1998.

[12] 加藤周一.日本文学史序说[M].叶渭渠，唐月梅，译.北京：外语教学与研究出版社，2011.

[13] 张龙妹.紫式部日记[M].施旻，张龙妹，陈燕，等，译.重庆：重庆出版社，2021.

作者信息

姓名：张彩虹
职称：讲师
单位：上海外国语大学贤达经济人文学院
联系地址：上海市浦东新区柳埠路135弄13号602室 129000
电子邮箱：859896111@qq.com

他者的时空镜像：日本学界贵州书写研究*

贵州大学　刘岩　朱明贤

1　引言

中日两国一衣带水、一苇可航，日本关于中国研究的书籍浩如烟海。西南地区一直是日本学者中国研究的重要区域，少数民族文化是近现代国内外研究者关注的热点问题之一(刘，王，李，2019)。1875年，竹添进一郎作为第一位踏查西南的日本学者，揭开了日本学者西南地区踏查之旅的序幕(王，2017)。1902年，日本知名学者鸟居龙藏为研究苗族、彝族与台湾少数民族的渊源，探索日本民族的来源，前往湖南、贵州和云南考察，发表了关于苗族的研究论著，开启了日本学者苗族研究的大门。作为国内苗族主要聚居区，贵州一直是日本学者研究中国西南地区的重要区域。特别是随着改革开放与西部大开发的进行，日本学者纷纷踏访贵州，进行田野调查与记录研究，在以苗族研究为中心的同时，又涉及建筑物产、民族风情、人文地理等领域，研究成果甚为丰硕。伴随着中国"一带一路"倡议的提出，贵州正以更加积极的姿态走向世界，力图让海外更加深入地了解贵州的多彩文化。

他者视阈下的中国区域研究与空间地理学关系密切，然而由于跨学科与语言的阻碍，各研究领域彼此独立，少有交叉融合。基于此，本研究打破文献计量学、空间地理学、翻译学、民族学等学科间的壁垒，从时间与空间两个维度出发，一方面译介、述评日本学界贵州研究的史料信息，展现日本学者研究内容的多样性与历时演变，另一方面分析日本学界贵州踏查的空间格局特征，以期为贵州省海外形象建构及国内学者"黔学"研究提供跨学科的思考与域外史料信息。

2　数据来源与研究构思

2.1　数据来源

为全面把握日本学界贵州研究的整体貌相，本研究打破既往研究中单独以期刊论文、硕博论文或科研项目为研究对象的框架，系统收集与整理日本学界涉及贵州研究的期刊论文、博士论文及科研项目的综合数据，以保证数据的完整性。

以日本最大的学术论文数据库CiNii和日本国立国会图书馆及日本科学研究补助金数据库KAKEN收录的期刊论文、博士论文及科研项目为主要数据来源，以"贵州"为关键词，选择"详细检索"，检索时间跨度为1978年—2019年12月。经过分析筛选后，获得期刊论文342篇、博士论文18篇、科研项目9项，共计369件，本研究即以此数据为基础。同时，为进一步全面地把握日本学界贵

* 基金项目：国家社科基金一般项目"日本近代中国西南调查及馆藏图文资料整理与研究"(项目编号：22BTQ013)。

州研究的内容，再次以“贵州”为关键词，选择“全文检索”，宏观把握日本学界在更为广阔的时空范围内涉及贵州的研究，同时辅以典型个案，译介与述评日本学者贵州研究的学术成果。

2.2 研究构思

本研究主要分为三部分。首先使用文献计量分析方法，对发文趋势、代表学者、发文期刊进行计量分析。其次通过对文本的挖掘，从历时的角度整体考察日本学界贵州研究的演变。具体而言，即运用 UCINET 和 NetDraw 软件，从文献题目中提取研究焦点内容，并对“民族”“少数民族”等近义词或同义词进行合并处理，同时剔除“考察”“研究”“后期”等不具有实体词意义的词语，系统地、科学地总结日本学界贵州研究的阶段演变特征。最后抽出期刊论文、博士论文及科研项目中所涉及的踏查区域，运用空间地理学的方法，明确日本学界贵州踏查区域的空间差异格局。

3 日本学界贵州研究的文献概况

3.1 发文趋势

为避免重复计算博士论文、科研项目和为完成博士论文与科研项目而发表的论文，本节主要分析期刊论文的发文趋势。日本学界中国贵州研究逐年论文发表量如图1所示。从时间上看，二十世纪八十年代以前，日本对贵州的研究呈断点式，而从九十年代开始至今，每一年度均有论文发表，研究体现出连续性。从峰值上看，1985年、1995年、2006年出现了三个较为明显的高峰，之后论文数量均有所回落，表明研究呈波动起伏的状态。从发文年度与年度发文数量的相关系数(0.668)上看，呈显著正相关。综上分析，改革开放以来日本对贵州的研究的特点是“持续、稳定、高度关注”。

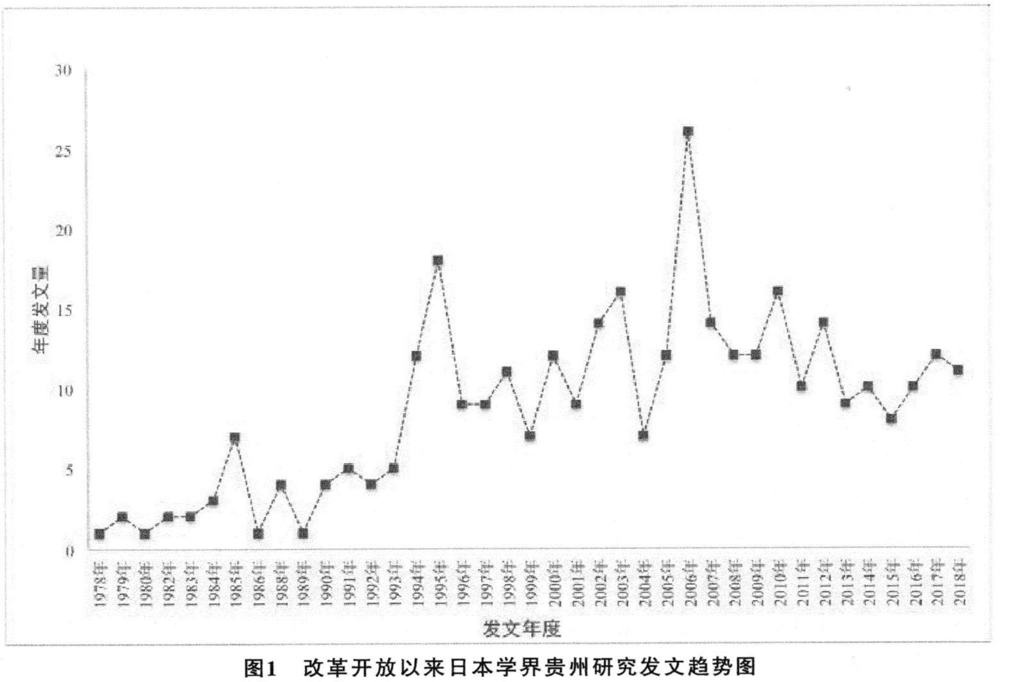

图1 改革开放以来日本学界贵州研究发文趋势图

3.2 代表学者

改革开放以来，日本学者对贵州的研究取得了多样化、深入化、广泛化的成果，形成了稳定的学术团体，不仅领域多元化，学者之间的交流合作、共同研究也愈加频繁。具体而言，日本贵州研究的代表性学者主要有以贵州苗族研究为核心的铃木正崇、金丸良子、鸟丸知子、佐藤若菜，以贵州苗族布依族饮食文化调查与研究为核心的八田耕吉、幸岛内江，关注布依族民歌文化的梶丸岳，重视贵州省教育研究的北村光一、金龙哲，关注贵州阳明学研究的疋田启，以贵州省地质地貌为研究焦点的江崎洋一等。除上述学者外，留日学者曾士才、铃木晶、陶冶等亦是日本贵州研究领域不可忽视的重要力量。除研究学者以外，日本贸易振兴机构也对包括贵州在内的中国各省份的经济状态进行了调查研究。

在同一领域展开研究的学者，其侧重点略有不同。比如同以贵州苗族研究为核心的学者中，铃木正崇侧重于苗族民俗研究，金丸良子则关注苗族生活形态产业，鸟丸知子侧重于苗族服饰纺织的记录与技法研究，佐藤若菜则以苗族服饰文化传承为焦点。在贵州教育方面，北村光一以贵州省高中数学教育为研究中心，金龙哲则以少数民族教育为研究中心。

3.3　发文期刊

从日本学界贵州研究论著的发文期刊来看，其特征是集中性与不均衡性并存。从期刊方向、专业性质来看，贵州研究的论著主要分布在专业刊物与综合性刊物上。

具体而言，人文领域的研究论著，主要集中在以人类学、民族学研究为核心的《季刊民族学》《季刊人类学》《比较民俗研究》《亚洲民族文化研究》等专业期刊，与中国研究相关的《中国研究月报》《中国研究》《中国经济》《现代中国》《东亚研究》等综合期刊，以及以服饰为研究重点的《日本服饰学会志》等学术期刊上。同时中央大学、昭和女子大学、早稻田大学、山口大学、日本大学、庆应义塾大学、名古屋女子大学、静冈大学、冈山大学等大学的学报也是相关论文发表的主要期刊。自然领域的研究论著，主要集中在《地理》《地学杂志》《洞窟学杂志》《建筑计划》《建筑杂志》《爬虫两栖类学杂志》《农林业问题研究》等学术期刊以及《日本地质学学会》《日本建筑学学会》等论文集。

4　日本学界贵州研究内容的演变与成果述评

4.1　日本学界贵州研究内容的阶段演变

改革开放以来，日本学界贵州研究成果蔚为大观，本节旨在通过对文本内容的挖掘，明确其内容的历时演变。基于中国时代背景，结合日本学界贵州研究的发文趋势，将日本学界贵州研究的进程分为四个阶段，即改革开放—1989年、1990年—1999年、2000年—2009年、2010年至今(图2—图5)。

4.1.1　第一阶段：改革开放—1989年

晚清时期，日本考古学、人类学家鸟居龙藏带有“殖民”与“文化寻根”双重色彩的西南调查之旅将日本学界的目光聚集到中国西南地区。改革开放以前，日本学者由于无法深入中国西南地区开展实地调查研究，便通过解读前人文献和东南亚地区苗族研究文献来探究中国苗族。改革开放之后，日本学者深入中国西南地区，展开实地调查与记录研究。

由图2可知，该阶段整体知识网络结点较少，结点之间的联系较为稀疏，说明这一时期日本学界贵州研究的内容较为稀薄。在这一阶段，“苗族”处于最核心的位置，结点面积最大，同时还涉及民族、彝族等主题，综合而言，少数民族是日本学界研究贵州的重要视角，而苗族又是少数民族研究的核心。此外，表示调查范围的“西南”一词的结点较大，表明这一时期日本学者的贵州研究是将贵州置于西南地区的整体区域考察中。

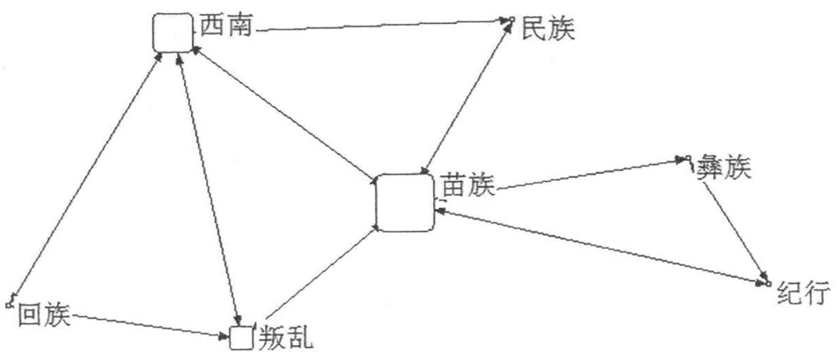

图2　改革开放以来日本学界贵州研究主题内容社会网络分析图(改革开放—1989年)

改革开放以来至二十世纪八十年代末,日本对贵州的研究主要集中在四个方面。第一,利用历史文献对贵州进行解读。研究内容主要涉及清末的历史事件。第二,改革开放政策的实施,极大地推动了日本学者对贵州的实地踏查。作为研究中国各行政区的重要内容之一,日本关西经济联合会事务局于1978年对贵州展开了细致的调查。1983年,日本苗族研究学者铃木正崇踏访贵州,对贵州苗族进行了重点调查研究,其与金丸良子合著的《中国西南少数民族:贵州省苗族民族志》(鈴木,金丸,1985)一书,成为这一时期日本学者苗族研究的代表著作。第三,以游记、随笔的方式记录贵州的人文地理与民族风情。第四,出现了系统研究贵州的国家级科研项目——“中日农耕文化比较研究”。该研究课题由日本学者坪井洋文主持,历时四年(1985—1988),以社会结构、生产技术和信仰为核心内容展开。具体而言,日本国立历史民俗博物馆福田亚细男、坪井洋文、筱原彻、上野和男,法政大学曾士才,京都产业大学矢放昭文,筑波大学佐野贤治等来自民俗学、历史人类学、语言学领域的研究学者相互合作,并在实地调查中得到了贵州民族大学、贵州省民族研究所、民间文艺协会的大力协助。“中日农耕文化比较研究”以贵州省黔东南苗族侗族自治州的台江县梅影村和雷山县虎羊村为调查对象,从中日两国农耕文化比较的视角对社会结构、生产技术和信仰等内容展开研究,试图把握贵州省内苗族农耕文化的多样性及各文化要素的复合形式,同时进行日本与中国西南少数民族农耕文化的比较,从而阐明日本农耕文化的初期面貌,也为今后研究汉族农耕文化提供了基础性研究资料。

4.1.2　第二阶段:1990年—1999年

二十世纪九十年代,受日本“照叶树林文化理论”的影响,一些日本学者认为日本的传统食物纳豆、豆腐、魔芋等和中国西南地区的饮食文化有着很深的渊源,由此对贵州进行了一系列的实地调查与记录研究。

由图3可知,与前一阶段相比,这一时期无论是结点数量还是连线的密集程度均有较大的提高,反映出随着改革开放政策的实施,日本学者的踏查区域不断深入,相关研究成果迭出,研究多元化且具有集中性。具体而言,苗族依旧是结点面积最大且最核心的研究内容,布依族、饮食、文化、黔西南为次核心,且四者联系较为紧密,这表明苗族布依族的饮食文化及居住环境成为这一时期研究的主要内容。处于外围的焦点词为本阶段较为边缘或新兴的研究内容,如高层住宅、服饰、农业、生产、礼仪、祭祀等,研究尚不深入。

纵览这一时期的研究成果,日本学界对贵州的研究主要呈现以下特征。第一,田野调查与拍摄记录成为这一时期日本学界贵州踏查研究的主要方式,日本学界掀起了“贵州踏查热”,其中以国立民族学博物馆、名古屋女子大学的黔西南布依族苗族自治州的苗族布依族饮食文化考察最具代表性。第二,改革开放以前,日本学者无法深入中国西南地区开展苗族相关研究,他们试图通过研究东南亚地区的苗族,探知中国西南地区苗族的情况。而进入二十世纪九十年代,对老挝、泰

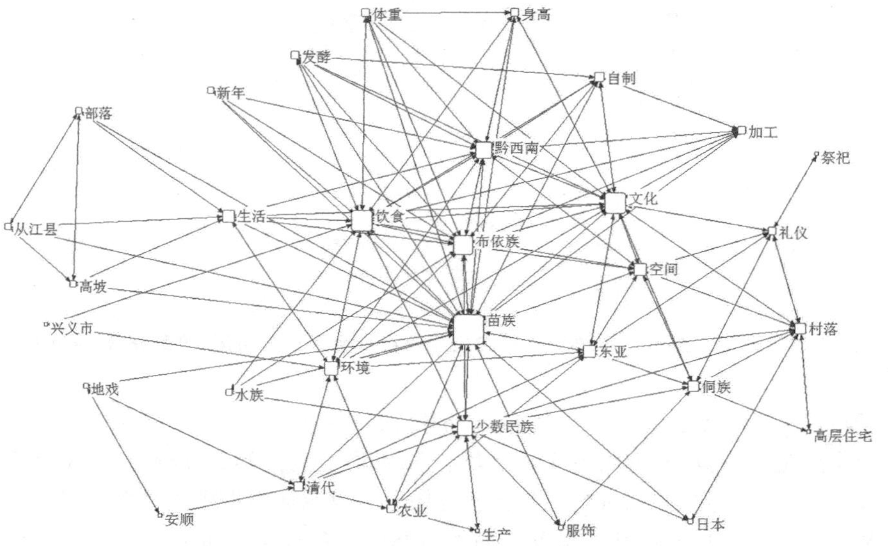

图3　改革开放以来日本学界贵州研究主题内容社会网络分析图(1990年—1999年)

国、新加坡与中国西南地区苗族的比较研究成为研究的主要内容,研究具有明显的国际比较视野。第三,研究内容呈现继承性与开拓性,苗族依旧是日本研究贵州的核心,同时还涉及布依族、侗族、瑶族等少数民族,研究领域也由人文领域扩展到了自然领域。第四,深入贵州内部进行田野调查,踏查区域有所扩展,具体涉及兴义、荔波、黎平、惠水、织金、普定、高寨等少数民族聚居地区。第五,留日学者在日本展开关于贵州的研究。研究主要围绕中国傩戏的综合调查展开,在这一过程中也收集了贵州省各地区流传的神话传说。如,中京女子大学朱捷的科研项目“疾病治愈与巫术表演:中国贵州傩的综合调查研究”,获得了日本文部科学省的项目资助。此课题的主要目的是,通过跨学科整合,在实地调查中收集基础原始数据(影像、文献、传承记录、实物等),来探明在傩延续至今的贵州山村,当个体或集团遭受疾疫,身体出现异常时,傩的巫术与艺术表演对治疗疾病如何起作用以及起何种作用。作者于1995年与1996年,分别以贵州的盘县、安顺和威宁、岑巩为踏查地区,对贵州傩文化进行实地调查并收集相关资料。在历时两年的实地调查过程中,朱捷通过座谈会、研讨会等形式,不断与当地研究者深化交流,不仅与贵州的大学及研究所的相关人员合作交流,还广泛接触了县、村的教育负责人及史料编辑负责人等。同时,“疾病治愈与巫术表演:中国贵州傩的综合调查研究”这一课题引起了贵州当地研究学者的关注,其翔实的田野调查与科学的文献记录受到了中国学者的高度评价。

4.1.3　第三阶段:2000年—2009年

进入二十一世纪,随着西部地区的社会经济取得长足发展,日本对贵州的相关研究成果也显著增多,不仅论文发表数量超过了二十一世纪以前的发文总和,而且科研项目数量也有所增多,还出现了以贵州为研究区域的博士论文。

由图4可知,与前一阶段相比,该阶段的结点数量、结点面积、连线的密集程度等均有明显的提升。从结点面积来看,苗族依然是日本学者贵州研究的核心内容,以民族为对象的整体研究是次核心,涉及侗族、布依族。与二十一世纪以前相比,与微生物、碳酸盐岩、三叠纪、地块、石灰等相关的自然科学领域的研究成为这一时期日本贵州研究的崭新焦点,体现了日本学者对贵州自然环境的关注。周边核心有经济、教育、环境、旅游等,体现了自然科学领域与人文领域研究的交叉融合。

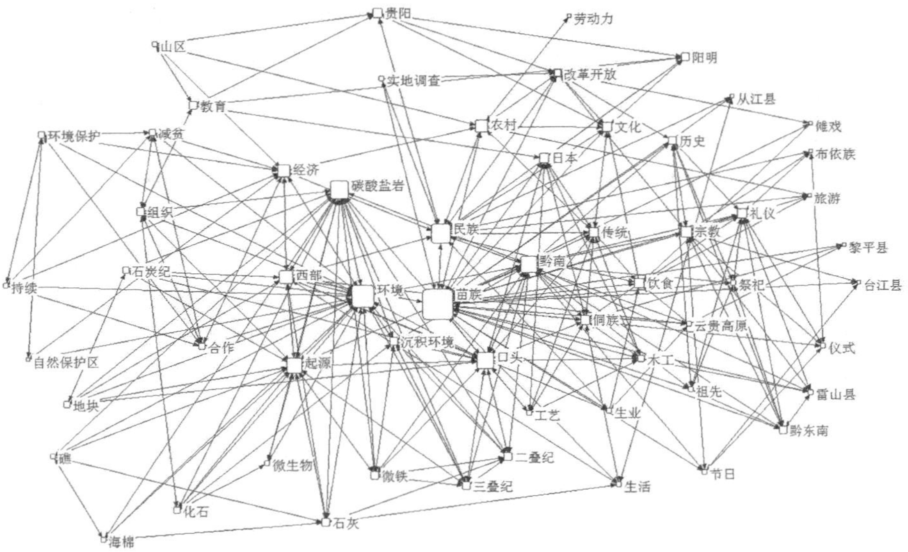

图4　改革开放以来日本学界贵州研究主题内容社会网络分析图(2000年—2009年)

2000年—2009年,日本贵州研究主要呈现以下特征。第一,苗族研究仍是少数民族研究的重心,而阳明学研究成为这一时期的次重心。同时,食品加工、传统文化、礼仪祭祀、建筑等传统研究领域持续受到关注,此外,研究扩展到少数民族语言、教育、旅游开发、环境保护、政府职能等多方面。第二,以贵州省为研究区域的博士论文的出现进一步奠定了日本深入研究贵州特定领域的基础。博士论文的作者多为留日学者,且研究内容多样。具体而言,有筑波大学余志清的布依族汉化研究(余,2006)、日本大学陈晶的苗族侗族自治州少数民族观光研究(陳,2006)、山口大学余贵忠的少数民族环境保护法研究(余,2008)、庆应义塾大学陶冶的苗族礼仪与社会演变研究(陶,2008)。日本学者方面,有大阪艺术大学乌丸贞惠的贵州苗族染织技术研究(烏丸,2005)、山口大学北村光一的贵州高中数学教育研究(北村,2005)。第三,关于贵州的研究课题数量有所增长,主要聚焦贵州开发战略、社会经济的可持续发展及布依族传统经文书《摩经》的收集整理等。其中布依族传统经文《摩经》的收集整理这一课题由留日学者余志清主持,可以说留日学者是日本贵州研究领域不可忽视的重要力量。第四,与二十一世纪以前相比,"西南地区"不再是这一时期研究的核心词,这表明日本对贵州的研究逐渐从以西南为整体的区域研究中脱离出来,贵州的主体地位逐渐凸显。第五,日本学界在更广阔的空间里考察中国西南地区与东南亚地区的文化关联。日本国学院大学辰巳正明从日本文学、日本民俗学、日本歌垣等研究视角,以"东亚圈的歌垣和对唱的基础研究"为研究课题,与中国社会科学院少数民族文学研究所邓敏文、贵州民族大学吴定国开展国际合作研究,对日本、中国的歌垣与对歌情况进行了科学系统的分析。具体言之,2006年12月26日至2007年1月5日,他们对中国贵州省黎平县岩洞村的少数民族侗族的对歌进行了调查。在调查过程中,收录了男女共同演唱的12首"侗族鼓楼对歌",并记录了其中9首的歌名与歌词,另外还收录了青年男女聚集在民家一对一演唱的51首"行歌坐夜",并记录了所有歌曲的歌词。2007年,在国学院大学120周年纪念2号馆举办了"东亚歌垣峰会"研讨会,会上邀请中国学者和侗族歌师进行了唱歌解说和表演。此外,日本学者及日本各地区的歌唱表演者还对秋田、奄美的歌曲进行了解说和表演。研究过程中,辰巳正明等人还将歌谣的生成问题及对歌的歌唱体系纳入"照叶树林文化圈"的研究范畴,相继发表论文《贵州省南部侗族大歌及其仪礼性格》(辰巳,2007)等。

4.1.4 第四阶段:2010年至今

2010年以后,伴随着"世界旅游中国化·中国旅游世界化"的趋势,贵州省发挥其得天独厚的区位优势(自然条件、民族文化等),提出了以旅游为主体促进贵州省经济发展的战略。

在该阶段,日本学界贵州研究的期刊论文、博士论文及研究课题的数量均有了较大幅度的增长。研究主题与前几个阶段相比,既有共性又有差异。由图5可知,与前一阶段相比,这一时期的结点数量、结点面积、连线的密集程度渐趋稳定,反映出日本贵州研究趋向稳定、集中。日本以贵州苗族等少数民族为核心研究内容,这一学术特征至今未曾改变,黔东南、侗族成为次核心,反映出日本学者贵州踏查区域的集中性以及他们对少数民族的关注。旅游、开发等词反映出旅游开发是日本贵州研究拓展的新主题之一。此外,民房、环境、穿斗式木造等与建筑相关的词语也成为这一时期日本贵州研究的核心主题,反映出日本日益重视从建筑领域对贵州少数民族文化进行多维度解读。

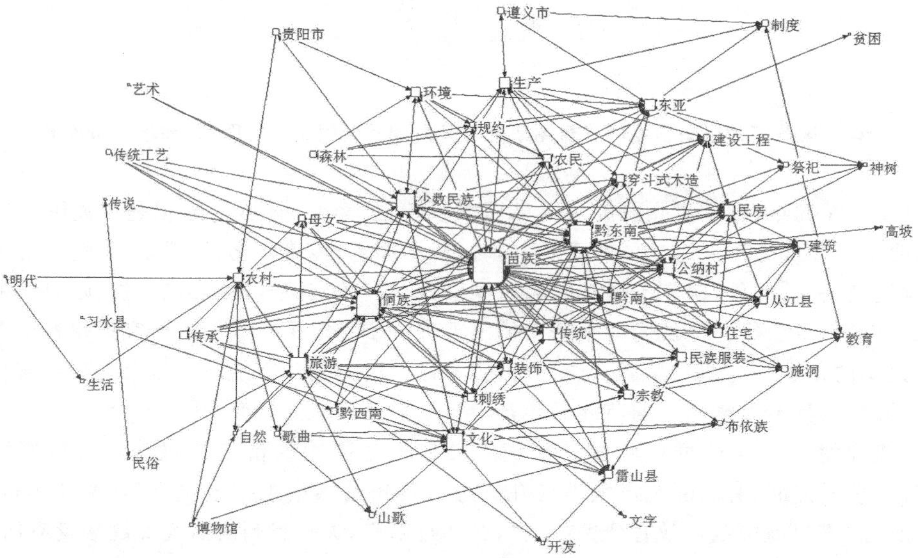

图5 改革开放以来日本学界贵州研究主题内容社会网络分析图(2010年至今)

综合而言,2010年以来日本学界贵州研究主要有以下特征。第一,无论是期刊论文还是博士论文、科研项目,日本学界贵州研究依旧围绕苗族展开,特别是日本学者佐藤若菜相继两次获得日本文部科学省的立项课题,开展对贵州苗族服饰文化传承的研究,表明日本对贵州苗族的研究进入了更为集中、系统的阶段。第二,贵州省旅游产业的发展,特别是少数民族地区旅游的发展吸引了日本学者的关注,但研究主要聚焦于旅游开发背景下,少数民族文化、传统建筑、居民生活等的变化以及对它们的保护、传承,是民族学、建筑学、人类学等方面的研究,而非旅游开发视阈下的观光研究。第三,自然科学领域的研究进一步拓展,比如,出现了科研课题"肯尼亚、中国贵州省其他地区的真菌、放线菌病致病菌的采集及其资源化"。这与贵州省拥有喀斯特地貌等原生态的自然风光和自然资源密切相关。第四,出现了对贵州省少数民族建筑的研究。留日学者何银春的博士论文围绕贵州增冲侗寨的保护与传承展开(何,2015),留日学者李雪、日本学者黑田乃生以贵州苗族穿斗式干栏建筑为核心,发表论文数篇。第五,研究体现出对少数民族歌谣的关注。日本学者梶丸岳致力于布依族的歌谣研究,在"基于身体的对歌的人类学构筑"研究中,他于2009年—2010年踏访贵州,围绕布依族对歌进行了人类学视阈的调查与研究,分析了对歌歌词的社会语言学特征、对歌旋律与歌词间的相关性。梶丸岳通过对贵州少数民族民歌文化长期的田野调查、记录与研究，发表了《对歌与观光结合的可能性：围绕山歌讨论》（梶丸，2009）、《歌曲交织语言：贵州省布依族“山歌”的现状》（梶丸，2012）等文章，并于2013年出版了《山歌的民族志：通过唱歌来对话》（梶丸，2013）一书。全书共分四部分，绪论部分主要介绍了研究的问题意识与调查地、调查对象的概况；第一部分介绍了山歌的社会环境；第二部分运用语言相互行为论，从声音、语言、对话三个层面对山歌进行了研究；第三部分从娱乐的角度出发对山歌与对歌进行了研究。《山歌的民族志：通过唱歌来对话》的出版，填补了日本学界少数民族民歌研究的空白。作者吸收人类学、民族学领域研究中国少数民族民歌的最新成果，并从语言学、声音学与感觉人类学（anthropology of senses）中的视觉中心主义出发，对中国少数民族的“歌”文化进行了细致入微的研究，使该著作成为日本目前研究中国少数民族民歌最全面、最深入的一部著作。

4.2 日本学界贵州苗族研究的网络分析

日本学界对贵州苗族的相关研究比较全面，从风俗习惯到社会生活、人文历史，再到自然环境、宗教信仰、房屋建筑等，均有涉及。具体而言，改革开放以来，日本学界对贵州的研究逐渐拓展至历史、经济、文化、民族、民俗、地理、建筑、观光、生业、教育等多个领域，而对贵州苗族的研究则贯穿日本贵州研究的始终，且苗族作为研究核心的地位从未动摇。基于此，本节以日本贵州苗族研究的文献为线索，考察日本贵州苗族研究的多维焦点内容。

图6是改革开放以来日本学界贵州苗族研究主题的社会网络分析图。如图所示，苗族居于核心位置，连线交错，联系紧密，且结点面积最大，民族、少数民族居于次核心的位置，反映出日本学者在考察贵州苗族的过程中，一方面以苗族为核心，同时也将苗族置于少数民族研究当中进行整体考察，此外还涉及侗族、布依族等少数民族。研究区域涉及黔西南布依族苗族自治州、黔东南苗

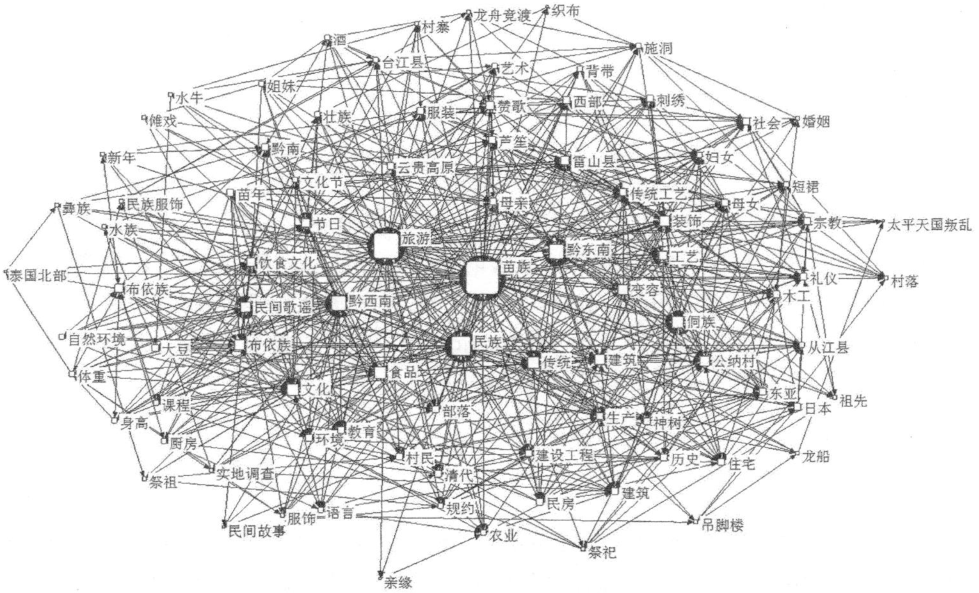

图6 改革开放以来日本学界贵州苗族研究主题社会网络分析图

族侗族自治州，包括从江县、雷山县、公纳村、台江县等少数民族聚居区。研究内容涉及民族服装（短裙、刺绣）、信仰文化（礼仪、祭祀、宗教、节日、神树、传统、龙船）、房屋建筑（建筑、吊脚楼）、村民基本情况（身高、体重）、音声韵律（民间歌谣、语言）。此外还有从历史视角（太平天国、清代）、旅

游开发视角(旅游),以及国际比较研究视角(日本、东亚)出发的研究。

日本学界对苗族的研究跨越百年,翔实的文献整理、细致入微的田野调查与记录、独特的研究视角、学术的传承发展与开拓创新使之成为世界苗族研究的重要组成部分。

5 日本学界踏查贵州的空间分布格局

日本学者对贵州的研究可以说始于鸟居龙藏的中国西南踏查之旅,百余年来日本学者踏访的足迹遍布了整个贵州省。地域研究是地理学实证研究的主体,本节试图从空间层次特征出发,把握改革开放四十余年来日本学界贵州踏查的空间分布格局。

5.1 踏查区域选取

数据来源于日本学者贵州研究的期刊论文、博士论文及文部省科研项目。首先,抽出并记录相关文献中出现的市县村寨(一些文献不提供下载或者在线阅读);其次,以市为单位对具体地域进行量化分析;最后,核对并确认日本学者在贵州省内市级行政区的踏查次数。

5.2 日本踏查贵州的空间分布

改革开放以来日本学界的贵州实地踏查涉及贵州省辖下贵阳、遵义、六盘水、安顺、毕节、铜仁6个地级市以及黔东南、黔南、黔西南3个少数民族自治州,不同空间的踏查次数差异较大。黔东南苗族侗族自治州、黔南布依族苗族自治州、黔西南布依族苗族自治州、贵阳市是踏查较为集中的区域,其中黔东南苗族侗族自治州踏查次数最多。苗族是日本学界贵州研究的核心内容,主要分布在黔东南、黔南及黔西南三大区域,因此,这三个地区成为日本学者踏查次数最多的区域;贵阳市作为贵州省的政治、经济、文化、科教、交通中心,亦是日本踏查的重要区域。

随着贵州省经济、交通不断发展,日本学者的踏查足迹深入到黔东南雷山县(郎德上寨)、西江镇、镇远县(和平村)、从江县(增冲村、公纳村、谷坪乡)、台江县、黎平县(岩洞寨)、锦屏县、施洞镇、荔波县以及黔南地区惠水县(高寨村)、罗甸县、毕节市织金县、威宁彝族回族苗族自治县以及安顺市镇宁布依族苗族自治县(山岗村、大寨村)、普定县、紫云县等县乡镇少数民族村寨,踏访足迹之深入、区域之广泛令人震惊。

总体而言,改革开放以及西部大开发政策的实施,为日本学者深入贵州内部进行实地考察与记录研究提供了更多的可能。一方面,日本学者通过掌握当地语言,深入了解少数民族居民的生活样态、口承文化等,另一方面,他们与贵州及国内其他地区的学者进行合作,展开学术交流与调查研究。与此同时,留日学者凭借其语言优势,能够更深入地收集整理珍贵文献。可以说日本的贵州研究,无论是在利用先进技术进行摄影、拍摄与记录的方面,还是在对某一领域进行深入挖掘与细致研究的方面,均取得了丰硕的研究成果。

6 结论

本文着眼于他者视阈下贵州研究的史料信息,系统整理并详细考述了改革开放以来日本对贵州的研究成果,运用文献计量学、空间地理学等方法,从时间与空间两个维度出发,概览改革开放以来日本贵州研究的整体貌相,得出以下结论。

第一,改革开放以来,日本贵州研究文献数量虽有波动起伏,但整体呈上升趋势,并形成了稳定的研究团体,其中,留日学者是日本贵州研究领域不可忽视的力量。第二,通过对日本贵州研究四个阶段的考察发现,日本贵州研究一直以苗族为核心展开,同时高度关注侗族、布依族、瑶族等其他少数民族。此外,还致力于挖掘贵州省的历史文化与区域特色,对贵州阳明学的关注及对少数民族地区旅游开发的敏锐触觉均体现了这一点。第三，日本的贵州苗族研究内容呈现多元化趋势，涉及民俗信仰、服饰保护及文化传承、建筑、实证测量，以及历史、旅游开发等主题。还从中日比较、东南亚苗族与贵州苗族比较等国际视角对贵州苗族展开研究。第四，日本学者在贵州的踏查区域有主次之分，他们以苗族、侗族、布依族等少数民族的聚居地为核心踏查区域，并深入公纳村、山岗村等偏远少数民族村寨，进行实地考察与记录研究，同时立足于区域文化特征，进行多维度、多领域的研究发掘。

改革开放四十余年来，日本学者从早期的学术考察，到通过博士论文、科研项目系统研究贵州的历史文化、民族民俗，相关研究成果迭出，留下了极具史料价值的文献信息。通过实地踏查、当地访问等方式留下的记录，为国内学者从不同角度了解、研究贵州的历史、社会、宗教、民族等问题提供了具有参考价值的史料。不仅是日本，我们更要系统地收集整理其他国家贵州研究的史料信息，打破学科框架，进行多维度的解读与研究，为贵州省省志、地方志、民族志等的撰写提供基础的文献信息与跨学科思考，同时更好地把握海外对贵州的认知，为贵州省海外形象的构建及贵州省多元文化的海外传播做出贡献。

参考文献

[1] 刘岩，王晓梅，李哲.《阿诗玛》在日本传播的历时性思考[J].国际传播，2019(3)：90-96.

[2] 王晓梅.日本学者西南少数民族研究述评[M].贵阳：贵州大学出版社，2017：143.

[3] 鈴木正崇，金丸良子.西南中国の少数民族：貴州省苗族民族誌[M].東京：古今書院，1985.

[4] 余志清.中国少数民族における「漢化」の動態的分析：貴州省貴陽市周辺のプイ族の事例から[D].つくば：筑波大学，2006.

[5] 陳晶.中国における少数民族観光の社会的影響：貴州省黔東南苗族[トウ]族自治州を事例として[D].東京：日本大学，2006.

[6] 余貴忠.中国貴州省少数民族地域における環境保護法制に関する研究[D].山口：山口大学，2008.

[7] 陶冶.中国ミャオ族の儀礼と社会の変容：貴州省東南部雷山県の「短裙苗」の事例を中心として[D].東京：慶應義塾大学，2008.

[8] 鳥丸貞恵.中国貴州省苗(ミャオ)社会の染織技術[D].大阪：大阪芸術大学，2005.

[9] 北村光一.数学教育における生徒参画型授業モデルの開発と実証：中国貴州省初級·高級中学の事例を通して[D].山口：山口大学，2005.

[10] 辰巳正明.貴州省南部侗族の大歌とその儀礼的性格[J].國學院雜誌，2007，108(6)：1-13.

[11] 何銀春.中国における文化遺産としての伝統的集落の保護に関する研究：貴州省トン族の増沖集落を事例として[D].つくば：筑波大学，2015.

[12] 梶丸岳.歌掛けは観光化できるか：山歌の場をめぐって[J].日本文化人類学会研究大会発表要旨集，2009(43)：105.

[13] 梶丸岳.歌でことばを交わす：貴州省プイ族の歌掛け「山歌」の現在[J].FIELDPLUS，2012(7)：22-23.

[14] 梶丸岳.山歌(さんか)の民族誌：歌で詞藻(ことば)を交わす[M].京都：京都大学学術出版社，2013.

作者信息

姓名：刘岩

职称：讲师/所长

单位：贵州大学外国语学院/贵州大学日本研究所

联系地址：贵州省贵阳市花溪区贵州大学外国语学院（邮编：550025）

电子邮箱：yliu1@gzu.edu.cn

姓名:朱明贤
学校:贵州大学外国语学院(研究生)
联系地址:贵州省贵阳市花溪区贵州大学外国语学院
电子邮箱:1475539381@qq.com

也谈回译

上海外国语大学贤达经济人文学院　田建国　邓俊玲

1　引言

回译(retroversion,back-translation)一语有两个意义:一是指一种翻译现象;二是指语言研究、翻译研究和外语翻译教学的一个辅助工具或方法。本文探讨第一个意义。

回译,指将原语原文中引自、译自、改自译语或其他语种的引文(引语)翻译为译语。其本身不是某一种具体的翻译方法,而是需要依靠具体的翻译方法来实现。

2　日汉语对应关系——以成语等习语的回译为例

汉语中有对应表达形式的,译者应采用汉语中约定俗成的表达形式,对日语原文中引自、译自、改自汉语或其他语种的习语进行回译。汉语中没有对应表达形式的,译者应采用直译、意译、直译与意译相结合的译法把原文译成符合汉语阅读习惯的译文。

笔者将笔译的翻译标准概括为"保质、保量、保真、保功能"。一般而论,在"四保"翻译标准之下,选择何种译法,以及各种译法使用到什么程度,取决于原语与译语文本的对应关系。

回译时,日语原文的情况可以粗分为两类。

(1)源自汉语的日语表达方式。具体有以下三种:

A. 从汉语直接引进并融入日语的汉字表达方式

B. 使用汉语材料,根据汉语或日语规律自创的汉字表达方式

C. 译自汉语的表达方式

(2)日语固有或源自汉语以外的语种的表达方式。具体有以下两种:

A. 日本固有的表达方式

B. 引自汉语以外的语种且融入日语的表达方式

日语原文与汉语的对应关系有以下三种:

a. 完全(或基本)对应

b. 不完全对应

c. 完全不对应

针对不同的对应关系,应采取不同的策略和译法进行回译。

这里举如下几个与回译有关的组合例。

（1）A、a：

原文：甲、酒池肉林　深山幽谷

乙、一網打尽　臥薪嘗胆

译文：甲、酒池肉林　深山幽谷

乙、一网打尽　卧薪尝胆

分析：日语汉字与汉语汉字完全相同（甲）时，可直接移植日语汉字；日语汉字与汉语汉字不同（乙）时，可改写日语汉字，使之符合汉语规范。

（1）A、b：

原文：孤軍奮闘　採長補短　一刀両断

译文：孤军奋战（亦可译为“孤军奋斗”）　取长补短　一刀两断（另有“果断行事、毅然决然”之意）

分析：根据实际需要，可采用字译（改写汉字）等直译的译法、意译的译法，或直译意译相结合的译法。

（1）C、a：

原文：憂患に生き安楽に死す 和を以て貴しとなす

译文：生于忧患，死于安乐　以和为贵

分析：一般采用套用汉语原文的译法回译。

（1）C、b：

原文：敗軍の将は兵を語らず

译文：败军之将不谈兵（败军之将不可以言勇）

分析：可采用翻译原文（括号外）或套用汉语原文（括号内）的译法回译。

（2）B、a：

原文：ローマは一日にして成らず（Roma non fu fatta in un giorno.）

译文：罗马不是一天建成的。

原文：我思う故に我在り（Je pense，donc je suis.）

译文：我思故我在。

分析：日语原文源自汉语以外其他语种时，若汉语里有直接译自该语种原文的固定译文，则可直接采用该固定译文回译；如无汉语固定译文，则应自行翻译。

3　直接采用字译的回译

译者直接移植日语汉字或把日语汉字改写成汉语规范汉字进行回译的译法。这种译法适用于原文以日语汉字的形式直接引用汉语专有名词（人名、地名、机构名等）、典籍和诗文等的情况。

原文：孔子　杭州　上海市人民政府

译文：孔子　杭州　上海市人民政府

分析：移植日语汉字的回译。

原文：毛沢東　蘇州　寧波　商務部
译文：毛泽东　苏州　宁波　商务部
分析：改写日语汉字的回译。

原文：『宋史』本紀の至元十五年(一二七八)十一月の項に、
——詔諭沿海官司通日本国人市舶。
というくだりがある。 (陳,1988)
译文：《宋史·本纪至元十五年(1278)》十一月项下有一段记载,说：
"诏谕沿海官司通日本国人市舶。" (田建国、黄博译)
分析：原文直接引用汉语史书《宋史》原文而未加翻译。译文采用改写日语汉字的译法回译成《宋史》原文。这种译法往往与套用汉语典籍、诗文等的原文进行回译的译法结合使用。

4　套用汉语典籍、诗文等的原文的回译

译者直接套用汉语原文对日语原文中的引文进行回译的译法。这种译法多用于日语原文以日译文形式引用汉语典籍、诗文等的情况。

原文：文天祥は紙をひろげ、筆をとりあげた。彼が書いたのは、降伏勧告文ではなかった。厓山に来る途中、虎門沖の伶仃洋で作った詩を書いたのである。その七律律詩は、
人生、古より誰か死無からん
丹心を留取して汗青(歴史)を照らさん (陳,1988)
译文：文天祥展纸提笔。他写的不是劝降信,写的是来崖山途中在虎门外海伶仃洋上作的诗。那是一首七律诗,尾联是：
人生自古谁无死
留取丹心照汗青 (田建国、黄博译)
分析：直接采用文天祥诗原文回译。

5　套用现成译文或译者自己翻译的回译

译者套用现成译文或自行翻译进行回译的方法。日语原文中以日译文形式引用汉语典籍、诗文等,而找不到其汉语原文时,可以使用此方法。译者自行翻译时,应尽量寻找相关线索,根据语言之间的对应规律,结合时代、语境、语言风格等,发挥想象力,把日语原文中的日译文引文回译得尽量接近汉语原文,并加注说明译文为"译者回译"而非典籍原文,待日后找到汉语原文后再行替换,完善回译。

这种译法同样适用于日语原文中其他外语语种的译文的汉译。当其他外语语种的原文在汉语里没有现成译文或有而未用时,由译者直接翻译日译引文,这既可视为"译者自己翻译"的回译,也可视为"通过转译"的回译。

原文： この章は、ダルクローズが1907年に書いた論文を訳出ものです。

ここでは、…一つの音楽の再現のために、肉体の各部分が、必要に応じて、別々の運動をすることは、音楽の表現のために絶対必要です。そして、「耳と声とを毎日練習することにより、音に対する感受力が発達した時に、初めて楽器の練習を始めれば良いのである。そして、リズムと音に対して自信をもって意識し、かつ、そのための必要な運動に対して、筋肉が訓練されていれば、楽器に対して集中力が増すし、大した困難もなく音楽に歓びつつ、進歩も速くなる」というわけなのです。 (佐野，1985)

译文： 这一章是达尔克罗兹1907年所写论文的译文。

论文论述的是……要再现一段音乐，肌体各部分就必须根据需要各自做不同的运动，这是音乐表现所绝对需要的。而且，"可以每天练耳练声，等对声音的感受力发达了再开始练习演奏乐器。如果对自己感受节奏和声音的能力有了信心，且把演奏乐器所需的肌肉训练好，那么演奏乐器时注意力就会更集中，可以没有什么困难地享受音乐的乐趣，同时进步也会更快"。 (田建国、杜勤、顾振申、邓俊玲译)

分析： 原文引用了达尔克罗兹1907年撰写的一篇论文，前半部分是间接引用，并非达尔克罗兹的原话，汉译本译者采用了自己翻译的策略。这是这种情况下的常见做法。但后半部分是直接引用，是达尔克罗兹的原话。可是汉译本译者在翻译时没有找到论文原文的汉译本，无法套用现成的汉译文进行回译，于是便采取了直接翻译日译引文的策略。

6 通过转译的回译

译者把日语原文中引用的其他外语语种的日译文转译成汉语从而完成回译的译法。译者虽然找到了该外语语种的原文和/或直接译自该外语原文的汉译文，但出于尊重日语原文作者创作意图、保持日语原文风格、突出语言特色等目的，不直接翻译外语原文，也不直接采用译自该外语原文的汉译文，而是从日译文转译成汉语。

原文： …読者諸君よ、まことにマルコ氏は大汗のもとにたっぷり十七年間もとどまり、そのあいだじゅう使節の仕事をやめたことがなかった。それというのも、大汗はマルコ氏があらゆる土地から、おびただしい情報をもたらし、しかもじつにみごとに使命をはたして帰るので、すべての重要な使節や、遠隔地への使節には、かならず彼を起用したからだった… (陳，1988)

译文：(《东方见闻录》里有这样一段话：)

"……读者诸君啊！马可先生足足留在大汗身边十七年，这期间使节的差事从未断过。因为马可先生会从所有地方带回大量信息，而且每次回来都能不辱使命，所以每每派遣重要使节和向遥远之地遣使时，大汗都会起用他……" (田建国、黄博译)

分析： 上面这段话引自马克·波罗的作品《马可·波罗游记》(又称《东方见闻录》)。对于这段引文，译者没有采用译自马可·波罗原著的汉译本《马可·波罗游记》里的现成译文，也没有直接翻译马可·波罗的原著，而是采取了从日译文转译的策略，将原文引用的日译文翻译成汉语，实现回译。这样做是因为作者陈舜臣引用的日译本『東方見聞録』(愛宕松雄訳，平凡社)的译文有独特的风格和韵味，基于保质、保量、保真、保功能的要求，译者采取了从日译文转译成汉语的策略，尊重了原文作者陈舜臣的创作意图。

7 改变了原作的引文的回译

当日语原文中引用的汉语典籍、诗文的日译文在形式、内容上发生了变化时，译者应结合作者的创作意图进行回译，或保留作者的改变，或改回汉语原文。如果日语引文有误而作者并没有特殊意图，译者在回译时应予以纠正。以上这些情况都可以加注进行说明。

原文： 彼らはめじるしに、そこに冬にも枯れない冬青の木を植えた。林景熙に『冬青花』という古詩がある。その冒頭は、

冬青の花、花さく時
一日、腸は九たび砕けぬ

とある。（陳，1988）

译文： 他们在那里种植了冬天也不枯萎的冬青树以为标记。林景熙作有古诗《冬青花》，开头吟道：

冬青花开时
一日肠九折（田建国、黄博译）

分析：林景熙《冬青花》的起句是"冬青花，花时一日肠九折"，日语原文引用该句时增加了「（花）さく（時）」。译者在回译时考虑到作者的创作意图，没有采用林诗原文，而是翻译成了五言两句"冬青花开时，一日肠九折"，尊重了作者对林诗的改变。

原文： ことしになってから、重病の皇帝を載せた舟を碙州に移したが、四月に端宗は死に、八歳の趙昺が即位した。

このとき、黄竜が海中にあらわれたという。これを宋朝復興の吉祥とみて、元号を「祥興」と決めた。

六月、新帝の船は新会の厓山に移った。

——（六月）己巳、大星有り、東南に流れて海中に墜つ。小星小余、之に随う。声、雷の如し。数刻にして乃ち已む。

『宋史』に右のような出来事をのせている。星の落ちることは、誰も吉祥とは思わない。（陳，1988）

译文： 到了今年，病重的皇帝乘船来到了碙州。四月，端宗去世，八岁的赵昺即位。

传说当时黄龙现身大海，这被当成宋朝复兴的吉祥之兆，年号便定为"祥兴"。

六月，新帝的船来到了新会的崖山。

宋史对此事有如下记载：

"（六月）己巳，有大星东南流，坠海中，小星千余随之，声如雷，数刻乃已。"

星星坠落，无人认为吉祥。（田建国、黄博译）

分析：译文直接采用《宋史》原文进行了回译，并用"小星千余"纠正了日语原文中引用时的错误「小星小余」。

8 通过音译的回译

8.1 音译汉语或中国少数民族语言词汇的回译

译者根据发音并参考日语汉字（如有），将日语原文中音译自汉语或中国少数民族语言的词

语译成汉语规范汉字和词语的译法。这种译法多用于从汉语古音、汉语方言音、少数民族语言发音音译成日语的固有名词等的回译。

原文:北京(ペキン)　烏魯木斉(ウルムチ)　オロチョン族(ぞく)　チョモランマ　ナーダム　明(みん)　公司(コンス)　面子(メンツ)
醋(ツー)　雲呑(ワンタン)　小龍包(ショーロンポー)　辣油(ラーユ)

译文:北京　乌鲁木齐　鄂伦春族　珠穆朗玛　那达慕　明　公司　面子
醋　云吞(馄饨)　小笼包　辣油

分析:此类词语都是以音译的方式进入日语的,读音也是模仿汉语或中国少数民族语言发音的。回译这些词语时,应采用汉语中约定俗成的表达形式。

8.2　音译其他语种词语的回译

译者采用音译的译法,将日语原文中音译自其他外语语种的词语翻译成原外语语种词语在汉语里的固定说法的译法。一般在外国人按照中国文化习惯取了中国名字,或外国专有名词(如报刊、电台、通讯社、舰艇等的名称)有汉语固定说法时,使用这种译法。译这类词语时往往需要先考证,尤其是对不熟悉的词语,译者必须认真、仔细、周全地考证,否则极易出现误译。

1)采用音译的回译

原文:モスクワ　ワシントン　ロンドン　マルクス

译文:莫斯科　华盛顿　伦敦　马克思

分析:以上日译词分别音译自俄语、英语、德语。将日语中音译自其他外语语种的人名、地名等翻译成汉语时,可采用汉语里约定俗成的固定说法。

2)采用移植日语汉字或改写日语汉字等字译译法的回译

原文:欧州(おうしゅう)　豪州(ごうしゅう)　和蘭(オランダ)　珈琲(コーヒー)

译文:欧洲　澳洲　荷兰　咖啡

分析:译文改写了原文的日语汉字,使其符合汉语表达规范。

3)采用译语中固定说法的回译

原文:　第四に1960年代から70年代の初めにかけて公にされたJ.K.フェアバンクや坂野正高の一連の研究成果によって、この分野の研究が一段落したという印象があったこと…

(川島,2004)

译文:　第四,二十世纪六十年代到七十年代初出版了费正清(John King Fairbank)和坂野正高的一系列研究成果,给人的印象是这一领域的研究已经告一段落……

(川岛,2012)(田建国译)

分析:费正清是美国著名汉学家John King Fairbank的中国名字,日语原文使用的是直接音译自英语的外来语人名,且没有注出英语原文。从日语翻译到汉语时,如果译者了解情况,就可以毫不费力地译成"费正清"。译者如果不了解情况,也不能望文生义,凭经验、靠习惯译成"费尔班克"或别的什么,而是要做些考证工作,不但要正确地译出,最好还能标注出英语原文或专门加译者注,在翻译要求严谨的学术著作时更应如此。

9 文艺作品名称的回译

一些文艺作品的名称，前人已经采用直译、意译、直译意译相结合、重新命名等译法翻译成汉语并形成固定说法。后人在翻译日语原文中这些文艺作品的名称时，应采用汉语固定译名进行翻译。这种译法既适用于原文中日本作品名称的翻译，也适用于其他外国作品日译名称的翻译(回译)。

实际上，文艺作品名称的翻译有其特殊性，直译、意译、直译加意译的译法都被普遍采用。不仅如此，很多时候汉语译名已经完全脱离了原文的形式和意义，是译者根据作品内容、人物、情节等重新命名的。重新命名其实已经与一般意义上的翻译风马牛不相及了，在宏观上勉强可以视作采用归化策略的回译。

原文：	君よ憤怒の河を渉れ	風と共に去りぬ	哀愁	美しく青きドナウ
译文：	追捕	飘	魂断蓝桥	蓝色多瑙河

分析：对文艺作品，各位译者有着自己的理解和欣赏角度，按照这些理解和角度在译语中重新命名这些作品，是很常见的现象。

电影《追捕》的日语原名为『君よ憤怒の河を渉れ』，汉语译者并没有直译成“你，渡过愤怒的河！”而是根据影片的内容，重新命名为“追捕”，既突出了影片的主题，又符合汉语片名简洁的习惯。

小说《飘》的英文原名为“*Gone with the Wind*”，如果采用直译的译法，应译为“随风而去”，日语译者就是这样翻译的。但汉语译者采用了引申的意译译法，即“随风而去—随风飘去—飘”。此外，这部小说拍成电影后，同样的“*Gone with the Wind*”被影片的译者根据人物、情节等重新命名成了“乱世佳人”。

电影《魂断蓝桥》的英语原名为“*Waterloo Bridge*”，如果采用直译的译法，应译为“滑铁卢桥”。但日语译者采取了意译的译法，根据剧情译成了“哀愁”。汉语译者也采用了意译的译法，但没有像日语译者那样比较直白地译成“哀愁”，而是译成了更有韵味的“魂断蓝桥”。

翻译文艺作品名称时，一般会遇到两类情况。

第一类情况是作品没有汉语译名。这种情况下译者可以采取直接从原文进行翻译的策略，把原文名称翻译成汉语译名。至于究竟采取哪种翻译方法，可由译者根据实际情况和自身理解决定。

第二类情况是作品已有既有汉语译名。这又可分为如下两种状况。

(1)既有译名并不权威，或尚未被广泛接受。这时，译者有两种翻译策略可以选择：一是套用既有译名，二是重新翻译。与第一类情况相同，采取哪种翻译方法，可根据实际情况和自身理解决定。

(2)既有译名已经广为流传、影响力大。这时，译者可以直接采用既有译名，使其更加符合读者的阅读习惯。[①]

10 结语

回译对译者的翻译态度、翻译技能、知识储备、考证能力、决断力等都有很高的要求，是对译者的极大考验，因此不能等闲视之。

注

① 以上分析属于文艺作品名称翻译的范畴，并非回译范畴，但有一定的参考意义，故列出。

参考文献

[1] 陳舜臣.小説 マルコ·ポーロ 中国探険譚[M].東京：文藝春秋，1998.
[2] 佐野和彦.小林宗作抄伝：トットちゃんの先生 金子巴氏の話を中心に[M].東京：話の特集，1985.
[3] 川島真.中国近代外交の形成[M].名古屋：名古屋大学出版会，2004.
[4] 川岛真.中国近代外交的形成[M].田建国，译.北京：北京大学出版社，2012.

作者信息

姓名：田建国
单位：上海外国语大学贤达经济人文学院
职称：教授
联系地址：上海市闵行区青年路369弄13号601室
电子邮箱：honeytian2008@sina.cn

姓名：邓俊玲
单位：上海外国语大学贤达经济人文学院
职称：讲师
联系地址：上海市松江区鼓浪路787弄13号602室
电子邮箱：dengjunlingzi@163.com

敬語意識と敬語使用の関連性に関する考察*
—中国人日本語学習者を中心に—

広島大学　鮑小磊

1　はじめに

敬語が日本語には不可欠であり、重要なものだと考えられる(井上,1999;文化庁,2004)。それに関する研究の多く、特に外国人日本語学習者を対象とした調査(王,2010;魏,2013;藤原,2016)は、意識的な側面に焦点が当てられてきた。しかし、『敬語の指針』(文化審議会,2007)では、適切に敬語を使うことは円滑な対人コミュニケーションを促すとされている。そのため、良好な人間関係を築くという機能を持つ敬語の使用実態を検討することは不可欠であると思われる。また、大石(1983)は、敬語の使用実態を明らかにするためには、使用者の意識との関連で総合的に検討する必要があると指摘している。このことから、敬語使用と敬語意識の関連性は軽視できないと考えられる。敬語意識と敬語使用の関連が必要だと主張した研究(大石,1983;佐竹,西尾,2005)はあるが、この関連性をどのように捉えるかについての研究は管見の限り見当たらない。加えて、これまで二者の関連性を検証する調査は主として質問紙調査によって意識的な側面のみに焦点が当たっているもの(国立国語研究所,1957;廣兼,1991;吉岡,1996)である。さらに、学習者に関しては十分に検討されていないのが実情である。そこで、本稿では敬語意識と敬語使用の関連性の捉え方を検討し、実際の会話において敬語意識と敬語使用の関連性が確認されるかどうかを、学習者と母語話者の比較によって明らかにする。

2　先行研究と残された課題

2.1　敬語の定義

敬語について、さまざまな定義づけがされている。先行研究では、敬語を広義に定義する(石坂,1969;大石,1975;文化審議会,2007)か、狭義に定義する(辻村,1976;菊地,1997)か、敬語は言葉(辻村,1976)なのか、言語表現(石坂,1969;菊地,1997;山口,秋本,2001)なのか、といった点が論争の焦点となっている。敬語は語彙的事実だと言えるが、同時に文体·文法的側面も有している。これらに加えて、修辞·文字·音声などにもかかわっており、多角的に研究

* 本稿は、筆者が広島大学博士学位論文執筆のために、事前調査として収集したデータの一部の分析結果をもとに執筆したものである。本論文の構想·執筆にあたり多くの助言をくださった畑佐由紀子先生、及び貴重なコメントをくださった広島大学日本語教育プログラムの先生方に衷心から感謝したい。

も必要である。

本論では、時代の流れに沿うとともに、学校教育に注目し、広義と言語表現の2つの観点から敬語を捉える。そこで、本研究では、『敬語の指針』(文化審議会,2007)と『日本語文法大辞典』(山口,秋本,2001)の定義をもとに、敬語とは「話し手(書き手)が聞き手や話題にのぼる第三者(人物·事物)に対する気持ちの在り方(人間関係や場·状況の違いに基づく敬意·へりくだり·丁寧さなど)を表す言語表現である」と定義する。

2.2 敬語意識の定義と捉え方

敬語意識については、『敬語と敬語意識』(国立国語研究所,1957)では、「敬語の受け取り方」と「敬語行動と敬語形式に対する判断」と定義されている。また、朝日、松田(2008)では、敬語意識を「敬語に対して抱く意識」と定義し、敬語に対する見方としての「敬語観」と「敬語に対する評価」、敬語使用に関する「敬語使用意識」と「敬語規範意識」から敬語意識について検討している。それらに基づき、本論では、敬語意識とは「敬語に対して抱く意識」と定義する。また、敬語意識を「敬語そのものに対する見方」と「敬語使用をめぐる考え方」の2つに分けた。一つ目の下位分類の「敬語そのものに対する見方」には、「敬語観」と「敬語に対する評価·態度」がある。一方、「敬語使用意識」と「敬語規範意識」とを、二つ目の下位分類の「敬語使用をめぐる考え方」として位置付けた。

2.3 敬語使用の定義

2.1で言及したように、敬語は話し手が相手や話題にのぼる第三者に対して表そうとする気持ちの在り方に即して、主体的に選ばれた言語表現である。『学校の中の敬語1』(国立国語研究所,2002) は「敬語行動とは対人的な言語行動のうち、自分自身が周囲の人的要素あるいは場面的要素や話題への配慮を、敬語や待遇表現形式を中心とするさまざまな言語表現に託して表現する言語行動である」と定義づけている。本稿では、『学校の中の敬語1』の概念及び2.1で定めた敬語の定義に基づき、敬語使用(敬語行動)を「話し手(書き手)が人間関係や場·状況を判断し、その時々の気持ちの在り方を聞き手や話題にのぼる第三者に対して、多様な敬語形式に託して表す言語行動」として捉える。

2.4 敬語意識と敬語使用の関連性

前述のとおり、敬語意識と敬語使用の関連が必要であると述べられたが、二者の関連性をどのように捉えるかについては、まだ十分には検討されていない。しかし、敬語の使用が可能になることは、敬語意識と緊密に関連している傾向が窺えるため、それに着目し、二者の関係性について検討を試みることとする。

まず、敬語が言語表現となるための不可欠な前提として「表現主体(話し手)·表現受容者(聞き手)·表現素材(話題や発話内容)」といった3者が必要とされる。加えて、話し手は聞き手を上位に待遇する気持ちがあり、それを言語表現によって、相手に表そうとする意図を持つことが必要であるとされる(辻村,1977)。また、坂本(2006)は、相手との人間関係、その場の状況に対する判断を下して、その都度相応しい敬語形式を使い分けることが敬語使用に不可欠であると指摘している。さらに、蒲谷等(1998)は、敬語使用を可能とする条件について検討し、(1)敬語を知っていること、(2)敬語を使おうとする意欲があること、(3)話し手と聞き手が必ず存在すること、(4)人間関係や場·状況によって、表現形態にあった適切な敬語が選べること、(5)話し手が相手に伝えようとする気持ちを叶えるために、適切に表現すること、の5つの条件を挙げている。

以上の先行研究の結果を踏まえると、敬語の使用が可能になるためには次の2点が重要になる。まず、敬語使用に必要な3要素は、表現主体としての話し手、表現受容者としての聞き手や第三者、表現素材としての話題や発話内容である。加えて、話し手が相手との人間関係、その場の状況について判断を下し、相手に表そうとする自らの気持ちの在り方(敬意·へりくだり·丁寧さなど)に即して、相応しい敬語形式を選んで使うという言語行動も不可欠なものであると認められる。そこで、本稿では敬語使用を可能にする条件として、次の3つを挙げる。

①「話し手と聞き手が存在し、表現素材としての不可欠な話題や発話内容があること」

②「話し手が敬語を知っており、敬語で対人コミュニケーションを行う意図があること」

③「話し手が相手との人間関係やその場の状況を判断し、相手に表そうとする気持ちの在り方に即し、的確な敬語形式を選べること」

そのうち、条件②は敬語意識の「敬語そのものに対する見方」に含まれる。つまり、敬語を知っており、その使用が望ましい場合であっても、敬語で対人コミュニケーションを行う意図がなければ、敬語の不使用につながる可能性が高くなる。条件③は敬語意識の「敬語使用をめぐる考え方」に関係しており、いかなる場面で敬語を使うべきか、その場面で敬語形式をいかに選択すれば、適切な使用となるかといった敬語使用の方略が、敬語規範意識によって決定されることを意味する。このように、敬語意識が敬語の使用·不使用及び、人間関係や場·状況に応じた敬語形式の使い分けという方略の選定に密接に関連しているという敬語意識と敬語使用の関連性が推察される。

2.5　敬語意識と敬語使用の関連性を検証する調査

敬語意識と敬語使用の関係性を探る調査は、いくつかの研究で行われてきた。例えば、『敬語と敬語意識』(国立国語研究所,1957)では、丁寧な行動をする意識を持っている話し手は、コミュニケーションにおいても丁寧な敬語形式を使う傾向があると報告された。また、吉岡(1996)は、敬語意識の下位分類である敬語規範意識と敬語使用には高い相関があり、厳格な敬語規範意識を持つ話し手は、対人コミュニケーションをする際に丁寧度の高い敬語形式を使う傾向があると指摘している。さらに、敬語規範意識と実際の使用でどのような違いが出てくるか、一致しているか否かを見る研究もある。廣兼(1991)では、聞き手が話しやすい相手であるほど、そしてインフォーマルな場面でなるほど、合致しなくなると報告されている。これらを踏まえると、話し手が敬語を使うべきだと意識はするものの、実際には、様々な外的要素の影響を受け、意識した通り使うとは限らないのである。これは、日々言語感覚を身につけてきている母語話者はもちろん、敬語の使用経験や言語運用能力が限られる学習者にとってはなおさらである。こう考えると、学習者は敬語を使う意識を持っていたとしても、使用につなげられない可能性がある。

2.6　残された課題

前述のように、敬語意識と敬語使用の関連性についての研究は、主として質問紙調査によって意識的な側面に焦点が当たっているものである。ただし、意識があっても実際にはその通り使用されないこともあるという(吉岡,1996)。実際の会話では、質問紙調査の答えと異なる可能性がある。また、母語話者を対象とする調査が多く、学習者を対象とする調査や比較調査はまだ十分には行われていない。そのため、敬語の使用実態に着目し、学習者と母語話者の比較考察を行う必要があるが、そのような研究は、ほとんどなされていない。そこで、本論では、母語話者と比較することによって、学習者に関して敬語意識と敬語使用の関連性が実際の会話で確認されるか否かを明らかにする。

3　研究方法

3.1　調査対象者

調査対象者は20代、30代の大学生・大学院生4名で、学習者と母語話者2名ずつである。協力者(相手役)となったのは3名の母語話者であり、全員3年以上の職務経験を有していた。また、学習者は日本語の学習期間及び日本滞在期間が2年以上であり、全員日本語能力試験(JLPT)N1の合格者である。

3.2　調査概要

筆者は109名の中国人日本語学習者に「人間関係と場面」に対しての敬語規範意識を問うアンケート調査を行ったところ、「公的場面、感謝場面、依頼場面」という3つの場面、「大学の先生、面接試験官、上司」という3つの人間関係に特に敬語を使う傾向が認められており、母語話者(国立国語研究所,1957;文化庁,1995)とほぼ有意差が見られなかった。その結果をもとに、「感謝場面×先生」「依頼場面×副店長」「公的場面×面接官」に設定したロールプレイを学習者と母語話者にそれぞれ課し、母語話者と比較することによって、学習者がロールプレイ中の敬語使用・不使用について考察を行った。敬語使用・不使用を明らかにするため、使われる敬語形式を「尊敬語・謙譲語・丁重語・丁寧語・美化語」(文化審議会,2007)と「その他(それ以外の改まり度の高い言語表現)」の6種類に分類し、敬語が使われる箇所数を場面別にコーディングした。また、フォローアップインタビューを行い、敬語意識及びそれと敬語使用の関連性が実際の会話で確認されるか否かについて検討を行う。

4　結果と考察

4.1　敬語使用

図1は敬語が使われる箇所数を示したものである。母語話者は発話全体を通して137箇所の敬語を使うのに対し、学習者は47箇所しか使っていないことがわかる。全ての場面で母語話者のほうが学習者より敬語を多く使う傾向があった。また、母語話者の場面ごとの敬語使用数は「公的場面×面接官」が最も多く、次に「感謝場面×先生」、そして「依頼場面×副店長」が最も少なかった。一方、学習者には同様な順位が見られるが、敬語使用数は大幅に下回るという傾向が示される。

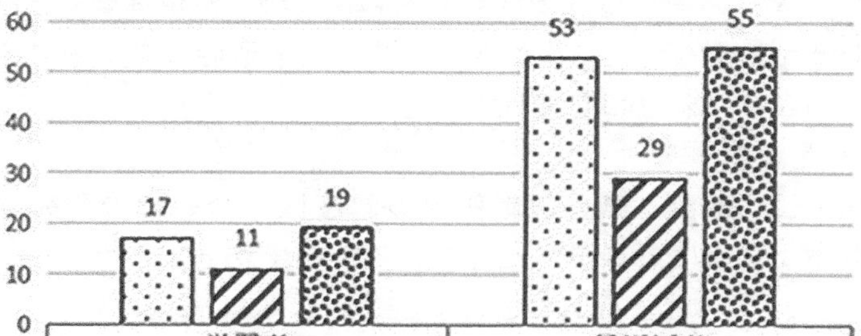

	学習者	母語話者
感謝場面×先生	17	53
依頼場面×副店長	11	29
公的場面×面接官	19	55

図1　敬語使用数

図2は学習者と母語話者が使用した6種の敬語形式を場面ごとに示したものである。「感謝場面×先生」で母語話者が最も多く使っていたのは尊敬語(20箇所)である。「依頼場面×副店長」では最も多かったのは謙譲語(11箇所)であるが、「公的場面×面接官」では、丁重語が最も多かった(24箇所)。これに対して、学習者はどの場面においても、丁寧語を最も多く使っていた。以上のことから、母語話者はその場の人間関係や状況によって、尊敬語、謙譲語、丁重語を使い分けているのに対し、学習者は場面に関わらず丁寧語を多く使用する傾向が示された。

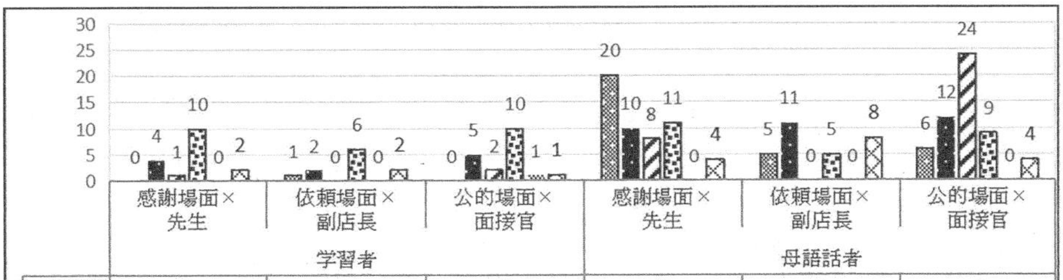

	学習者 感謝場面×先生	学習者 依頼場面×副店長	学習者 公的場面×面接官	母語話者 感謝場面×先生	母語話者 依頼場面×副店長	母語話者 公的場面×面接官
尊敬語	0	1	0	20	5	6
謙譲語	4	2	5	10	11	12
丁重語	1	0	2	8	0	24
丁寧語	10	6	10	11	5	9
美化語	0	0	1	0	0	0
その他	2	2	1	4	8	4

図2　敬語使用種類

4.2　敬語意識

フォローアップインタビューでは、学習者も母語話者も敬語が重要不可欠であることを認めているものの、その難しさを感じていることがわかった。難しいと思われる原因としては、人間関係や場·状況に応じて敬語形式を使い分けることが挙げられた。また、敬語をしっかり身につけ、それを積極的に使ってコミュニケーションを図ろうとする意欲は、学習者と母語話者の両方に見られる。さらに、「なぜ敬語を使うのか」という質問に対しては、学習者も母語話者も「教養のある人だと認められたい、丁寧な印象を与えたい」と回答していた。ただし、敬語を使わないと相手に不快感を与えてしまうという懸念を抱いている様子が母語話者に見られる点は、学習者とは異なっていた。加えて、母語話者は、学習者より日常的に敬語を使うことに自信を持っている傾向がある。

学習者と母語話者の両方が3つのロールプレイ場面で敬語を使うべきだという敬語規範意識を持っていることがわかった。また、学習者の敬語規範意識には個人差があり、「どのような場面で、誰に対して敬語を使うべきだと思うのか」という問いに対しては、男性よりも女性の方がやや敏感であることがわかった。これは中野(2003)の報告に一致していると考えられる。一方、母語話者間の個人差はほとんどなく、同じような規範性を持っていることが示唆される。

4.3　敬語意識と敬語使用の関連性が確認されるか否か

以上のように、学習者も母語話者も積極的な敬語意識を持っており、3つのロールプレイ場面では敬語を使うべきだと考えていることが示唆される。本稿では敬語意識が敬語の使用·不使用及び敬語使用の方略の選定と密接なかかわりを持つと推察される。よって、学習者も母語話者も、全てのロールプレイ場面で敬語を積極的に使うと思われるが、4.1で述べたように、学習者が母語話者と同じように敬語を使っている姿が認められない。学習者がロールプレイ場面で敬語を使おうとするものの、実際の使用につなげられないと言える。このことから、母語話者と比較すれば、学習者では敬語意識と敬語使用の関連性が確認できると結論づけるのは難しい。

5 まとめと今後の課題

本稿では、敬語使用を可能とする成立条件から敬語意識と敬語使用の関連性について検討を行ったうえで、実際の会話で二者の関連性が確認されるか否かを明らかにするために、ロールプレイ及びフォローアップインタビューを実施した。その結果、母語話者では敬語意識と敬語使用が合致する傾向が見られるのに対して、学習者ではその傾向がほぼ確認できない。本論で得られた結果は、中国人日本語学習者への敬語教育という面でも、意味のあることだと考えられる。

また、学習者では敬語意識と敬語使用の関連性が確認されないことに影響を及ぼす要因について検討することが今後の課題として残されている。

参考文献

[1] 朝日祥之,松田謙次郎.敬語研究と実時間的言語変化研究との接点を求めて[J].社会言語科学,2008,11(1):39-50.
[2] 井上史雄.敬語はこわくない[M].東京:講談社現代新書,1999.
[3] 石坂正蔵.敬語:敬語史と現代敬語をつなぐもの[M].東京:講談社,1969.
[4] 大石初太郎.敬語[M].東京:筑摩書房,1975.
[5] 大石初太郎.現代敬語研究[M].東京:筑摩書房,1983.
[6] 蒲谷宏,坂本恵,川口義一.敬語表現[M].東京:大修館書店,1998.
[7] 魏春娥.日本人と外国人日本語学習者の敬語使用に関する考察:アンケート調査結果の分析を中心に[J].山口大学文学会志,2013(63):125-150.
[8] 菊地康人.敬語[M].東京:講談社,1997.
[9] 国立国語研究所.敬語と敬語意識[M].東京:秀英出版,1957.
[10] 国立国語研究所.学校の中の敬語:I[M].東京:三省堂,2002.
[11] 廣兼孝信.青年の敬語使用に関する研究:2[J].広島文化女子短期大学紀要,1991(24):9-13.
[12] 坂本恵.「敬語表現教育」における「誤解」をどのように考えるか[M]//蒲谷宏,坂本恵,内海美也子,等.敬語表現教育の方法.東京:大修館書店,2006:143-178.
[13] 佐竹秀雄,西尾玲見.日本語を知る·磨く 敬語の教科書[M].東京:べし出版,2005.
[14] 辻村敏樹.敬語と非敬語[J].国語と国文学,1976,53(10):1-14.
[15] 辻村敏樹.日本語の敬語の構造と特色[M]//大野晋,柴田武.岩波講座日本語:4 敬語.東京:岩波書店,1977:45-94.
[16] 中野琴代.待遇表現(1):大学生の意識と表現[J].下関市立大学論集,2003,46(3):31-40.
[17] 文化庁.国語に関する世論調査[M].東京:文化庁,1995.
[18] 文化庁.国語に関する世論調査[M].東京:文化庁,2004.
[19] 藤原智栄美.日本語第二言語話者の敬語使用意識と規範意識:茨城県と大阪府における調査結果より[J].茨城大学留学生センター紀要,2016(14):19-29.
[20] 山口明穂,秋本守英.日本語文法大辞典[M].東京:明治書院,2001.

[21] 吉岡泰夫.学校社会における敬語行動と規範意識[M]//国立国語研究所.学校の中の敬語.東京:三省堂,1996.

[22] 文化審議会.敬語の指針[EB/OL].(2007-02-02).https://www.bunka.go.jp/seisaku/bunkashingikai/kokugo/hokoku/pdf/keigo_tosin.pdf.

[23] 王偉.日本在住中国人の敬語使用実態についての考察:敬語意識と誤用を中心に[D].北京:北京第二外国語大学,2010.

作者情報

氏名:鮑小磊

学校:広島大学(博士課程後期)

連絡先住所:日本東広島市鏡山一丁目3番2号日本語教育プログラム

メールアドレス:d202613@hiroshima-u.ac.jp

意味地図モデルに基づいた条件標識の分析

杭州師範大学　陳星宇　劉琛琛

1　はじめに

日本語の条件標識と言えば、基本的なものとして「たら」「なら」「ば」「と」があげられる。これらの形式に関して、それぞれに対する個別的な研究は勿論、四形式を対象とした比較研究も数多く行われた。四形式の比較研究において、益岡(2000:153)と日本語記述文法研究会(2008:93)という二つの代表的な角度がある。

益岡(2000)では、形式を重視し、条件を表す用法だけでなく、それ以外の用法も網羅的に研究した。一方、日本語記述文法研究会(2008)では、用法を重視し、一つの用法に用いられるすべての形式を分析した。しかし、この二角度のデメリットも鮮明であると考えられる。前者では、複数の用法間の関係が見えず、後者では一形式の全貌を見ることができない。では、形式と用法を共に見ることはできないか。これを念頭に本稿では言語類型論から発展してきた意味地図モデルを利用し、次の問題を解決しようとしている。

①各用法間の関係を明らかにし、四標識の共通性と個性を可視化する。

②庵(2012:223)では、条件を表す形式の使用に方言の影響があると指摘しているが、同一形式の用法の地域的変異に規則性があるかを考察する。

2　意味地図モデルとは

2.1　基本概念について

意味地図モデルは、本研究で扱う条件標識のような多機能を持つ文法形式を研究対象とし、「幾何図形を用い文法形式の多機能性を表し、言語の文法形式に関する多機能モデルの体系性と規律性を明らかにすることを目的とする」[①](吴,张,2011:336)分析方法である。図1の意味地図を見よう。

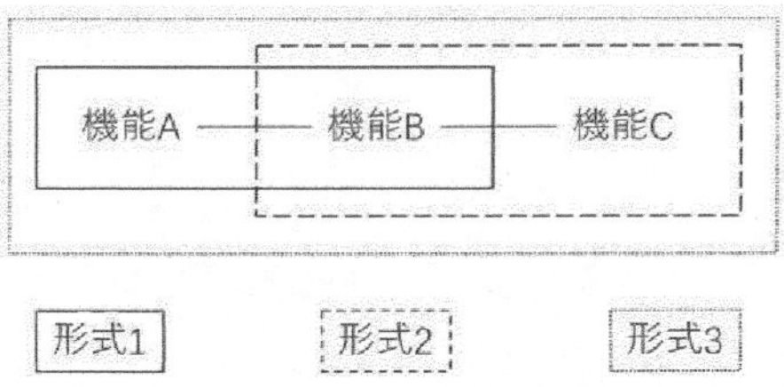

図1　形式1～3の意味地図

「機能A－機能B－機能C」の部分はこの意味地図の骨組みであり、概念空間と呼ばれる。機能ABCの関係を反映するこの概念空間は、連続性仮説に基づいて構築できる。連続性仮説とは、「特定の言語及び特定の構造と関係のあるあらゆるカテゴリーは概念空間の連続区域に分布しなければならない」という仮説で、Croft(2001:96)によって提唱されている。多機能語の機能は概念空間で節点と呼ばれ、概念空間における具体的な言語形式の節点の占め具合はその形式の意味地図である。図1に示されるように、形式1～3のいずれも概念空間に連続した節点を占めており、それぞれの共通性と個性が鮮明に見える。

2.2　操作方法について

以上のことから、意味地図モデルにおいて概念空間が非常に肝心であることが分かる。この肝心な概念空間を構築するには、節点の設定と配列が重要である。

まず、節点の設定について、本稿ではDe Haan(2004)が主張した節点が必ず「根源的」であるという原則に従う。郭(2012)によれば、この原則に基づくと、図2と図3の場合は、機能ABCはそれぞれ節点として設定する必要がある。

図2　機能Bだけを持つ形式2が存在する場合

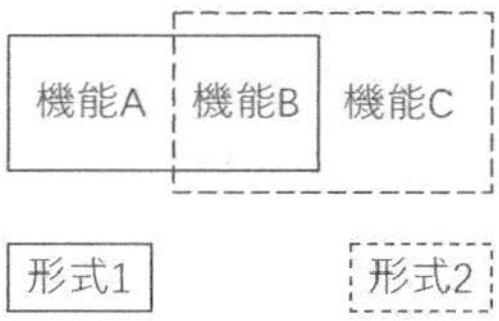

図3　二形式の機能が一部重なる場合

次に、節点の配列において、一部機能の重なる異なった言語形式間の機能差を利用する必要がある。表1のように、連続性仮説に基づき、形式3はABC三機能の関連性を示唆しているが、三機能は具体的にどのように関連しているかはわからない。そこで、機能Aと機能Bの関連性を示す形式1と、機能Bと機能Cの関連性を示す形式2を導入すると、三機能の関係が「機能A－機能B－機能C」であることが明確になる。

表1　形式1～3の機能分布

	機能A	機能B	機能C
形式1	○	○	×
形式2	×	○	○
形式3	○	○	○

形式1～3のような一部機能の重なる異なった言語形式は、本来通言語的研究に求めるべきであるが、同じ国の各地方の方言にこのような機能差のある形式があれば、概念空間を構築することも可能であると考えられる。実際に中国語方言を用いる意味地図の研究も多く行われた。従って、本稿では、先行研究を踏まえ、日本語の共通語や諸方言における条件標識を利用し、条件表現の概念空間を構築してみる。

3　日本語条件表現の意味地図

3.1　方言資料の説明

翟(2006:64)では、日本語の方言は大きく東部方言、西部方言、九州方言、琉球方言の四種類に分類できると紹介している。本稿もこの立場に立ち、沖縄における諸言語を、琉球語ではなく、日本語の一方言として捉える。

本稿では標準語を除き、東北地方の宮城、米沢、山形および沖縄の保良、正名という五種類の方言をデータに用いる。各方言の条件表現を研究する論文から条件標識の例文を抽出し、論文作者の記述を参考に各標識がどの意味節点を占めるかを決定する。ただし、宮城方言の資料では用例の数だけあり、方言の例文をほとんど明示していないため、概念空間の構築に用いられず、検証のために使用する。

本稿における方言例文の表記について、一行目は方言の原文であり、二行目は標準語による翻訳である。例文の出典は標準語訳の後ろに括弧で示す。そして、各論文における例文の表記はもとの作者の表記に従い、統一しない。なお、条件標識の表記について、すべて訓令式ローマ字に統一する。

3.2　節点の確定

今回の考察範囲は条件表現であるため、まず条件表現の定義を明確にする。先行研究をまとめると、条件表現として成立するために、次の二つの要素を満たす必要がある。①前件事態と後件事態が順接的に関連する。②前件事態が仮定的である。従って、この二つ要素の満たさない用法は今回の考察から除外する。先行研究の分類を踏まえ、条件表現に属する用法を整理した結果、次の六つの節点が確認された。

節点1＜一般恒常＞:前件事態が実現すれば、時間をこえて後件事態が実現することを述べる用法である。

(1)米沢(ba):コーリトゲレバ、ミズニナル。
　　氷が溶ければ、水になる。(竹田,2012:122)

(2)保良(iba):ni:ju ffaʃiba=du, juda: paiz.
　　根を肥やせば、枝は茂る。(狩俣,2007:48)

節点2＜反復習慣＞:前件事態に伴い、後件事態が実現するということが繰り返して起こることを述べる用法で、一部の先行研究では一般恒常と区別されていないが、方言考察では図2の場合(機能Bに当たる)が多く観察されたため、本稿では一つの節点にした。

(3)米沢(to):ムガシァ、ガッコーカラ　カエット、マイーニジ　ウジノ　テツダイ　シタッタ。
　　昔は、学校から帰ると、毎日家の手伝いをしたものだ。(竹田,2012:122)

(4)正名(to):wa:ɸuʃi=nu jamuto=wa ʔami=nu ·ui=do:
　　私の腰が痛かったら、雨が降るよ。(ファン·デル·ルベ,2015:69)

節点3＜仮定条件＞:最も典型的な条件で、前件事態が実現できるかどうかは不明であるが、実現したと仮定して述べる用法である。

(5)山形(ba):アシタ　アメ　フレバ、フネ　デネベ。
　　あした雨が降れば、船は出ないだろう。(竹田,2012:124)

(6)保良(iba):vvataga sa:ti: kakiba＝du, pja:pja:tʃi: ʃimairaiz.

君らがさっと書けば、早く済ませられる。(狩俣,2007:48)

節点4＜現実化以前＞:前件事態が一定時間後の実現が分かっていることを述べる用法である。

(7)米沢(tara):ゴハン タックタラ(バ)、 ハー ミガゲヨ。

ご飯を食べたら、歯を磨け。(竹田,2012:124)

(8)正名(iwa):na:tʃa nariwa ma:＝ne gumi＝nu ʔaN.

明日になったら、ここにごみがある。(ファン・デル・ルベ,2015:68)

節点5＜真偽仮定＞:前件事態が実現するかどうかを問わず、その真偽に注目し、真であると仮定する用法である。標準語では「なら」の独自の用法で、図3の機能Bに当たる。この場合も一つの節点として設置する必要があると考えられる。

(9)山形(toki):[自分が今読んでいる本を読みたそうにしている友人に]

ヨムドギァ、カスヨ。

読む(の)なら、貸すよ。(竹田,2012:123)

(10)保良(aba):jaskssu ka:ba, tunazzu kai.

屋敷を買うなら、隣を買え。(狩俣,2007:49)

節点6＜反事実仮定＞:前件の実現しなかった、あるいは実現できない事態を仮に実現したと仮定する用法である。

(11)米沢(to):イマット ハヤグ クット、マニアッタナニ。

もっと早く来れば、間に合ったのに。(竹田,2012:122)

(12)正名(iwa):ʔari＝ga ʔunu tuki＜ʃippai＞ʃi:ʔariwa, me:tanu hadʒi.

彼がそのとき失敗したら、負けたはずだ。(ファン・デル・ルベ,2015:68)

3.3 概念空間の構築

これから機能差のある形式を利用し、条件表現の概念空間を構築していく。各方言の条件標識と節点の対応関係を表2に示す。

表2 各条件標識の機能分布

方言		節点					
名称	標識	一般恒常	反復習慣	現実化以前	仮定条件	真偽仮定	反事実仮定
米沢	tara	○	×	○	○	○	○
	ba	○	×	×	○	×	○
	toki	×	×	×	○	○	×
	gondara	×	×	×	○	○	×
	to	○	○	×	○	×	○

（続き）

方言		節点					
名称	標識	一般恒常	反復習慣	現実化以前	仮定条件	真偽仮定	反事実仮定
山形	ba	×	×	×	○	×	○
	tara	○	×	○	○	○	×
	toki	×	×	×	○	○	×
	gondara	×	×	×	○	○	×
	to	○	×	×	○	×	×
保良	iba	○	×	×	○	×	×
	aba	○	×	×	○	○	○
	daka	○	×	×	○	○	○
	tika	○	×	○	○	×	○
	bakara	×	×	○	×	×	×
正名	iwa	○	×	○	○	×	○
	to	○	○	×	○	×	×
	tara	○	×	×	○	○	○
	kya	○	×	×	○	○	×
	gasyara	×	×	×	○	○	×
標準語	ba	○	○	○	○	×	○
	tara	×	×	○	○	×	○
	nara	×	×	×	△	○	○
	to	○	○	×	○	×	×

2節点だけを占める標識から見ていこう。先述べた連続性仮説に基づき、一つの形式が2節点を占めることは、この2節点が概念空間において連続していることを意味する。従って、米沢の「toki」「gondara」、山形の「toki」「gondara」、正名の「gasyara」から「仮定条件—真偽仮定」という概念空間、山形の「to」、保良の「iba」から「仮定条件——一般恒常」という概念空間、山形の「ba」から「仮定条件—反事実仮定」という概念空間が構築され、三者を合わせると図4に示される節点＜仮定条件＞を中心とした概念空間が構築できる。

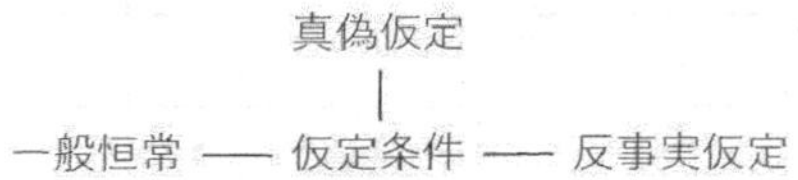

図4　条件表現の概念空間(一部)

ここで、配列が分からない節点は＜現実化以前＞と＜反復習慣＞の2節点だけである。＜現実化以前＞の配列に関して、山形の「tara」を見よう。山形の「tara」は＜一般恒常＞＜現実化以前＞＜仮定条件＞＜真偽仮定＞の関連性を示唆している。図4に示したように、「一般恒常—仮定条件—真偽仮定」は既に直接繋がっているから、ここでは＜現実化以前＞を3節点のどちらにつなげるかということが問題になる。表2を分析すると、＜現実化以前＞を占める標識の中で、＜一般恒常＞を占める例もあれば、占めない例もある。また＜現実化以前＞を占める標識の中で、＜反事実仮定＞を占める例もあれば、占めない例もある。一方、＜一般恒常＞と＜現実化以前＞両方を、あるいは＜真偽仮定＞と＜現実化以前＞両方を占める場合、その標識は必ず＜仮定条件＞を占める。このことによって、＜現実化以前＞は＜一般恒常＞と＜反事実仮定＞と直接に隣り合わせず、＜仮定条件＞を通して2節点とつなぐことが分かる。

最後は＜反復習慣＞であるが、正名および標準語の「to」から、この節点は＜一般恒常＞と＜仮定条件＞のどちらかにつながることが分かるが、今の資料では、機能差だけでこの節点の位置を確定できない。しかし、用法の類似性から、この節点が＜一般恒常＞につながると考えられる。

図5　条件表現の概念空間

以上をまとめると、図5に示される条件表現の概念空間を構築できる。なお、表2の標準語の「nara」に三角形がある。それは、先行研究において、標準語の「nara」に＜真偽仮定＞を除いた＜仮定条件＞が存在するか否かに関する記述が一致していないからである。しかし、益岡(2000)で記述したように、「nara」に＜真偽仮定＞と＜反事実仮定＞の二つの用法だけあるとすれば、図5の概念空間で連続した節点を占めなくなる。これは、概念空間を修正する必要があるか、標準語の「nara」には未発見の＜仮定条件＞の用法があるかを意味する。実際にコーパスを検索したところ、例(13)と例(14)のような＜仮定条件＞に解釈できる文があった②。従って、標準語の「nara」には＜仮定条件＞の用法もあり、この概念空間で連続区域を占めていると言える。これで、概念空間の予測能力がうかがえる。

(13)罪を認めたら保釈、認めないならいつまでも保釈が認められないので、誰でも認めざるを得なくなる。(今西憲之『現代』)

(14)女性を正式に籍を入れて嫁に迎える前に、言ってみれば試用期間のような形で一緒に住まわせ、婚家に馴染むようならそのまま嫁にし、馴染まないようなら実家に返す。(宮部みゆき『理由』)

3.4　各標識の意味地図

上述した概念空間を用い、各標識の意味地図を作成してみた。紙幅の関係で、以下の四地図だけ提示する。概念空間構築に用いられる方言の条件標識は勿論、宮城方言の条件標識も図6のとおり、連続した節点を占めている。これはこの概念空間の普遍性を物語っている。図7により、標準語における条件標識の共通性と個性が鮮明になった。通方言比較の角度から見ると、「tara」と「to」は共通語と諸方言にある形式で、図8と図9のように本稿で構築した概念空間に沿って意味を拡張していき、同一形式の地域的変異の規則性を裏付けている。

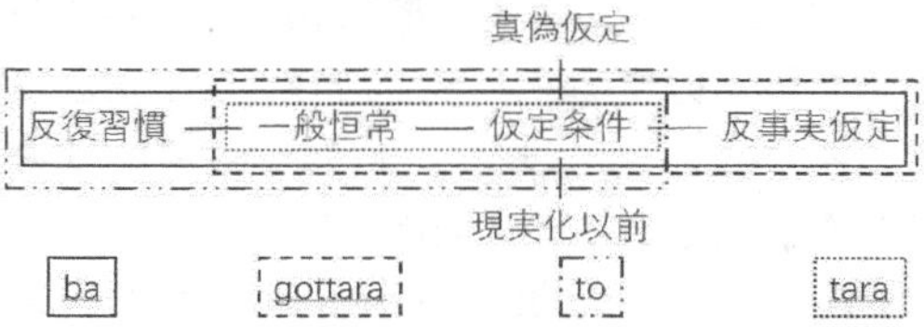

図6　宮城方言の条件標識の意味地図

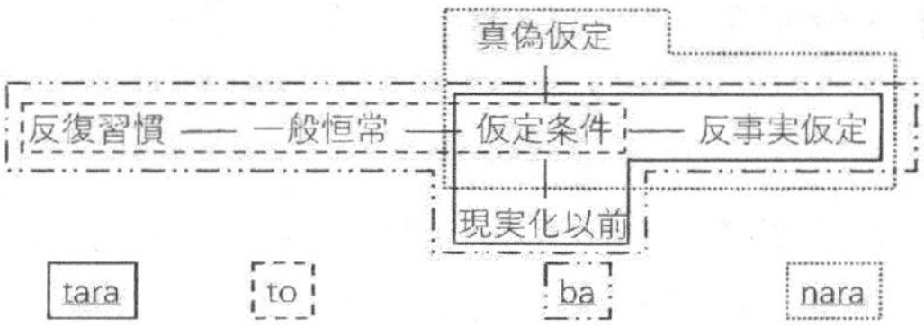

図7　標準語の条件標識の意味地図

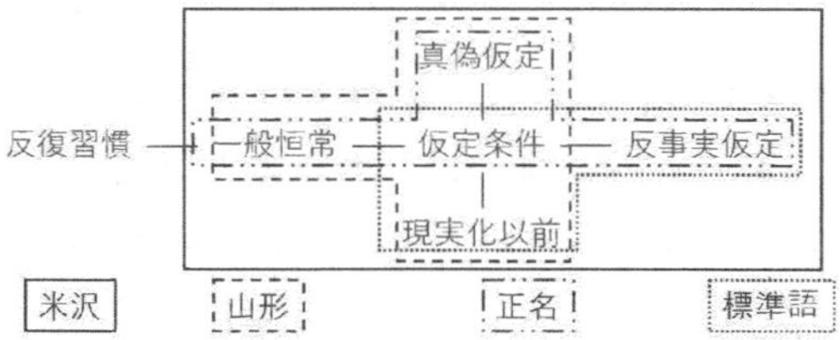

図8　標準語と方言の「tara」の意味地図

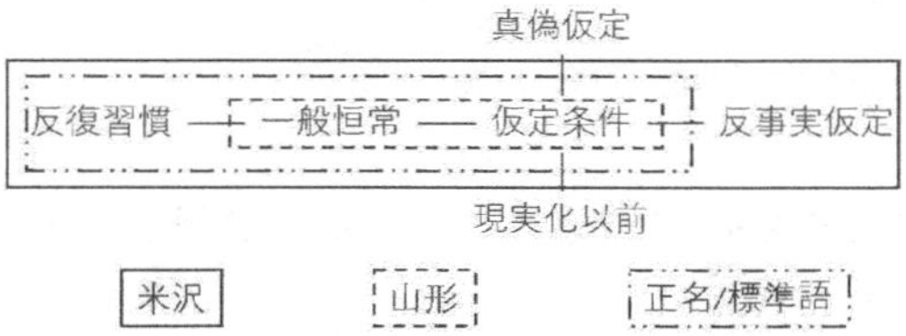

図9　標準語と方言の「to」の意味地図

4　おわりに

今回は意味地図に基づき、通方言の比較を通し、条件表現の関連性を示す概念空間を構築しながら、その概念空間の予測能力と普遍性も一応見た。さらに、条件表現の概念空間を土台に、標準語の条件標識の意味地図を作成し、「と」「たら」「ば」「なら」の異同を可視化したほか、通方言比較の意味地図も作成することで、同一条件標識の地域的変異の規則性を明確にした。

しかしながら、今回概念空間を構築するのに用いた言語資料が多いとは言えない。この概念空間は更なる言語資料による検証と修正が必要であると思われる。また、節点について、今回は条件表現に属するものだけに注目したが、同一標識のほかの用法には及ばなかった。これから条件以外の用法を含めた概念空間を構築したいと思う。

注

① 意味地図モデルに関する基本概念と定義の和訳は野田(2014)を参考している。

② 例(13)(14)は現代日本語書き言葉均衡コーパス(中納言)から引用したものである。

参考文献

[1] 庵功雄.新しい日本語学入門[M].東京:スリーエーネットワーク,2012.

[2] 狩俣繁久.宮古保良方言の条件形[J].南島文化,2007 (00):41-62.

[3] 竹田晃子.山形県米沢市方言·山形市方言における条件表現の研究[J].大正大學研究紀要,2012(00):126-119.

[4] 日本語記述文法研究会.現代日本語文法6:第11部複文[M].東京:しおくろ出版,2008.

[5] 野田寛達.數、量、時間量、程度のつながり:意味地圖からのアプローチ[J].中国文学研究,2014(40):18-40.

[6] 益岡隆志.日本語文法の諸相[M].東京:しおくろ出版,2000.

[7] ハイス·ファン·デル·ルベ.琉球沖永良部語正名方言の条件文[J].国際琉球沖縄論集,2015(04):61-77.

[8] CROFT W.Radical Construction Grammar: Syntactic theory in typological perspective[M]. Oxford:

Oxford University Press，2001.
[9] DE HAAN F. On Representing Semantic Maps[J]. E-MELD Language documentation conference，2004.
[10] 郭锐.概念空间和语义地图：语言变异和演变的限制和路径[J].对外汉语研究，2012(00)：96-130.
[11] 吴福祥，张定.语义图模型：语言类型学的新视角[J].当代语言学，2011，13(04)：336-350.
[12] 翟东娜.日语语言学[M].北京：高等教育出版社，2006.

作者信息

姓名：陈星宇
学校：杭州师范大学(硕士研究生二年级)
联系地址：浙江省杭州市余杭区余杭塘路杭州师范大学仓前校区
电子邮箱：1175720318@qq.com

姓名：刘琛琛
职称：副教授
单位：杭州师范大学
联系地址：浙江省杭州市余杭区余杭塘路杭州师范大学仓前校区
电子邮箱：hryucc@hotmail.com

話すタスクと書くタスクにおけるL2日本語の中間言語変異性
—日本語学習者コーパスI-JASを用いた分析—

南山大学大学院　井畑萌

1　はじめに

第二言語習得過程では、中間言語が変異して現れることがある。本研究では、誤用として多く出現することが知られている助詞「の」の過剰使用に注目し、「の」の正確さが話すタスクと書くタスクによって変化するのかを、I-JASのストーリー描写課題を用いて明らかにする。

2　先行研究

1970年代から、同一学習者の中間言語が同一時期にタスクの種類やプランニング時間、注意量の差などのさまざまな要因によって変異することが確認されている（Dickerson，1975；Ellis，1985など）。L2日本語を対象とした先行研究では、奥野、ディアンニ（2015）はI-JASのストーリー描写課題における「食べられてしまっていた」部の変異性を調査し、書くタスクでより複雑な形式を使うことが多い一方で、正確さも落ちること、また、正確さを重視し単純な形式を使う場合もあることなどを明らかにしている。さらに、迫田（2019）もI-JASを用いてタスクによる変異性を調査し、「受け身」「～てしまう」はタスクの違いによって言語形式に差が見られ、「助詞」「有対自他動詞」は、書くタスクで正用になる場合もあるが、誤用のままや正用から誤用になる場合も観察され、プランニング時間の有無が正確さを高める要因になるとは限らないと述べている。

中国語話者の日本語使用の特徴として、「的」の影響を受けた「の」の過剰使用が多く見られるが、奥野（2005）の調査から、「の」の誤用は日本語学習者の母語にかかわらず出現することが明らかになっている。また、中国語話者は上級になっても「の」の過剰使用が依然として残り、知識としては理解しているものの、無意識的に言語転移が作用し誤用が生じると述べている。

そこで、本研究では、話すタスクと制限時間がなく考えながら実施できる書くタスクでの産出を比較し、「の」過剰使用がプランニング時間の有無に影響されるのかを調査する。

3　調査の概要

3.1　調査データ

調査は日本語学習者コーパスI-JASを使用した。調査対象者は中国語、英語、韓国語、フランス語、ドイツ語、ハンガリー語、インドネシア語、タイ語、トルコ語、ベトナム語、スペイン語、ロシア語を母語とする海外·国内教室環境で学ぶ日本語学習者(12言語、合計850名)である。

タスクは同じ絵の描写であるストーリーテリング(以下、ST)とストーリーライティング(以下、SW)を用いた。使用されたストーリー描写課題は迫田等(2016:99)の図1、図2である。

なお、本研究では同一学習者個人内かつ同一時期の中間言語変異性に焦点を当てるため、学習者間の量的な比較は行わず、学習者内での質的な分析を行う。また、先行研究で「の」の過剰使用は中国語話者に限らず初級から中級にかけて他言語話者でも出現することが明らかになっていることから、習熟度や母語を統制せず、海外·国内教室環境で学ぶ日本語学習者全体のデータを使用した。

3.2 調査方法

中納言を用いてST、SWそれぞれの【形容詞(イ形容詞)+の+名詞】【形状詞(ナ形容詞)+の+名詞】【動詞+の+名詞】【助動詞+の+名詞】を検索し、さらに、検索漏れを防ぐため目視での集計も行った。助動詞の検索では「準備したの食事」などが抽出されるが、これらは集計の際に【動詞+の+名詞】として扱った。一方のタスクで「の」の過剰使用が観察された場合、もう一つのタスクでは正確に使用されているかを調査し、誤用と正用の変化を分析した。

4 結果

まず、【形容詞+の+名詞】18例、【形状詞+の+名詞】13例、【動詞+の+名詞】87例が観察され、タスクの違いによる変異は以下の表1に示す。「変化あり」とは、どちらかのタスクでの過剰使用が、もう一方のタスクでは異なる形式で出現した場合(具体例は表5)を指し、「該当箇所なし」とはもう一方のタスクでは該当箇所がなかった場合である(具体例は表6)。

表1 2つのタスクにおける誤用の変化(出現数)

	形容詞の名詞	形状詞の名詞	動詞の名詞
ST○ SW×	0(0%)	0(0%)	4(4.6%)
ST× SW○	4(22.2%)	1(7.7%)	4(4.6%)
ST× SW×	0(0%)	1(7.7%)	1(1.1%)
変化あり	5(27.8%)	7(53.8%)	50(57.5%)
該当箇所なし	9(50%)	4(30.8%)	28(32.2%)
合計	18(100%)	13(100%)	87(100%)

表2のように、ST×→SW○が多く、プランニング時間が長い書くタスクでは、形式への注意が促され、正用となることが多いと考えられる。また、下線部のように同一話者の同一タスク内でも変異が見られた。話すタスクでは、即時的な発話が求められるため、言語形式より内容に注意が向いている際には、無意識的に誤用が出現される可能性が高い。

表2　STの誤用がSWで正用となった例

ID	母語	ST	SW
CCH13（中級後半）	中	窓の外から**大きいの声**でマリに呼びましたけどマリは全然聞こえませんでした	ケンは大きい声で呼んでいましたけれども、マリは全然聞こえないでした
JJC34（中級後半）	中	でも二階の窓は開けているので、大きい声で「おーい」と呼んで、一分、二分マリはあまり返信していない	ピーポンのぼたんを押してから5分マリは来てない、次窓から大きい声をマリに呼んで、同じ反応がない
		大きいの声で大げさになって、二階のマリは気が付いた、窓の外を見て、それはケンじゃないですか、なんでケン、警官と話していますか	
EAU24（中級後半）	英	ケンさんは**大きいの声**で、「マリー、マリー」と呼ばれましたけど、マリーはずっと寝ています	大きい声で『マリ、マリ、ドアを開けてください』と呼ばれましたが、マリはもう寝ってしまいました
		でも、その時、警察はちょうどいい道、ケンさんのうちの前に止まって、あの人泥棒かなと思って、ケンさんを大きい声で、「何をするの？」と言いました	しかし、ケンは梯子を登ったところに、大きい声を聞きました。「何をするか。泥棒。」
		でも、マリーさんはこの**大きいの声**で、起きました	
CCT16（上級前半）	中	ケンは警官に自分の家の主人だから、家の鍵を忘れて、仕方なくてはしごで**入りのつもり**を警官に話しました	そしてやはり返事がなくて、仕方ないケンは近所に梯子を借りて、窓から家に入るつもりです
JJC28（中級）	中	犬**食べたのサンドイッチ**見て、二人の気分が悪くなりました	犬に食べたサンドイッチみて悲しい気持ちになりました
JJE36（中級後半）	中	でも、その後は、二人が**準備したのもの**を持って**食べたいの時**が、その犬が飛び出してしまったので、でもその中のものは全部食いました	公園にいって、ふたりがものをたべたいときに、犬が飛び出してしまった
IID34（中級）	尼	ケンはうちに**入るのこと**ができました	彼はすぐに梯子を取って、マリさんの部屋に入ることができると思いました
JJC57（中級）	露	**残念のこと**なんですが	残念なことに二人はピクニックで何も食べられませんでした

次にST○→SW×を見てみると、書くタスクでより複雑な言語形式や内容を記述しているため、「の」の過剰使用が無意識的に行われたが、単純な言語形式である話すタスクでは正用になったと考えられる。

表3　STの正用がSWで誤用となった例

ID	母語	ST	SW
CCM42（中級）	中	準備した食事は全部壊してしまった	ケンはバスケットを開けたとき、犬はふっと飛び出したが、**準備したの食事**は全部壊してしまった
ENZ30（中級前半）	英	二人は、バスケットの中に見た時、朝の準備した食べものは全部犬に食べられた	朝**準備したの食い物**を全部食べられて、二人が残念で、なんかするかどうかよくわからなかった
FFR55（中級）	仏	食べる時、犬はバスケットに出ます	**食べるの時**、バスケットを開けて、犬がバスケットで出ます
TTR54（初級）	土	バスケットを開けて、彼らは犬がバスケットの中である食べ物を食べたと見ました	彼らはバスケットの中に見て、犬がバスケットの中で**あるの食べ物**を食べました

また、表4は、STとSWで同じ言語形式を用いている例である。これらの話者は「の」の過剰使用に関する言語形式の知識が不足していると言える。

表4　ST·SWどちらも誤用だった例

ID	母語	ST	SW
JJE07（初級）	中	ケンさんとマリさんは、日曜日、公園の旅行行きたいので、**いろいろの物**は準備しました	ケンさんとマリさんは*曜日は公園に旅行したいので家で**いろいろの物**を作りました
SES32（中級）	西	家に**入るのために**梯子を使いました	家に**入るのために**ケンは梯子を使いましたが警官はケンをみました

表5は、STとSWで異なる言語形式を用いている例である。書くタスクでは名詞修飾や複雑な文構造を使用しているが、話すタスクでは単純な言語形式を用いている。プランニング時間が長い書くタスクでは、より複雑な言語形式を用いることが可能であるが、複雑であるがために「の」の過剰使用が現れている。

表5　SWの誤用がSTでは異なる言語形式で出現した例

ID	母語	ST	SW
IID41（中級前半）	尼	でも、マリさんは寝てしまいました	**寝てしまいましたのマリさん**は聞こえない

（続き）

ID	母語	ST	SW
GAT36（中級）	独	最後の絵は、警官と話しました	ケンは警官と**話したの後**、その話について笑いました
FFR26（中級前半）	仏	ケンさんとマリさんは公園に散歩します	公園で**散歩をしますの前**に地図を見ます
TTR25（中級前半）	土	ケンさんは警官に話しました	二人は**話すのあと**でうれしくなりました
HHG54（中級）	洪	犬も待っていて、キッチンに	これを二人の**小さいの犬**はずっと見ました
IID13（中級後半）	尼	ケンの犬はそのサンドイッチがほしいんですけど	うちの犬はその**おいしいのサンドイッチ**が食べたいですが

最後に、表6は、一方のタスクでは「の」の過剰使用が見られたが、もう一つのタスクではその該当箇所が出現しなかった例である。「寂しいの気持ちになった」「厳しいの警官」など、学習者が物語を作った場合に「の」の過剰使用が見られる。特に、プランニング時間がある書くタスクでは、絵描写の際に内容を考える時間が確保されることから、内容の追加を行ったことで「の」の過剰使用が出現したと考えられる。

表6　一方のタスクでの誤用該当箇所が出現しなかった例

ID	母語	ST	SW
SES01（中級前半）	西	残念ですね {笑}	残念ですね。マリさんとケンさんは**寂しいの気持ち**になりました
JJC01（中級）	中	あの警官見ました。あの泥棒と思う	警官を見ました。この人は泥棒と思いました。**厳しの警官**がケンさんと聞きました
JJE70（中級後半）	韓	ケンとマリは、困っています	結局マリとケンは**近いの店**でサンドイッチを買って食べました
JJC34（中級後半）	中	「今何やっていますか？」と聞いてすごく**怒るの顔**、何かケンは**犯人だったの気持ち**で話しました	隣は梯子があると思い出して、梯子を屋根をかけて登って入ると警官があやしと思って話しました

5　考察

まず、話すタスクでの誤用が書くタスクで正用になる例(表2)が最も多く、プランニング時間が確保されることで形式に注意が向き、正用に転じたと考えられる。これらの例は、文全体の言語形式がほとんど変わらないという特徴がある。同じ言語形式の場合、プランニング時間が長い方がより正確になると言えるだろう。また、書くタスクでの誤用が話すタスクで正用になる場合(表3)、書くタスクでの誤用が話すタスクで異なる言語形式で出現した場合(表5)や誤用該当箇所が出現しなかった場合(表6)では、言語形式や内容が複雑になったことで「の」の過剰使用が出現したという可能性が考えられる。したがって、「の」の過剰使用の中間言語変異性は、プランニング時間だけが影響するとは限らず、プランニング時間の確保による言語形式や内容の複雑さが影響している可能性も考えられる。さらに、両方のタスクで誤用の言語形式が同じだった場合(表4)は、言語知識の不安定さが要因だと考えられる。つまり、1つのタスクではなく、複数のタスクで「の」の過剰使用を観察することにより、学習者の困難点が言語知識レベルなのか運用レベルなのかを検討することができる。

最後に、「の」の過剰使用全体の傾向と照らし合わせて考えてみると、本研究でも奥野(2005)と同じように、「の」の過剰使用は中国語話者のみではなく、他の言語話者にも共通して現れ、かつ、同一話者内でも中間言語の変異として誤用と正用が入り混じることが確認された。今後の日本語教育現場では、「の」の過剰使用を、第二言語習得過程における共通する現象として捉えることが重要ではないだろうか。

6　まとめと今後の課題

本研究は、同一学習者が同一時期に個人内で中間言語が変異することを観察した。そのことは、学習者がどのレベルで問題を抱えているのか、また、教室内で何を強化すべきなのかなど、日本語教育現場での応用に繋がるだろう。ストーリー描写課題は発話量·文字数が少なく、「の」の過剰使用自体に限りがあるため、学習者間での比較や習熟度·母語別の比較を行うことができなかった。別のタスクにおける中間言語変異性や習熟度·母語別の分析は、今後データ数を増やして詳細に分析したい。

参考文献

[1] 奥野由紀子.第二言語習得過程における言語転移の研究:日本語学習者による「の」の過剰使用を対象に[M].東京:風間書房,2005.

[2] 奥野由紀子,リスダ·ディアンニ.「話す」課題と「書く」課題に見られる中間言語変異性:ストーリー描写課題における「食べられてしまっていた」部を対象に[J].国立国語研究所日本語論集,2015(9):121-134.

[3] 迫田久美子,小西円,佐々木藍子,等.〈共同研究プロジェクト紹介〉基幹型:多文化共生社会における日本語教育研究 多言語母語の日本語学習者横断コーパス[J].国語研プロジェクトレビュー,2016(3):93-110.

[4] 迫田久美子.話すタスクと書くタスクに見る日本語のバリエーション:日本語学習者コーパスI-JASの分析にもとづいて[M]//迫田久美子,野田尚史.学習者コーパスと日本語教育研究.東京:くろしお出版,2019:151-168.

[5] DICKERSON L J. The Learner's Interlanguage as a System of Variable Rules[J]. TESOL Quarterly, 1975, 9(4): 401-407.

[6] ELLIS R. Understanding Second Language Acquisition[M]. New York: Oxford University Press, 1985.

作者情報

氏名:井畑萌
学校:南山大学大学院
連絡先住所:愛知県名古屋市昭和区山里町18南山大学
メールアドレス:moeibata@gmail.com

浅析汉日语羡余现象的异同

西安外国语大学　李秀秀　白晓光

1　引言

"羡余"一词，在《现代汉语词典》(第7版)中有两种解释，作名词时指"封建时代地方官吏向人民勒索的各种附加的赋税"，如"进献羡余"；作形容词时释为"多余的"，特指语言中的羡余现象。赵元任于1956年首次提出汉语羡余现象[①]，此后国内语言学界围绕其成因、类型及功能展开了深入研究，并得出了一定的研究成果。目前，针对日语中羡余现象的研究尚处在探索阶段，系统性的研究不足，汉日对比研究更是近乎空白。基于此，本文将从汉语出发，从词汇、语法两个层面对日语中的羡余现象以及汉日间的异同进行考察，并对汉日语羡余现象做一个初步的总结。

2　研究现状及不足

2.1　汉语方面

汉语羡余现象的研究大多在词汇和语法两个层面上展开，也有相当一部分研究集中于对羡余现象本质的探讨。

2.1.1　词汇层面

共时角度的研究有赵(2006)、潘(2012)、马(2009)、毛(2012)等。这些研究对汉语双音节词语中的羡余情况进行了深入分析，认为羡余现象在并列式、偏正式、补充式、动宾式、主谓式等结构中均有分布。马(2014)从语言规范化的角度探讨如何正确认识和使用三音节羡余词语的问题，并将三音节羡余词语分为二加一式(如"涉及到")、一加二式(如"软棉花")和三字式(如"全都是")。危(2001)、樊(2006)主要从负载羡余信息的语素与其他语素间的关系出发，对现代汉语词汇的羡余现象进行了类别划分。二者分析结果大同小异，主要包含同义复用式复合词语(如"美丽")、偏义复合式双音词(如"国家")、包含式复合词语(如"目睹")、半音半意式借词(如"吉普车")等类型。潘(2012)对汉语词汇中的羡余现象进行了较为详细的描述，其考察对象涵盖双音词、多音词、固定短语、外来语等多种类型。关于羡余现象形成的原因，既往研究总体上都将其归为汉语语言自身特点及民族文化特质，论述较为笼统，尚需进一步的挖掘。

历时角度的研究主要有董(2002)、陈(2019)等。董(2002)引用大量的历史语料详实地论证了某些双音词具体的羡余发生过程。潘(2012:8)评价其是"研究汉语词汇羡余来源最有深度的成果"。陈(2019)探讨了单音词的词法变化、句法变化、语义变化及其动因，指出单音词语素化的过程往往伴随羡余现象的产生。

2.1.2 句法层面

句法层面的研究相对较少，且基本都是针对某些特殊句式展开的，其中对羡余否定句式的探讨较多。朱(1959)提到“差一点VP”句式，并提出“企望说”，认为凡是说话人期望发生的事情，肯定形式表示否定意义，否定形式表示肯定意义，如“我差点就考上北大了/我差点没考上北大”；凡是不期望发生的事情，不管是肯定形式还是否定形式意思都是否定的，如“我差点掉下去/我差点没掉下去”。石(1993)用“积极成分”和“消极成分”分别代替朱德熙提出的“企望发生的事情”和“不企望发生的事情”。戴(2004)从肯定表达与否定表达的语义差异出发，具体分析了现代汉语祈使句中的否定格式“小心别VP”。陈(2017)、李(2020)考察了汉语句式“难免＋不＋XP”的羡余否定现象。杨(1998)考察的对象是连谓结构(如“握住手不放”)中的羡余现象。潘(2012)对动元羡余(如“眼瞎”)、同位语羡余(如“首都北京”)、搭配羡余(如“大约一个小时左右”)等句法结构中的羡余现象进行了全面考察。

2.1.3 羡余现象的本质

张(2008)指出，对现代汉语中羡余现象成因的分析研究是羡余现象研究的关键，认为只有找到形式与意义对应的内在规律才能解释羡余现象产生的根本原因。曹(2011)指出，以往的研究反复讨论人们所熟知的一些羡余现象，其分类及原因解释大同小异，难有突破，如何把握羡余的“度”才是关键所在。吴(2020)认为“羡余”现象本质上是一种修辞现象，是表达者为了听觉韵律效果或为了视觉均衡效果而在特定的语境下临时配字的结果。潘(2012)首先细致地划定了“羡余”和“赘余”的界限，认为“赘余”是一种语病，而羡余是自然语言中存在的一种特性，并给出了正式的羡余定义。一个具体的语言实例是典型的羡余还是非典型的羡余，对于判断该实例是否可归类于羡余现象尤为重要。羡余的本质是程度性问题，如何把握好羡余的“度”才是关键。

2.2 日语方面

从目前搜集到的资料来看，国内外关于日语羡余现象的研究较少。战(1994)将羡余成分分为有形羡余成分和隐性羡余成分，并对日语句法结构中的个别羡余成分进行了分析。俞(2009)侧重于分析羡余和collocation之间的差异。中冈、千千岩(2019)将日语羡余现象按照形式大致分为六类，但仅探讨了其中的「頭痛が痛い」「馬から落馬する」这两种羡余现象的成因，未涉及其他形式的成因。可以看出，相较于汉语而言，日语羡余现象的研究尚处于起步阶段，无论是对其表现形式的归纳分类及成因分析，还是对其本质的深入探讨，都亟待加强。

2.3 汉日对比方面

通过对比研究，各自语言中羡余现象的本质特征会更加明晰，突显出各语种的类型学特征。潘(2012:145)指出，将汉语的羡余现象与其他语言的现象进行对比，分析其异同，探讨异同产生的原因，这也是个饶有兴趣的课题。然而就我们目前掌握的资料来看，尚未发现汉日羡余现象对比研究方面的成果，这与汉英以及汉语与其他语种之间的对比研究形成一定反差。比如，李(2017)对比分析了汉英词语语义羡余；喻(2019)考察了英汉语义羡余信息状态及其应用；陆(2019)对俄语和汉语中的羡余现象进行了对比考察；孙(2015)对泰国学生使用“差点儿”与“差点儿没”的偏误进行了分析；黄(2014)探讨了韩国学生汉语叙述文写作中同形回指羡余现象的分布情况；潘(2012)对汉语羡余现象与留学生的“羡余”偏误进行了比较。

综合既往的研究成果，针对羡余现象，我们可以形成以下几点基本认识。

1)汉语羡余现象的相关研究较为成熟，日语方面的研究较为薄弱，汉日对比研究几近空白；2)对什么是羡余现象这一问题尚未形成统一认识，这导致羡余现象的外延模糊不清，众说纷纭；3)对羡余现象的分类虽视角多样，但普遍存在标准不一的问题，且有的分类视角与其本质特征关联性不强；4)对羡余现象的本质，特别是其成因的探讨还有待进一步加强。

3 汉日羡余现象表现异同

以下我们将以汉语为参照,在词汇和语法两个层面对日语中的羡余现象进行初步考察,并简要分析汉日羡余现象的异同。

3.1 词汇层面

现代汉语词汇由于韵律上的制约,双音化倾向明显,使得羡余现象较为常见。如要表达"国"的意义,单用"国"字并不常见,多要附加一个语义虚化的"家"字来满足韵律上的要求。"爷爷、花儿"等均与之类同,这些多被视为语义羡余现象。樊(2006)指出,现代汉语词汇中的羡余是指词汇系统在表达语义内容的最小需要量上增加使用构成成分的一种自我调节活动。柯(2013)认为,所谓词汇羡余是指一个词语中两个词根义位相近或相同,其中一个词根能够代表整个词语或者两个词根中一个词根无意。这些观点都是基于羡余的本质——语形相对语义有所剩余。

需要明确的是,汉语词汇根据词的构造,可以分成单纯词和合成词两大类。单纯词由于语素在语义上的不可拆分性,不存在所谓的羡余现象。羡余只发生在合成词中。谢(1998)按语素之间的结构关系将合成词分为附加式、复合式和重叠式三种。复合式又包括并列式、叙述式、动宾式、修饰式、补充式五类。

3.1.1 附加式

附加式是指由处于主导地位的词根和处于从属地位的词缀组成的合成词。朱(2001)指出,汉语中的词缀具有位置固定性、语义类属性、构词能产性、结构粘附性、语音弱化性等特征。韩(2002)认为,"缀"的本质就是自然语言的羡余性在词、短语、句子等不同语法层级单位中的不同程度和不同性质的集中反映。词缀是附着于词根的游离性或半游离性词素,或为显性羡余成分,或为隐性羡余成分。从产生途径看,词缀可分为语音化词缀、语法化词缀、语用化词缀。

词缀根据其位置又可分为前缀和后缀。前缀以"阿""老"为典型,后缀以"儿""子"为典型②。前缀词"阿"主要用于称谓中,如"阿爸、阿妈、阿弟"等,去掉"阿"字,其词义词性不变;加在人名前面时,如"阿华、阿军",也没有实际意义,仅用于呈现节奏和形式上的音乐美和结构美,因此可视为羡余成分。但有时也有例外,如下例中的"阿猫阿狗",其中的"阿"去掉后语义就会改变,因此不能视为羡余成分。

例:在德国无论阿猫阿狗见面,一律互相举手高喊"希特勒万岁!"(邹韬奋《法西斯作风的罪恶》)

郭(2004)指出,"阿猫阿狗"受到了"阿"的称谓用法的影响。我们认为,两种用法有关联,但差异更大。"阿猫阿狗"作为一个合成词,在整体上已经发生了语义的演变,带上了贬义色彩,而演变后的新语义(引申义)无法再解析为语素义的简单组合,因此,"阿"不能视为语义羡余成分。

前缀"老"与"阿"较为相似。韩(2002)曾指出,表序的"老"是语法化词缀,是半游离性词素;而接在姓名称谓、关系称谓、动物名词等前面的"老"均具有一定的感情色彩义。该文虽未明确后者的性质,但参考其立论依据,亦应归于半游离性词素。

后缀"儿"附在名词后且不表示"小"的意思时,其有无均不会改变词义,应属于羡余成分,如"船儿、花儿、猫儿"等。郭(2004)指出,"儿"加在动词或形容词后面,亦无实义,属羡余成分,如"玩儿、耍儿、慢慢儿、轻轻儿"等。

关于后缀"子",李(2010)指出,"子"在名词性词素后面时,与词义无关,主要作用是把逐渐不自由的单音节名词变成自由的双音节名词,因此是完全游离性羡余成分,如"杯子、兔子"等。需要注意的是,"子"在动词性或形容词性词素后面时,去掉"子"后词性会发生变化,如"锯子、盖子、疯子、傻子"等,我们认为此时"子"是半游离性羡余成分。

汉语中，词缀的能产性极高，构词能力极强，在汉语词汇发展中起着重要的作用。附加式词语羡余现象主要是汉语词汇双音化的结果，符合汉语音律优美、结构和谐的特征。反观日语，虽然也有汉字词(「漢語」)，且也有前后词缀(「接辞」)，但其地位和能产性却无法与汉语媲美。我们检索『明鏡国語辞典』后发现，以「阿」字开头的词汇中没有可视其为词缀的词。后一语素为「児」的词汇中，虽有「胎児、孤児」等词，但其中的「児」均表示实义，并非儿化音词缀。以「老」开头的词汇中，「老雄、老優、老松」等词中的「老」均为“年龄大”之限定性实义，非羡余成分，而「老翁、老婆」等词中的「老」在词义上与「翁、婆」存在重复的部分，去掉似乎并非不可。「子」与「老」相似，既有「里子、赤子、妻子」等表示实义的偏正或并列结构的词，又有「茄子、杏子、椅子」等不少看似可以去掉「子」而不影响词义的「漢語」。不过，从总体上看，这些「漢語」大都是来自古代汉语的借词。一来能产性极低，无法将其视为词缀；二来一些疑似存在羡余词素的词，如果去掉这些“羡余”词素，主要词素的发音多会由音读转为训读，甚至可被视为另一词。因此，我们倾向于将这些词视为固定的词，不将其中的词素视为羡余性词素。

3.1.2　复合式

复合式羡余词语复杂多样，依据词素间的语义关系，可分为并列式、叙述式、动宾式、修饰式和补充式等多种类型。

3.1.2.1　并列式

词素并列包括同(近)义词素并列和反义词素并列两类。这其中的羡余现象可以分为三类：第一类是由于两个词素意义相同或相近，一个词素就可表达整个词的意义，因此另一词素即为羡余，如“朋友、道路”等；第二类是其中一个语素的语义或作用发生虚化或淡化，整个词的意义主要由某一个语素负载，即发生了偏义现象，如“妻子、国家、得失、好歹”等。

日语中的汉字词(「漢語」)大多借于中国古代汉语，而汉语也在近代从日本借入了大量词汇。这些借入的词汇在本民族语言中扎根后，又在使用过程中发生了异于源语的变化。因此，汉语词汇与日语中的「漢語」间呈现出复杂的对应关系，需要进行深入考察。羡余现象亦是如此，比如「国家」一词，同汉语“国家”一样，也存在偏义现象，但「妻子」一词，在现代日语中仍主要表示“妻子儿女”，与现代汉语中“妻子”的语义不同。

3.1.2.2　叙述式

叙述式也称主谓式，如“日晒、目睹、心想、眼见”等词。“心想”一词，“想”表达的是一个心理过程，“想”字在形态和意义上都包含了“心”的含义，“心”为羡余成分；“睹”就是用眼睛看，“目”为羡余成分。可以看出，这类词在形态和意义上呈现出一个规律——一个语素是另一语素的形符或义符。

日语中与汉语此类词语相对应的表达一般为短语形式，如「目で見る、心で考える」等，究其根本也属于羡余现象。

3.1.2.3　动宾式

赵(2006)、马(2009)认为，动宾式词语中动作义暗含受事时，受事语素为羡余成分，比如“动员”中的“员”、“涉水”中的“水”、“摆手”中的“手”等均为羡余成分。我们认为，若“动员”中的“员”为羡余成分，那么“动”这一动作后面的受事只能是“员”，即“员”是“动”默认的、唯一的受事。但通过查阅《现代汉语词典》(第7版)可知，和“动”相关的动宾式词语还有“动笔、动兵、动火”等，因此，认为“员”为羡余成分的观点值得进一步商榷。

日语中也存在大量动宾式汉字词，如「噴火、帰国、出席、残業、潜水」等。同汉语一样，后一语素是否为羡余成分，尚需进一步的考察。

3.1.2.4 修饰式

前一语素对后一语素起修饰或限定作用的为修饰式，如“黄金、白银、死尸、白雪”等。这类词的被修饰部分已经包含了修饰部分的语义特征，修饰部分被视为羡余成分。

日语中也存在结构类似的汉字词，如「寒冬、白雪」等。但受「漢語」的数量及文体特征所限，与汉语此类词相对应的日语表达，更多的是短语或语法层面的表达，如「白い雪、寒い冬」等。需要注意的是，在汉语“白雪”这类词语中，羡余的属性是隐含于被修饰成分之中的，但在日语中，除此之外，还经常能够见到羡余属性外显于被修饰成分表面，即修饰成分语义与被修饰成分外显的属性义直接冲突的现象，比如「古い老舗、素晴らしい名案、大切な重要事項」等。这类现象在汉语中较为少见，是日语与汉语的一个明显差异，值得深入考察。

3.1.2.5 补充式

罗(2012)指出，补充式复合词的语素之间是补充说明的关系，经常是用后面的语素补充说明前一语素，在整个词义的构成上，以前一个语素义为主。当前一个语素义中包含后一个补充语素义的内容时，后一个语素义对于整个词语意义的表达就是羡余的。如动语素＋结果动语素结构的“看见、打开、绽开、分开、逃走”等，动语素＋结果形容语素结构的“扩大、缩小、提高、降低”等，动语素＋趋向动语素结构的“退回、收回、抽出、超出”等。对于罗(2012)的观点，我们认为还有值得商榷之处。比如“看见”一词，如果认为“见”为羡余成分，那么去掉后是否还保持原义呢?显然并不会，“看”仅表示动作，并不含结果义，我们可以说“他看了但没看见”。因此，“见”这一词素不可或缺，并非羡余成分。

日语中也有大量此类汉字词，前项词素的语义是否包含后项词素的语义也需要深入考察。汉语与日语之间也并非完全一致。由于汉语中无论词汇还是语法层面，动补结构均异常发达，因此汉语动补结构词汇对应的日语表达并不限于词汇层面，更多的是短语或语法层面的表达。比如，与汉语“缩小”对应的日语表达，既有「縮小する」这一汉字词，又有「小さく縮む」这类形动搭配。我们发现，在对应的日语语法层面，同前述修饰式相似，也存在语义直接发生冲突的现象。比如，通过检索筑波大学 NINJAL-LWP 语料库发现，日语中存在「大きく拡大する」这一表达，并且使用频率较高(378例)。「大きく」和「拡大する」在表层上直接发生语义冲突。这种现象在汉语中也是不多见的。

3.1.3 重叠式

重叠式是现代汉语中常见的一种语言现象，也称叠词。谢(1998)认为重叠式是两个相同语素的重叠，因此会产生附加的语法意义。比如，“妈妈、哥哥”等叠词，单独使用其构成语素时，常含有亲昵的感情色彩，而重叠后，则含有郑重的意味。再比如，“人人、件件”表示“每一、许多”的意思；“坐坐、去去”表示“时间短暂、尝试”的意思；“高高、红红”表示程度的加重；“仅仅、刚刚”表示语气的强调。可见，单用与重叠必然会产生语义上的差异。潘(2012)认为，具有语法意义的重叠式，用与不用语法意义不同，不能算作羡余。

日语中也存在叠词，如「人々、国々、島々」等。谯(2008:33)指出，日语叠音词的语法功能主要有三种：表示多数，表示动作的持续和反复，表示语义或语气的加强。可见，日语的叠词也具有与单用相异的语法功能，因此，不宜将其简单地视为羡余。

3.2 语法层面

韩(1987)认为汉语语法层面的羡余现象，一是表现为句式的繁化，二是表现为虚词的羡余。句式的繁化即结构羡余，指一些句法结构中语形相对于语义有所剩余的现象，如羡余定语、羡余否定等。羡余定语指的是“个人的私生活、过去的往事、最后的结果”这样的表达。羡余否定前文已有涉及，指那些虽然在形式上含有“不、没、别、未”等否定成分，但实际上并不表示否定的语言现象，否定词及相关成分可有可无，如“差一点没及格，小心别摔倒了，难免不犯错误”等。

参照汉语，我们发现日语中也不乏此类表达，比如前文提到的与汉语叙述式、修饰式和补充式等词语相对应的日语表达中，存在「目で見る、心で考える、古い老舗、素晴らしい名案、大切な重要事項、大きく拡大する」等表达。这些羡余表达均属于语法层面。我们将收集到的语法层面的羡余表达进行了简单的梳理，归纳出以下类型。

①偏正式

[状动式]：馬から落馬する、わきで傍観する、郵送で送る、もっぱら研究に専念する、はっきりと明言する、まだ未完成

[名名式]：血痕の跡、最後のラストシーン、辞意の意向、射程の距離

②动宾式：会を開会する、歌を歌う、踊りを踊る、車を駐車する、加工を加える、尽力を尽くす、返事を返す

③方位式：部屋へ入室する、学校へ登校する、電車に乗車する、船に乗船する、島に上陸する

④主谓式：内定が決まる、口臭が臭い、頭痛が痛い、水深が深い

这仅仅是我们发现的极小的一部分，且多为外显的语义冲突，我们相信还有更多的羡余表达，特别是隐含式的语义羡余表达。另外，上述羡余表达还可以从其他视角切入进行分类，特别是如果能按照羡余产生的途径来分类，将会更有利于明确羡余的本质及日语的特征，这将作为我们今后的课题。最后，上述表达中有不少看似并不符合语法规则，用法尚未固定，使用频率也不高。我们在承认这一点的同时，也想阐明我们的观点：比起其用法是否规范，我们更为关注的是这些表达为什么会产生，其背后的驱动力是什么，为什么会有这种驱动力，为什么日语可以说而汉语却大多不能说。我们相信，这些看似并不规范的语法羡余现象背后，隐藏的是语言自身的典型特征。

4 遗留的核心问题

在对汉语和日语中存在的羡余现象以及相关研究成果进行梳理的过程中，我们发现，有一个根本性的问题贯穿始终，那就是羡余的定义及范围的限定。关于到底什么现象可以归为羡余，什么不应视为羡余，不同的学者有不同的看法。也正是由于在这一根本性问题上存在争议，当前的研究才显得纷繁。比如，“杯子、筷子、勺子、裙子”等附加式词语普遍被认为是一种典型的羡余现象，那么，去掉“子”后到底还可不可用？如果不可用，也就意味着它是不可或缺的构词成分，那我们为什么还要将其视为羡余成分呢？我们认为，存在即有意义，只要被使用，其必有相应的功能（语义）。语义有多种类型，也有不同层级，哪些语义上的重复可视为羡余，只有在充分把握语义类型的基础上，依据设立这一范畴的最初目的，才能恰当地找到羡余与非羡余的分界点，从而避免将羡余的外延无限扩大。

目前学界对羡余现象的定义基本遵循潘(2012:8)的定义，即羡余现象是指语言的表达形式多于表达内容。也就是说，在表达意思时，词句的某部分是“废话”。但我们认为，羡余现象是一个程度问题，即“羡余度”的问题，并不是所有表达形式多于表达内容的现象都是羡余，都可以去掉多余的一部分。我们用认知语言学里的范畴理论来说明这一问题。郑(2007)认为，就某一范畴而言，其原型成员具备该范畴的理想值，处于范畴中心，从典型成员到非典型成员，范畴隶属度呈递减状态，依据这一趋势从中心向外延伸。也就是说，范畴是以原型为中心，以家族相似性为纽带逐步向外扩展的连续体。羡余也可以构成一个范畴，在这个范畴里，有典型羡余，也有非典型羡

余。在汉日羡余现象对比研究中,有可构成完全对应的羡余现象,也有不完全对应的羡余现象。比起进行"羡余/非羡余"的二分,从"羡余度"的角度来描写羡余现象,应该更为恰当,也更具操作性。

5 结语

本文以汉语羡余现象为参照,从词汇、语法两个层面对汉日羡余现象进行了初步的描述和对比。限于能力及篇幅,日语方面的考察浅尝辄止,只能给出一个概貌,今后还需要针对具体的类项进行深入考察。另外,对一些根本性问题,比如羡余的定义和范围的限定,也需要树立明确的标准。这些都是我们今后努力的方向。

注

① 赵元任于1956年发表英文论文 *Formal and Semantic Discrepancies Between Different Levels of Chinese Structure*,载《中研院史语所集刊》第28本。汉语译文见:赵元任.汉语结构各层次间形态与意义的脱节现象[J].田砥,译.国外语言学,1981(01):47-51+72.

② 参见高(2006)、李(2010)等。

参考文献

[1] 中岡樹里,千々岩宏晃.重複表現の生起要因に関する考察:なぜ「印鑑を押印してください」と言うのか[J].関西学院大学日本語教育センター紀要,2019(8):5-18.
[2] 俞晓明.重言とコロケーション:その関連性と認め方[J].北陸大学紀要,2009 (33):125-141.
[3] 陈练军.汉语单音词的语素化研究[M].北京:社会科学文献出版社,2019.
[4] 谯燕.现代日语叠音词研究[M].北京:学苑出版社,2008.
[5] 曹凤霞.汉语羡余现象类型与语言演变理据思考[J].广东工业大学学报(社会科学版),2011,11(05):59-62.
[6] 陈媛.现代汉语"难免+不+XP"格式的羡余否定现象研究[D].辽宁:辽宁大学,2017.
[7] 董秀芳.论句法结构的词汇化[J].语言研究,2002(03):56-65.
[8] 戴耀晶.试说"冗余否定"[J].修辞学习,2004(02):3-6.
[9] 樊立三.现代汉语词汇中的羡余形式及形成原因[J].烟台师范学院学报,2006(01):95-98.
[10] 高艳.近代汉语词缀"老""头""子"的发展演变[J].太原教育学院学报,2006(S1):37-39.
[11] 郭作飞.汉语词缀形成的历史考察:以"老"、"阿"、"子"、"儿"为例[J].内蒙古民族大学学报,2004(06):50-56.
[12] 韩陈其.汉语语法的羡余现象:汉语羡余现象综合研究之六[J].云南民族学院学报,1987(03):84-90.
[13] 韩陈其.汉语词缀新论[J].扬州大学学报,2002(04):42-46.
[14] 黄玉花.韩国学生汉语同形回指羡余现象分析[J].社会科学战线,2014(08):268-270.
[15] 柯敏.现代汉语词汇羡余现象初探[J].现代语文,2013(05):60-62.
[16] 罗姝.现代汉语并列式复合词羡余现象的认知解释[J].上海大学学报,2012(06):103-110.
[17] 李晶晶.汉英词语语义羡余对比探析[J].语文教学通讯,2017:70-71.
[18] 李静文."难免X"和"难免不X"的同义异构认知研究[J].河西学院学报,2020(01):77-80.
[19] 李莉.对《现代汉语词典》附加式合成词的调查及分析[J].语文学刊,2010(09):93-95.
[20] 陆持.俄汉语羡余现象对比研究[J].长春大学学报,2019(05):56-60.
[21] 毛向樱.论现代汉语中的羡余现象[J].铜仁学院学报,2012(04):44-47.
[22] 马建武.现代汉语词汇中的羡余现象与语言规范[J].才智,2009(13):115-116.

[23] 马启俊.现代汉语三音节词语羡余现象动因分析[J].安徽广播电视大学学报,2014(02):95-99.
[24] 孙秀玉.泰国学生使用"差点儿"与"差点儿没"的偏误分析与教学法[D].浙江:浙江大学,2015.
[25] 石毓智.对"差点儿"类羡余否定句式的分化[J].汉语学习,1993(04):12-16.
[26] 吴礼权.汉语"羡余"现象的本质及其修辞功能[J].江苏师范大学学报,2020(01):43-55.
[27] 潘先军.现代汉语羡余现象研究[M].北京:北京语言大学出版社,2012.
[28] 危光辉.现代汉语词汇中的羡余现象初探[J].江西社会科学, 2001(12):141-142+57.
[29] 谢永玲.叠音词和重叠式合成词的区分[J].河南师范大学学报,1998(03):77-78.
[30] 杨明义.汉语连谓结构中的羡余现象初探[J].汉语学习,1998(04).
[31] 喻燕.英汉语义羡余信息状态研究及应用[J].海外英语,2019(03):221-222.
[32] 战庆胜.论日语中的羡余成分[J].外语与外语教学,1994(06):27-29.
[33] 朱德熙.说"差一点"[J].中国语文,1959(09):435.
[34] 朱亚军.现代汉语词缀的性质及其分类研究[J].汉语学习,2001(02):24-28.
[35] 郑银芳.谈认知语言学中的原型范畴理论[J].中国成人教育,2007(20):124-125.
[36] 赵红梅.义位组合中的羡余[J].社会科学家,2006(06):191-193.
[37] 张卫东.现代汉语中羡余现象研究综述[J].现代语文,2008(03):4-6.

作者信息

姓名:李秀秀
学校:西安外国语大学
联系地址:陕西省西安市长安区西安外国语大学长安校区日本文化经济学院
电子邮箱:1660305587@qq.com

姓名:白晓光
职称:副教授
单位:西安外国语大学
联系地址:陕西省西安市长安区西安外国语大学长安校区日本文化经济学院
电子邮箱:baixiaoguangmwl@163.com

从对译语料看日语复合动词「—あげる」与汉语的对应关系

西安外国语大学　刘馨怡

1　引言

本文以日语复合动词「—あげる」为研究对象,使用中日对译语料库,对「—あげる」在汉语中的对应形式、翻译倾向等进行考察。通过检索语料库,可以发现大量包含「—あげる」的原例,说明其在日语中使用频率高。例如:

(1)a. 杏子は、ワイシャツのそでをまくり上げて卓に肘をついている克平の腕に眼を当てた。(井上靖『あした来る人』)[①]

b. 杏子的目光落在克平放在桌面上那从挽起的袖口中露出的胳膊上。

(2)a.「そんなら町の人が噂するからと言って、根も葉も無いようなことを取上げるんですか」(島崎藤村『破戒』)

b."那么,因为是镇上人散布的,我们就得相信这没头没脑的无稽之谈吗?"

例(1)中的「まくり上げる」译成汉语中的述补结构"挽起","挽"对应「まくる」,"起"是趋向补语,在此表示"收缩"的含义。而例(2)中的「取上げる」则无法译成述补结构,只能采取意译的方式,译成动词"相信"。

那么,「—あげる」究竟与汉语有怎样的对应关系,有何种翻译倾向?「—あげる」作为具有多义性的后项动词,它的哪些义项可以与汉语的补语对应,哪些义项无法译成汉语的补语?本文将通过对《中日对译语料库》(第一版)的实证考察,解答以上问题,以期进一步完善面向汉语母语者的日语复合动词教学。

2　以往研究

「—あげる」在日语中的使用频率较高,目前关于其本身的语义研究已相对成熟(新美,1987;中村,1998;姫野,1999;杨,2019)。但与汉语的对比研究仍不多见,目前仅见陈、王(2011),望月(2018)等,依然存在较大的研究空间。

首先,关于「—あげる」语义的分类,姫野(1999)将「—あげる」分为表示由下及上、表示社会性行为、表示情绪波动、表示完成、表示强调以及其他六大类。姫野(1999)对复合动词的分类被广泛认可,为之后复合动词的语义研究奠定了基础。杨(2019)批判继承了姫野(1999)的分类,并运用了认知语义学的分析方法,得出了「—上げる」的用法是基于同一核心图式下的七种不同图式才得以实现的结论。此外,还具体分析了表示空间的由下及上义的扩展义,指出表示向上的动作方向这一语义不属于表示空间的由下及上义的下位语义。本文将参考二者的分类,对「—あげる」

的语义进行分类整理。

其次，据笔者对语料的观察，「—あげる」多与汉语中的补语对应。根据朱(1982)的分类，汉语补语可以分为结果补语、趋向补语、可能补语、状态补语、程度补语五类。而与「—あげる」对应的补语多为趋向补语和结果补语。关于趋向补语的意义，刘(1998)从形式和意义相结合的角度，归纳出趋向补语的语义系统，即趋向意义、结果意义和状态意义。刘(1998)对趋向补语的语义分析十分详尽，被广泛认可。关于结果补语的意义，辛(2003)对能够作结果补语的动词及其语义指向、构成的基本句式等进行了考察。申(2009)通过与日语中的结果复合动词、英语中的表示结果的小句的对比，分析了汉语中的结果义是基于怎样的语义、语法、认知原则实现了复合动词化。本文将参考以上研究结果，整理「—あげる」的汉语译文并分类。

最后，关于日语复合动词与汉语的对比研究，近年来有望月(2018)以「—あげる/あがる」为例，考察其能否与英语、汉语对应，以及是如何对应的。但望月(2018)对「—あげる」的考察不够全面，仅分析了「—あげる」的完成义这一个义项，且在考察完成义与汉语的对应情况时，仅抽取了补语"—上"进行对比研究。但在对译语料中，可以发现大量「—あげる」与"—完""—成"等对应的例句。

因此，本文将基于以往研究，更加全面地考察「—あげる」各义项与汉语实际的对应情况，整理出哪些义项可以与汉语的补语对应，哪些不能对应，不能对应的原因是什么，并分析其翻译的倾向。目的是帮助以汉语为母语的日语学习者对「—あげる」的语义形成更清晰的认识，从而更好地习得日语复合动词。

3 研究方法

本文基于对译语料库，采取定性分析与定量分析相结合的方法，分析「—あげる」与汉语的对应关系。本研究使用的对译语料库为《中日对译语料库》(第一版)，其中收录了约两千万字的汉语和日语双向对译语料，包括小说、诗歌、散文、传记、法律法规、政府工作报告等多种体裁。

研究步骤如下：第一，使用正则表达式检索的方式，从对译语料库中抽取出含有以「—あげる」为后项的复合动词的日汉对译语料，作为本研究的主要语料；第二，观察语料，并参考以往研究，将「—あげる」在汉语中的对应形式分为三大类；第三，根据第二步分类的结果，具体分析每个义项与汉语的对应关系，并列举例句作为佐证。

4 「—あげる」对译语料的量化分析

4.1 「—あげる」汉语译文的三类形式

通过检索《中日对译语料库》(第一版)，共得到包含以「—あげる」为后项的复合动词的例句785例，详见表1。

表1 「—あげる」的对译语料

	原例	译例	不同单词数
「—あげる」	785	878[②]	80

参照以往研究中对补语的定义，对语料进行观察、分析后发现，「—あげる」对应的汉语译文

可分为三大类。

a.形式Ⅰ：前项动词＋补语，如例(3)中的“拿”表示「取る」的意思，“起”为趋向补语，与「—あげる」对应。

b.形式Ⅱ：(修饰成分)＋前项动词＋(修饰成分)，如例(4)中的「見上げる」被译成“仰头看”，即修饰成分“仰头”加与前项动词「見る」对应的“看”。

c.其他：换作其他说法，如例(5)中的「差上げる」被译成“敬”，忽略了前项动词「差す」及后项动词「あげる」的意义直接翻译单词整体。

(3)a.梶は受話器を取りあげて、交換手に先方の電話番号を言った。(井上靖『あした来る人』)

b.他拿起听筒，向接线员讲出对方电话号码。

(4)a.そういう頭で金閣を見上げると、……(三島由紀夫『金閣寺』)

b.带了这样的想法，再仰头看金阁，……

(5)a.「不取敢、一つ差上げましょう」と丑松は盃の酒を飲乾して薦める。(島崎藤村『破戒』)

b.“来！先敬你一杯。”丑松喝干自己杯子里的酒之后，把杯子递过去劝他喝。

这三类形式在对译语料中各自所占比例如表2所示。

表2　「—あげる」对应汉语的分类及所占比例

	a.形式Ⅰ	b.形式Ⅱ	c.其他	合计
数量	219	270	389	878
所占比例(%)	24.9	30.8	44.3	100

4.2　「—あげる」各义项的汉译倾向

本节参考姬野(1999)(表3)和杨(2019)对「—あげる」的语义分类，梳理了「—あげる」各个义项的汉译倾向。

表3　姬野(1999)对「—あげる」的语义分类

<table>
<tr><th>意义</th><th>下位义</th><th>下位义</th><th>下位义</th></tr>
<tr><td rowspan="7">表示由下及上</td><td rowspan="4">整体的由下及上(整体的位置变化)</td><td rowspan="3">空间中的由下及上</td><td>对象的由下及上</td></tr>
<tr><td>主体和对象同时由下及上</td></tr>
<tr><td>向上的动作方向</td></tr>
<tr><td>序列的由下及上</td><td>—</td></tr>
<tr><td rowspan="3">部分的由下及上(部分的位置变化引起的形态变化)</td><td>形状的伸长</td><td>—</td></tr>
<tr><td>形状的缩小</td><td>—</td></tr>
<tr><td>量的减少引起的形状的缩小</td><td>—</td></tr>
<tr><td rowspan="2">表示社会性行为</td><td>下位者对上位者的行为</td><td>—</td><td>—</td></tr>
<tr><td>上位者对下位者的行为</td><td>—</td><td>—</td></tr>
<tr><td>表示情绪波动</td><td>—</td><td>—</td><td>—</td></tr>
</table>

（续表）

意义	下位义	下位义	下位义
表示完成	物品的完成	—	—
	事件的完成	—	—
表示强调	—	—	—
其他	—	—	—

参考姬野(1999)和杨(2019)的分类，以及前文中对「—あげる」对应的汉语形式的分类，整理原例和译例，然后利用数据统计软件对各义项和对译形式分别进行统计，得出了表4。从中可以看出二者的对应关系具有一定的倾向性，如表中灰色部分。「—あげる」在表示空间中的由下及上义时，最容易被译为述补结构。而在表示抽象的由下及上义时，大多采取意译的方式。还有一些义项，如表示上位者对下位者的行为，由于出现频次较少，无法明确得出其翻译的倾向性。

表4　「—あげる」的义项及其对译

义项		对译						
		形式Ⅰ	占比(%)	形式Ⅱ	占比(%)	其他	占比(%)	合计
由下及上	空间中整体的由下及上	122	47.8	47	18.4	86	33.7	255
	序列中整体的由下及上	16	32	2	4	32	64	50
	空间中部分的由下及上	12	30.8	16	41	11	28.2	39
	空间中由下及上义的扩展义	20	22	12	13.2	59	64.8	91
向上的动作方向	—	2	1.6	100	81.3	21	17.1	123
社会性行为	下位者对上位者的行为	1	1	30	29.4	71	69.6	102
	上位者对下位者的行为	0	0	2	40	3	60	5
情绪波动	—	0	0	9	22.5	31	77.5	40
完成	物品的完成	23	27.1	25	29.4	37	43.5	85
	事件的完成	0	0	2	28.6	5	71.4	7
强调	—	4	25	8	50	4	25	16
其他	—	19	29.2	17	26.2	29	44.6	65
合计		219	24.9	270	30.8	389	44.3	878

5　「—あげる」对译语料的质性分析

本节将基于表4中义项的分类，具体探讨各义项及其翻译的倾向。

5.1 由下及上义

5.1.1 空间中整体的由下及上义

表示空间中整体的由下及上义的「—あげる」有「投げあげる」「拾いあげる」等,「—あげる」表示动作主体进行向上的动作。前项动词表示上升的方式或状态,对「—あげる」起到修饰的作用。这一组词都表示某一动作使动作主体或对象发生了由下方到上方的空间中的移动。

由表4可知,这一类词的47.8%都可以与汉语中的述补结构对应。而且,不仅能与原型义表示"由低处向高处移动"的趋向补语"—上""—起"等对应,还可以与原型义完全不同的趋向补语对应,比如与表示"由里面向外面移动"的"—出"对应。

(6)a.地面に散っている花びらを、四月のなまぐさい風が吹き上げ、……(井上靖『あした来る人』)

b.四月里带有腥味的海风把散在地面的花瓣吹上空中。……

(7)a.それを母が灰の中から見付出して、火箸で挾み上げるという滑稽もあった。

b.可笑的是母亲竟在炉灰中发现棋子,用火筷子夹出来。(夏目漱石『こころ』)

"—出"多表示封闭空间的起点和经由点(翟,张,2017),当移动起点为封闭空间时,如例(7)中的「灰の中」,相比于"—上""—起"等,汉语更倾向于使用"—出"。

5.1.2 序列中整体的由下及上义

表示序列中整体的由下及上义的「—あげる」有「切りあげる」「繰りあげる」等。这一组词多与和数量有关的词共用,表示抽象的数量或序列的由下及上。在汉语中也有"数量较大为上"的隐喻(蓝,1999),能够与「—あげる」对应,如例(8)中的"—高"。但是由于汉语中能够表示抽象的数量或序列的上升的的补语较少,所以译文中大多译成其他的词或结构,如例(9)中的「切り上げる」被译成动词"了结"。

(8)a.戦前の低賃金、長時間労働から解放された日本の労働者は確実に購買力をふやし、生活水準を引き上げた。(『日本経済の飛躍的な発展』)

b.日本工人从战前那种拿着低工资从事长时间劳动的境况中解脱了出来,他们的购买力确实增强了,生活水平也有所提高。

(9)a.早く切り上げて東京へ帰るのが一番よかろう。(夏目漱石『坊ちゃん』)

b.我想,还是早点了结回东京去最好。

5.1.3 空间中部分的由下及上义

这一组词可以分为两类,一类是例如「積みあげる」「重ねあげる」,前项动词多为表示物品放置方法的词,「—あげる」表示"不断累积而升高"的含义;另一类是例如「刈りあげる」「捲くりあげる」,「—あげる」表示由于剩下部分的形状缩小而边界线升高。这一组词大多可以与汉语中的"—起"对应,如例(10)。"—起"前面的动词可以是"表示收缩、聚合意义的动词",刘(1998)将此语义归类为"—起"的结果意义。这表明二者的关注点是不同的,日语「—あげる」的关注点在上升的过程,而汉语的关注点在结果。

(10)a.女は立上って、私のそばへ来て、唇をまくり上げるように笑って、……(三島由紀夫『金閣寺』)

b.这女人站起来,走近我身旁笑得几乎嘴唇卷起来,……

5.1.4 空间中由下及上义的扩展义

表示此意义的「—あげる」有「追いあげる」「担ぎあげる」等。其中,「追いあげる」虽然也有"赶到上边去"[③]的语义,但在「前の人を追いあげる」中,语义则是从纵向运动向横向运动扩展。在汉语中也有类似的上方隐喻,如"靠近某人为上""前为上"等(蓝,1999),这里可以直译为汉语

中的述补结构"追上",此时"—上"表示"趋近面前的目标"。

语义从物理领域向感知领域扩展,则是使用了"意识到的为上"这一隐喻(杨,2010),此时「—あげる」意为"意识到",如「(状况を)すくいあげる」「(例文を)取りあげる」等。通过转换焦点,「—あげる」还可以表示"使对象到达高处"。在此意义下,语义大多会抽象化,如「議長に担ぎあげる」等。这些扩展到抽象领域的词,大多无法直接与汉语中的述补结构对应,如例(11)(12),都采取了意译的方式。

(11)a.自民党が野党だった細川、羽田両内閣時代、自民党は細川首相が熊本県知事時代のスキャンダルを大きく取り上げるなど国会審議の引き延ばしを図った。(『日本経済の飛躍的な発展』)

b.在细川、羽田两届内阁时期,作为在野党的自民党为了达到拖延国会审议预算时间的目的,大肆宣扬细川首相任熊本县知事时的丑闻。

(12)a.……製紙会社の社長を会長に祭り上げて一線から引退させる依頼……(井上靖『あした来る人』)

b.……造纸公司设法使其经理退居二线而只挂会长虚衔之托……

5.2 向上的动作方向义

表示此意义的「—あげる」有「撫であげる」「見あげる」等,这里的「—あげる」表示向上的动作方向,而并未发生实际空间上的位移。杨(2019)指出,这一语义的图式由核心图式直接转换而来,且与表示空间中由下及上义的图式不同。在搜集到的语料中,「見あげる」的译例共有119例,出现频次极高。其最基本的含义为"仰视,抬头看,向上看",在对译语料中也基本用形式Ⅱ翻译,如例(13)。「見あげる」还引申出了"尊敬,钦佩,敬仰"的含义,即语义抽象化,在对译语料中被译为其他词或结构,如例(14)。

(13)a.店の看板を見上げると、確かに『洋裁店ヤマナ』と書かれてある。(井上靖『あした来る人』)

b.抬头看招牌,分明写的是"雅玛娜西服店"。

(14)a.それを思うと清なんてのは見上げたものだ。(夏目漱石『坊ちゃん』)

b.想到这点,清婆这个人可算是个好样的喽。

5.3 社会行为义

5.3.1 下位者对上位者的行为义

表示此意义的「—あげる」有「差しあげる」「願いあげる」等,表示说话人降低自己而抬高对方,显示出尊敬或谦虚的态度,在日语的敬语中被广泛使用。在汉语中,这类词中的一部分只有前项动词被译出,所想表达的敬意体现在句子中,如例(15)中使用敬称"您";还有一部分无法与汉语直接对应,被译成汉语中表示敬意的表达方式,如例(16)中的"敬"。

(15)a.「いま、わたくしの申し上げたこと、お気に触ったんでしょう」(井上靖『あした来る人』)

b."我刚才说的话,您生气了吧?"

(16)a.……おれも窮屈にズボンのままかしこまって、一盃差し上げた。(夏目漱石『坊ちゃん』)

b.……我只得就那么穿着西装裤别别扭扭地跪坐着,敬了他一杯。

汉语的补语"—上"也有下位者对上位者的行为义,如"交上""献上"等。但与「—あげる」相比,其能产性较低,且不能表示上位者对下位者的行为义。

5.3.2　上位者对下位者的行为义

表示此意义的「一あげる」有「借りあげる」「買いあげる」等,「一あげる」表示“国家”“政府”等拥有权势的一方作为主体,使没有权势的一方的物品归属于自己。社会地位较高为“上”,因此这里表示的是物品流动的方向是向上的。在汉语中,没有可以表示上位者对下位者的行为义的补语,因而在翻译时,大多采取意译的方式。如例(17)中的「取り上げる」译成“没收”,指“收归公有”,物品转移至有权势的一方。

(17)a.……実際は国に取り上げられたに等しかった。(『日本経済の飛躍的な発展』)

b.……所以地主的土地实际上就等于被国家没收了。

5.4　情绪波动义

表示情绪波动义的「一あげる」有「込みあげる」「咳きあげる」等,「一あげる」带有身体内的“泪水”“咳嗽”“感情”等“由下及上”“产生”的含义,表示人的生理作用和心理作用。这一组词也基本无法与汉语的述补结构对应,如例(18),“大抽大噎地哭”只译出了前项动词「しゃくる」的含义。

(18)a.……ぽたぽた涙を滴らしながらしゃくり上げる顔つきが、まるで頑是ない子供のようでした。(谷崎潤一郎『痴人の愛』)

b.……流着鼻涕大抽大噎地哭着,简直就像个幼稚的孩子。

但是,「込みあげる」可以与汉语中的述补结构“涌上”对应。在刘(1998)对趋向补语“一上”的分类中,虽然没有与表示情绪波动义相类似的分类,但是在“趋向意义”分类下,有“转身走了,心里却涌上一股说不出的感情”这样的例句。在语料库中,也有像例(19)这样「こみ上げる」与“涌上”对应的情况。

(19)a.こみ上げてくる不安を、おし殺しながら、……(安部公房『砂の女』)

b.他竭力扼制住心里涌上的阵阵不安,……

5.5　完成义

5.5.1　物品的完成义

表示物品的完成义的「一あげる」有「焼きあげる」「鍛えあげる」等。「一あげる」多与产出类的前项动词结合,表示随着动作的结束,产出了某种成果,含有动作主体为了达成某种目的,不断努力,最终完成某动作或行为的意义。这一组词在对译语料中,大多译为含结果补语的“一好”“一完”以及含趋向补语的“一出”。“一好”相比另外二者来说,带有说话人对成果的一种肯定的评价。如例(20)中的“织好”表达了对姑娘们用半年心血织成的“绉纱”的肯定。“一出”含有“由无到有,由隐蔽到显露”的结果意义,可以表示物品的完成,如例(21)中的“制作出”表示“地图”从无到有,最终完成。

(20)a.娘達が半年の丹精で織り上げたのもこの初市のためだから、……(川端康成『雪国』)

b.姑娘们用半年心血把绉纱织好,也是为了这首次上市。……

(21)a.……おおよその地図はつくりあげることが出来た。(安部公房『砂の女』)

b.……就能制作出大致的地图。

5.5.2　事件的完成义

表示事件的完成义的「一あげる」有「数えあげる」「調べあげる」等,往往带有将某一集体的对象全部(数/调查)尽的感觉,含有一种成就感。但是这种感觉在汉语译文中往往没有被体现出来。

(22)a.長澤規矩也は何回となく北京·天津に遊び、古書肆を一軒一軒調べ上げた紀行文もあるのだが、……(谷沢永一『百言百話』)

b.长泽规矩也曾多次游历北京和天津,在对古书店一家一家进行调查的基础上还写有纪行文。……

(23)a.母は港町で芸者を勤め上げた後も、踊の師匠としてそこにとどまっていたが、……(川端康成『雪国』)

b.母亲在港市不当艺妓之后,就留在这里当了舞蹈师傅。……

在例(22)中,「調べ上げる」被译作"调查",即只翻译出了前项动词。例(23)中的「勤め上げる」带有"在一家公司工作到退休"或"结束任期"的语义,在日本文化中这是一件非常光荣的事情,而在中国没有这种文化,难以找到类似的表达,因此只能意译。且"不当"是一个中性的词,没有表达出「勤め上げる」含有的积极意义。

5.6 强调义

表示强调义的「—あげる」有「絞りあげる」「縛りあげる」等,「—あげる」表示对前项动词的强调,给前项动词增添"用力""彻底"等含义。这类词被译作汉语时,一般会采用"(程度副词)+前项动词"的结构,有时也能与述补结构对应,如例(24)中,「緊め上げる」被译成表示「緊める」含义的"勒"加结果补语"紧"。

(24)a.……あちこちにほんろうされ、次第に緊め上げられて行く感じである。(井上靖『あした来る人』)

b.……自己被翻来覆去地玩弄完后,又给她渐渐勒紧。

6 结论及展望

本文以「—あげる」与汉语的对译语料为基础,考察了「—あげる」与汉语述补结构的对应及不对应关系,具体结论可归纳为表5。

表5 「—あげる」与汉语的对应关系

义项		词例	对应的汉语	
			能译作述补结构	不能译作述补结构
由下及上	空间中整体的由下及上	抱きあげる	—起、—上、—出	(扩展义) 动词或其他结构
	序列中整体的由下及上	切りあげる	—高	动词或其他结构
	空间中部分的由下及上	積みあげる	—起	
	空间中由下及上义的扩展义	担ぎあげる	—上	动词或其他结构
向上的动作方向	—	見あげる		"(修饰成分)+前项动词"或其他结构
社会性行为	下位者对上位者的行为	申しあげる		动词或其他结构
	上位者对下位者的行为	召しあげる		动词或其他结构
情绪波动	—	込みあげる	涌上	动词或其他结构

（续表）

义项		词例	对应的汉语	
			能译作述补结构	不能译作述补结构
完成	物品的完成	書きあげる	—完、—好、—出	
	事件的完成	数えあげる		动词或其他结构
强调	—	締めあげる	勒紧	（程度副词）＋前项动词

从表5可以看出，表示在物理空间中的上升的「—あげる」，如空间上升、由物体形状改变引起的部分上升，大多可以与汉语中的趋向补语对应，这主要是由于物理空间中的上升属于二者的基本义，两国人民对此的认知方式基本相同。而「—あげる」与趋向补语都具有多义性，在向更加抽象的领域扩展时，产生了不同的语义。因此，其他表示抽象的上升义的「—あげる」大多无法直接与汉语中的补语对应。表示完了、完成义的「—あげる」，可以与汉语中的结果补语“—好”“—完”以及趋向补语“—出”对应，这是因为二者的形式都是“动作—结果”，同样表示由活动事态与结果事态构成的复合事态。

日语复合动词的后项动词与汉语补语的使用条件是相当复杂的，通常不能由单因素条件决定。本文从语义的层面考察了「—あげる」与汉语补语的对应关系，今后将考察与前接动词的结合条件、语义指向、句法层面的异同等课题。

注

① 本文的对译语料皆来自北京日本学研究中心研发的《中日对译语料库》(第一版)，下画线为笔者所添加。
② 部分语料有多个版本的译文。
③ 本文中日语复合动词的词义参考『日中辞典(第二版)』(小学館)。

参考文献

[1] 蓝纯.从认知角度看汉语的空间隐喻[J].外语教学与研究，1999(4)：7-15.
[2] 刘月华.趋向补语通释[M].北京：北京语言文化大学出版社，1998.
[3] 辛永芬.论能够做结果补语的动词[J].河南大学学报(社会科学版)，2003(1)：87-89.
[4] 杨晓敏.论隐喻在日语复合动词形成过程中的重大作用：以方向隐喻“上/下”为例[J].山东教育学院学报，2010，25(6)：73-78.
[5] 杨晓敏.认知语义学视角下的日语复合动词研究[M].上海：复旦大学出版社，2019.
[6] 翟东娜，张丽虹.日语复合动词「V出す」的空间位移终点表达：兼与汉语比较[J].汉日语言对比研究论丛，2017(01)：169-181.
[7] 朱德熙.语法讲义[M].北京：商务印书馆，1982.
[8] 申亜敏.中国語結果複合動詞の意味と構造：日本語の複合動詞·英語の結果構文との対照及び類型的視点から[D].東京：東京外国語大学，2009.
[9] 陳月吾，王育潔.複合動詞後項文法化の日中比較：「V－上げる」と「V－上」を中心に[J].福井工業大学研究紀要，2011(41)：548-553.
[10] 中村その子.日本語複合動詞の意味形成と特性：言語認知の立場から[J].経営·情報研究，1998(2)：65-155.
[11] 新美和昭.複合動詞 外国人のための日本語例文·問題シリーズ[M].東京：荒竹出版，1987.
[12] 姫野昌子.複合動詞の構造と意味用法[M].東京：ひつじ書房，1999.

[13] 望月圭子.日本語教育における複合動詞の習得:英語の句動詞·中国語の補語との比較から[J].東京外国語大学論集,2018(96):183-204.

作者信息

姓名:刘馨怡

学校:西安外国语大学

联系地址:陕西省西安市长安区文苑南路6号

电子邮箱:976492208@qq.com

拟声拟态词与副词功能的对比考察*
——以「拟声拟态词＋する」谓语用法为中心

东北财经大学　刘玥

1　拟声拟态词与副词用法对比

日语中有数量众多的拟声词、拟态词，用于表现人或其他动物、物体发出的声响或情感状态、事物的性质状态等抽象概念，如「げらげら笑う」(哈哈大笑)、「うろうろ歩く」(彷徨、转来转去)。从语法角度看，日语的拟声拟态词在词性上被归类为副词，且主要为情态副词。但拟声拟态词既可以直接修饰用言，也可以后接「と」「に」修饰用言。此外，拟声拟态词还可以通过后接「する」变为动词，或像形容动词一样后接「の」「な」「だ」，或直接作为名词使用(宫内，小木曽，小磯，等，2011；黄，2011)。尤其后接「する」在句末作谓语这一用法是其他副词所没有的。下表总结了拟声拟态词与其他副词在用法与接续上的区别。

表1　副词与拟声拟态词的用法及接续

用法	接续	其他副词(非拟声拟态词)	拟声拟态词
连用修饰	V型	まったくちがう すでに指摘する	はっきり覚える ゆっくり歩いている
	とV型	—	ぴったりと合う のんびりと過ごす
	にV型	わずかに開いた	ふわふわになる
连体修饰	N型	ずっと昔 わずか一瞬だ	—
	する型	—	しっかりした子 こってりする味
	の型	ようやくのこと 一層の精進を望む	ゆったりの家
	な型	—	自信たっぷりな様子

* 本文为2020年度辽宁省社会科学规划基金项目“日语学习者历时语音语料库的建设及应用研究”(项目编号：L20BYY019)的阶段性成果。

（续表）

用法	接续	其他副词(非拟声拟态词)	拟声拟态词
句末表达	する型	—	ぞくぞくする
	だ型	なぜだ そのままだ	もううんざりだ
	と/になる型	大変になっていただろう	すべすべになった

从表1可以看出，拟声拟态词的词性很难一一判断，拟声拟态词本身也存在和副词完全不同的用法，因此不能简单地将它归类为副词。基于此，本文将以「拟声拟态词＋する」在句末作谓语这一用法为中心，通过分析语料库用例对其用法、词义进行分类，探究什么样的拟声拟态词常后接「する」在句末作谓语，什么样的拟声拟态词基本不具备这样的用法。

本文主要采用以下研究方法：使用日本国立国语研究所的语料库 BCCWJ，以「拟声拟态词＋する」为关键词进行检索，分析收集到的用例，在既有研究的基础上探究相关拟声拟态词的特征。

2 「拟声拟态词＋する」谓语用法

2.1 「拟声拟态词＋する」结构分类

据田守(2022)的研究，在将拟声拟态词变为动词的方法中，最有效的就是在拟声拟态词后面接「する」这个动词词尾。而这样的「拟声拟态词＋する」结构可以在句末作谓语，这是拟声拟态词和副词最大的区别。然而，并不是所有的拟声拟态词都可以后接「する」在句末充当谓语。本节将以「拟声拟态词＋する」的句末谓语用法为中心，探讨这些拟声拟态词的特点。在 BCCWJ 中以「副词＋する」为检索条件，抽取能够后接「する」在句末作谓语的拟声拟态词，出现频率排名前50的如下所示：

ほっとする	きちんとする	ちゃんとする	じっとする	しっかりする
のんびりする	はっとする	はっきりする	うんざりする	ぞっとする
ゆっくりする	いきいきする	ぎょっとする	どきどきする	さっぱりする
すっきりする	そっとする	うろうろする	ひんやりする	わくわくする
しっとりする	ひっそりする	ちやほやする	にっこりする	いらいらする
うっとりする	がっかりする	にやにやする	がっしりする	にんまりする
うきうきする	ぴりぴりする	ねっとりする	ふわふわする	むしゃくしゃする
こんもりする	そわそわする	べたべたする	ぼんやりする	もじもじする
おっとりする	つるつるする	じりじりする	おどおどする	おろおろする
ぎらぎらする	きびきびする	ちくちくする	ぐらぐらする	びくびくする

朱(2005)在《日语词汇学教程》中对拟声拟态词的分类如下：

A.人发出的声音

がやがや(大量的人声，杂音)　ぱちぱち(拍手声)

B.动物鸣叫声

があがあ(鸭类)　かあかあ(乌鸦)　ちゅんちゅん(雀)

C.物体发出的声音

かんかん(钟声)　どんどん(太鼓声)　ちゃりん(金属撞击声)

D.自然现象

うらうら(阳光明媚的样子)　どんより(层云密布的样子)

E.物的状态、性质

かちかち(形容非常硬的状态)　ごわごわ(布匹等硬邦邦的样子)

どっしり(厚重沉着的样子)

F.人的动作、状态

すたすた(快速走路的样子)　うろうろ(漫无目的徘徊的样子)

G.人的心情、感觉

あっさり(淡泊的样子)　のんびり(不慌不忙的样子)　うきうき(开心雀跃的样子)

据语料库中的用例,能够后接「する」在句末作谓语的拟声拟态词主要集中在D、E、F、G四类。另外,“D. 自然现象”和“ E. 物的状态、性质”的拟态词较多,且分类标准较为模糊。因此,本文将D与E合并为一类,统称为“物的状态、性质”。根据以上分类标准,收集的50个拟声拟态词的分类如下表所示。若一个拟声拟态词同时具有多种含义,则重复分类(画线部分)。

表2 「拟声拟态词+する」分类

分类	词例	个数	所占比例
表示物的状态、性质	きちんとする　ちゃんとする　はっきりする さっぱりする　すっきりする　しっとりする がっしりする　ふわふわする　こんもりする つるつるする　じりじりする	11	20.00%
表示人的动作、状态	きちんとする　ちゃんとする　じっとする しっかりする　のんびりする　はっきりする ゆっくりする　いきいきする　うろうろする ひっそりする　ちやほやする　にっこりする いらいらする　にやにやする　にんまりする ぼんやりする　もじもじする　おっとりする きびきびする　ぐらぐらする	20	36.36%
表示人的心情、感觉	ほっとする　はっとする　うんざりする ぞっとする　ぎょっとする　どきどきする すっきりする　そっとする　ひんやりする わくわくする　しっとりする　うっとりする がっかりする　うきうきする　ぴりぴりする ねっとりする　むしゃくしゃする そわそわする　べたべたする　おどおどする おろおろする　ぎらぎらする　ちくちくする びくびくする	24	43.64%
合计		55①	100%

注:①在收集的50个拟声拟态词中,有5个拟声拟态词重复分类,因此共计55个。

如表2所示,收集到的词中,能够后接「する」在句末作谓语的拟声拟态词都是拟态词,具体从

其词义来说，这些词主要用于表现"情态"，如物或人的状态、动作、性质，以及人的感觉、知觉等。并且，根据句中体的瞬间性或持续性，其后可接「する」「している」「した」等活用形。如：

(1)题を見ただけで胸がわくわくしますネ。(持续)　　　　　(池田浩士著『似而非物語』)

(2)そう思って、ハッとした。(瞬间)　　　　　(響野夏菜著『振り返れば先生がいる』)

2.2　较难后接「する」在句末作谓语的拟声拟态词特征

据伊东(2006)的研究，拟声拟态词能否后接「する」在句末作谓语，也与其具有哪种副词用法有关。本节以伊东的观点为基础，从拟声拟态词的副词性出发探讨「拟声拟态词＋する」的结构特征。

一直以来，关于日语副词的定义和分类，有各种各样的研究，如词汇特征角度的研究、句法特征角度的研究等。其中最为经典的为山田(1936)的分类，他将副词分为程度副词、情态副词、陈述副词三类。"情态副词"顾名思义，侧重于表现动作或状态本身的具体样态，如「はっきり聞こえる」；"程度副词"表示一种程度的概念，主要对某种性质、状态的程度进行修饰，如「わずか二人事務室に残っていない」；"陈述副词"指限定谓语陈述方式的副词，表示说话者的某种心情或语气，与后续谓语相呼应，如「めったに雨が降らない」。其中，情态副词占绝大多数，程度副词、陈述副词较少。

除上述用法外，根据语料库中的用例，拟声拟态词的副词用法中，后接「に」「と」，侧重于表现"动作发生的结果"的情况也较多。例如「髪をふんわりと膨らませる」一句中，「ふんわり」表示发丝变蓬松这一结果。因此，本节在山田分类的基础上，引入任田(1983)提出的"结果副词"的概念进行分析。

据表2可知，能够形成「拟声拟态词＋する」结构在句末作谓语的拟声拟态词，从其语义上来说，主要表示"情态"。但一部分作情态副词使用的拟声拟态词，已与其后接的动词形成固定搭配，难以再接「する」表义，如「ごくごく飲む」「せかせか働く」。此类拟声拟态词本身带有较强的修饰动词状态的意义，句中的焦点不在于拟态词，而在于其后的动词。

其次，在拟声拟态词的其他副词用法中，作为程度副词、结果副词、陈述副词使用的拟声拟态词也很难后接「する」在句末作谓语(伊東，2006)。在BCCWJ搜索能够作为陈述副词、结果副词、程度副词使用的拟声拟态词，结果如下：

たっぷり　しばしば　ふんわり　めっきり　ちょいちょい　ぐっしょり　ほんのり
ぐったり　そっくり　さっぱり　こんもり　ごっそり　すっかり　どっさり　めきめき

再以这些词加「する」为关键词进行检索，能够在句末作谓语的为以下3例：

(3)これ終わらせたら、礼はたっぷりするからな。

(あかほりさとる、あおしまたかし著『爆炎campusガードレス』)

(4)平らになでつけてあって、ふんわりしている。

(ジズー·コーダー著；枝廣淳子訳；天野喜孝絵『ライオンボーイ』)

(5)それに対して、森はこんもりしている。　　　　　(サライ編集部編『上手な老い方』)

但是，即使是同一个拟声拟态词，理解角度不同，其语义用法也不同。也就是说，拟声拟态词的语义用法具有模糊性，不局限于一种。「たっぷり」「ふんわり」「こんもり」都可以表示程度或结果，但在例句(3)～(5)中，其描述事物样态的语义，即作为情态副词的语义更强。

另外，表示结果的拟声拟态词一般都后接「とする」「にする」充当句子成分，无法直接后接「する」在句末作谓语。

(6)雪のために、目に見える固い縁などない、夢の中の風景のように、ふんわりとしていた。　　　　　(デイヴィッド·グターソン著；高儀進訳『殺人容疑』)

最后，以上分析均是针对拟态词的。至于拟声词能否后接「する」在句末作谓语，在语料库中以「副词＋する」为检索条件，抽取「拟声词＋する」结构，结果如下：

(7)新次はふりかえる。知子を見て目をパチパチさせた。

（富島健夫著『二年二組の勇者たち』）

(8)語尾にも力がはいりまくる。足もばたばたさせる。

（瀬川貴次著『実録·カトレア寮の怪』）

「パチパチ」和「バタバタ」可以作为拟声词使用，但以上两例中，拟态词的语义更强。「バタバタ」多指事态急速进行或慌张杂乱的样子，「パチパチ」指频繁眨眼的样子。纯粹表音的拟声词很难后接「する」在句末作谓语，如「ガチャ」。而既可以作拟声词也可以作拟态词的词语在部分情况下可以后接「する」在句末作谓语。关于拟声词无法后接「する」在句末作谓语的理由，中北(1991)解释说："拟声词本身只是一个具体的临时词，仅是将非语言的声音转化为语言，作为一种语言，它的抽象化程度很低。"即拟声词本身并没有太大的实际意义，无法直接后接「する」表示状态，需要其他成分的补充辅助。如：

(9)バシッと音がして三人は驚愕した。　　（赤川次郎著『三毛猫ホームズの騒霊騒動』）

3　结语

本文主要关注拟声拟态词和副词在语义用法上的差异。日语拟声拟态词作为一类特殊的词，虽然大多被归为副词，但在用法上又与副词有诸多不同。拟声拟态词可以后接「する」在句末作谓语，而副词不能。本文以这一主要区别为中心展开论述。首先对比了副词和拟声拟态词的连用修饰、连体修饰、句末表达功能，在分析两者用法差异的基础上，探讨拟声拟态词的词性。结果表明，拟声拟态词除了具有普遍认为的副词性功能外，还可以后接「する」作动词，像形容动词一样后接「の」「な」「だ」，或在儿童用语等情境中单独作为名词使用，具有多种词性。

接下来，本文围绕「拟声拟态词＋する」的谓语用法，对收集到的用例进行了分类研究，探讨具体哪些拟声拟态词可以后接「する」在句末作谓语。分析结果显示，具有实际意义的拟态词常后接「する」在句末作谓语，比如表示物或人的状态、动作、性质，以及人的感觉、知觉等的拟态词。而基本不具备这一用法的拟态词分为两种，一种虽然也表示情态，但比起「する」，更常与其他动词搭配使用，另一种则是作为"程度副词""陈述副词""结果副词"使用的拟声拟态词。另外，拟声词由于不具有实际意义，只能单独使用或和其他成分一起在句中发挥作用，所以不能后接「する」在句末作谓语。

参考文献

[1] 朱京伟.日语词汇学教程[M].北京：外语教学与研究出版社，2005.

[2] 山田孝雄.日本文法学概論[M].東京：宝文館，1936.

[3] 田守育啓.オノマトペ　擬音·擬態語を楽しむ[M].東京：岩波書店，2002.

[4] 仁田義雄.動詞に係る副詞的修飾成分の諸相[J].日本語学，1983，2(10)：18-29.

[5] 中北美千子.擬音語·擬態語と形式動詞「する」の結合について[J].国文目白，1991(31)：247-256.

[6] 宮内佐夜香，小木曽智信，小磯花絵，等.『現代日本語書き言葉均衡コーパス』に基づくオノマトペの分析：品詞性の検討を中心に[C] //言語処理学会.言語処理学会第17回年次大会発表論文集.京都：言語処理学会事務局，2011：651-654.

[7] 伊東真美.日本語オノマトペの「スル」動詞化の研究[J].日本語の研究，2006，2(4).

[8] 黄慧.現代日本語におけるオノマトペの「スル動詞化」について:現代日本語書き言葉均衡コーパスBCCWJを用いた調査を基に[J].言語·地域文化研究,2011(17):77-94.

作者信息

姓名:刘玥

学校:东北财经大学

联系地址:辽宁省大连市沙河口区尖山街217号东北财经大学

电子邮箱:939010415@qq.com

話し言葉における名詞に接続するトキの意味用法についての一考察

神戸大学　寧宸

1　はじめに

現代日本語において、「トキ」は、形式名詞として句や従属節を構成し、出来事間の時間関係を表すのに使用されている。トキの意味用法に関しては、従来から述語にトキが後接してできた従属節、いわゆるトキ節をめぐって、研究が盛んに行われている。それに対し、名詞にトキが後接する「Nノトキ」の形をとっている名詞句は、特に取り立てられることがなく、トキ節に準ずるものとして論じられる。しかし実際には、「Nノトキ」の使用を確認すると、以下のように従来のトキ節の意味用法の分類に当てはまらないものが見られる(以下、「Nノトキ」の部分をゴシック体にし、末尾の【　】に例の出典を示す)。

(1)(前略)、この**平成四年のとき**、その入国目的が、朝鮮半島及び北東アジアの平和のあり方について我が国の北東アジアの平和を考える国会議員の会のメンバーとの意見交換にあるという事情を考慮しまして、その上陸を十二条に基づいて特別に許可したものでございます。【BCCWJ①　国会会議録1998】

従来のトキ節の意味用法の分類には、例1のような時を表す名詞(以下、「時間名詞」と呼ぶ)に接続するトキの用法が見られない。時間名詞に接続するトキに関する論考は、管見の限りでは市川(2010)のみである。市川(2010)によると、「週末」「冬」のような時間名詞には、「トキ」を付加する必要はない。しかし、例1のような例が見られるように、時間名詞にトキが付加されることもある。そして、例1においては、「平成四年に上陸を特別に許可した」のように、「トキ」がなくてもよい。時間名詞にトキを付加することで、トキがない場合と異なった意味合いを付与される可能性が窺える。このように、「Nノトキ」には従来のトキ節の意味用法の分類では説明ができないものが存在する。

そこで、以上のような用法を説明することを含め、名詞に接続するトキの意味用法を再検討することを目的とする。例1のような時間名詞にトキが付加された例は国会会議録で見られ、またトキはそれと同様に同時的時間関係を表すとされている「際」より話し言葉的である。以上の二つの理由から、本稿では話し言葉の資料を用いて調査を行う。

2　先行研究

前節で述べているが、「Nノトキ」の意味用法を取り立てて論じている研究は管見の限り見当たらない。「Nノトキ」の意味用法に言及しても、その分類はトキ節の分類基準に基づいたものである。「トキ」で構成する表現という点では「Nノトキ」もトキ節も共通しているため、本節では、トキ節の意味用法に関する研究を概観していく。以下、「トキφ」[②]「トキニ」「トキ(ニ)ハ」の3つの形式の用法を分析している寺村(1983)、塩入(1995)をまとめる。寺村は、「トキφ」「トキニ」「トキハ」のそれぞれの中心的な用法について次のようにまとめている。

(i)PトキハQ　この形が最も適当なのは次の場合である。

(イ)PトキQが一般的なきまりを表わしているとき。

(ロ)一回きりの事象でも、Qがある状態を表わしているとき。

(ii)PトキニQ

この形が最も適当なのは、一回きりの事態の発生を報告する文の場合である。

(iii)PトキQ

この形は、上のどの場合にもほとんど使用可能だが、特に、話し手がまずPという事態を述べ、次にそれに続いて起こったことを、いわば発見として述べる場合にはこの形が最も適当である。　(寺村,1983:263)

塩入(1995)は、寺村(1983)の分析に補足をつける形として、「トキφ」「トキニ」「トキ(ニ)ハ」について節としての独立度、主節の述語の2つの視点を加えており、それぞれ次のような結果が得られた。一つ目は、南(1974)のC類の節(ガ、ケレドモ等)に含まれるのは、3つの形式のいずれも可能であるが、B類の節(ト、バ、タラ)に含まれるのは、「トキφ」「トキニ」で、「トキ(ニ)ハ」は含まれにくいということである。二つ目は、「状態」を表す述語は「トキ(ニ)ハ」の主節に多く、「変化」を表す述語は「トキφ」「トキニ」の主節に多く、「トキφ」では特に従属節と主節の動作主(状態主)が異なる場合が多いということである。

以上、形式名詞であるトキの意味用法に関する論考を概観してきた。これまでの研究は、①トキでつなぐ2つの事柄が表す事象は「一般的な決まり」なのか、それとも「一回きり」のことなのか、②主節の述語は「状態」を表すものなのか、それとも「変化」を表すものなのかの2つの観点[③]からトキの意味用法について考察を行ってきた。しかし、トキを含む文では、それが表す事象やその主節の述語を分類しても、時間名詞に接続するトキの文中での働きは明らかにならない。例2、例3のように、時間名詞に接続するトキを含む文は、一般的な決まりの事象(例2棒線部)と一回きりの事象(例3棒線部)のどちらも表していることがある。また、主節の述語には、「状態」(例2四角囲み部分)を表すものもあれば、「変化」(例3四角囲み部分)を表すものもある。そこで本稿では、時間名詞に接続するトキに注目し、名詞に接続するトキの意味用法を再検討する。

(2)太陽は、東からのぼって、西にしずみますが、**正午(昼の十二時)のとき**、もっとも高いところにありますか。　【BCCWJ　久道健三『科学なぜどうして』】

(3)自分が入社したときの前年なら前年度の全国平均の賃金を公示すればいいのですから。そして、自分の賃金を比べれば○.六とか七とか出るでしょう。(中略)、**最後のとき**

は第二会社へ行ってそして〇.八だった。　　【BCCWJ　国会会議録2004】

3　研究方法

本節では、本稿の研究方法について述べる。まず、本稿で用いた調査資料を紹介する。本稿では、コーパスを用いて名詞に接続するトキの意味用法を調査した。調査には、『現代日本語書き言葉均衡コーパス』(https://chunagon.ninjal.ac.jp/)(以下、BCCWJ)の「特定目的・国会会議録」(以下、「国会」)および『日本語日常会話コーパス』モニター公開版(https://chunagon.ninjal.ac.jp/cejc/search)(以下、CEJC)のデータを使用した。なお、古語や方言は除外した。BCCWJとCEJCのいずれでもオンライン検索アプリケーション「中納言」を用いて短単位検索を行った。データの抽出方法としては、[キー:語彙素＝時　AND　語彙素読み＝トキ、前方共起(キーから1語):語彙素＝の、前方共起(キーから2語):品詞＝名詞]の検索結果から、用例を抽出した。

次に、本稿で扱う時間名詞について論じる。1節で述べたように、「Nノトキ」には、従来の分類に当てはまらない、Nが時間名詞である用法が存在する。調査を行う際は、国立国語研究所(2004)で作成した『分類語彙表』[体の類][(分類番号)1.16時間]に収録している2,498語のうち、「今日」「7時」「水曜日」のような、「トキ」をつけなくても、それ自体あるいはそれに助詞ニをつけた形を用いて、出来事が起きる時点を表すことのできるものを時間表現として取り扱った。また、鍛治等(2021)に倣い、次の2つの基準によって時間名詞を分類している。

1)時間の周期による分類

Ⅰ:時間周期単位「日」「年」「週」「月」の一部分の時間を切り取って表す

例:朝(「日」という周期的な時間の始まりの部分を表すもの)、

夏(「年」という周期の中で明るい時間が長く気温の高い部分を表すもの)

Ⅱ:時間周期単位「日」「年」「週」「月」などの1単位全体を表す

例:昨日、今年、来週

Ⅲ:非周期的時間

2)基準時間との関係による分類

a:直示的時間表現:発話時との関係を表す

例:昨日、今日、明日

b:相対的時間表現:文脈により与えられた基準時点との関係を表す

例:前日、当日、翌日

c:基準時点との関係が含まれない表現:文脈によって決まる

例:朝、5月5日

以下の表1に、本稿で扱う時間名詞の分類をまとめる。なおその分類の中の時間名詞の例は、鍛治等(2021)でも『分類語彙表』でも用いられ、重複していたものである(鍛治,佐々木,嶋田,2021:245を参考に作成)。

表1　本稿における時間名詞の分類

	Ⅰ	Ⅱ	Ⅲ
a.直示的	夕べ、昨夜、けさ、今夜、明朝、今夏…	おととい、きのう、本日、去年、ことし、再来年…	さっき、昔、いま、このごろ、現時点、今度…
b.相対的	前夜、翌晩、翌春…	前日、当日、翌日、前年、当年、翌年…	まえ、前回、以前、当時、あと、以降、次回…
c.基準時点なし	朝、明け方、夜、秋、真夏…	ある日、某日、母の日、7月21日、2021年…	あるとき…

4　分析結果

本節では、時間名詞が付加されるトキの用法を中心に、①出現形式による違いがあるのか、②トキに接続する名詞のタイプにどのような特徴があるのか、③前後文脈との関わりがあるのか、の3つの課題をめぐり、「Nノトキ」の意味用法について調査する。

まず、「Nノトキ」の出現形式の分布を次の表2に示す。なお、時間名詞に接続する例が1例以下である出現形式すべては「その他」に分類したうえで、出現回数を統合して示す。

表2　「Nノトキ」の出現形式の分布

		後接する形式								合計
		に	には	は	も	φ	の	にも	その他※	
出現回数（比率/順位）	時間名詞	16（21%/1）	14（18%/2）	13（17%/3）	11（14%/4）	8（10%/5）	7（9%/6）	4（5%/7）	5（6%/—）	78
	時間名詞以外	322（37%/1）	79（9%/4）	88（10%/2）	40（5%/7）	76（9%/5）	80（9%/3）	41（5%/6）	138（16%/—）	864
合計		338	93	101	51	84	87	45	143	942

※時間名詞の場合、「から・とか・が・については・でしたら」は各1例ある。時間名詞以外の名詞の場合は紙面の都合で割愛する。

表2から、次の2点がわかる。

①「Nノトキ」の用例のうち、Nが時間名詞であるものは78例見られ、全体の8%を占めている。わずかな例であるが、時間名詞にはトキが付加されることがある。

②Nが時間名詞でもそれ以外の名詞でも、「Nノトキ」に後接する形式の出現回数の上位5位に「に」「には」「は」が入る。ただし、Nが時間名詞である場合、「Nノトキには」と「Nノトキは」の出現率は、Nが時間名詞以外の名詞である場合に比べて高くなっている。一方、Nが時間名詞である場合、「に」が後接する用例の数（16例）は「時間名詞ノトキ」全体（78例）の21%だが、Nが時間名詞以外の名詞である場合（864例のうち322例、37%）より低い。

次に、トキに接続する時間名詞の種類を以下の表3にまとめる。

表3　トキに接続する時間名詞の種類

	I	II	III	合計
a.直示的	0	0	6	6
b.相対的	0	1	19	20
c.基準時点なし	4	33	15	52
合計	4	34	40	78

表3から、以下のことがわかる。

1)①基準時点との関係が含まれない時間表現で、時間周期単位などの1単位全体を表す時間名詞(以下c.IIとする。「昭和四十五年」「十一月三十日」など)、②基準時点との関係が含まれない時間表現で、非周期的時間を表す時間名詞(以下c.IIIとする。「最後」「ラッシュアワー」など)、③相対的時間表現で、非周期的時間を表す時間名詞(以下b.IIIとする。「前」「前回」など)、の3種類の時間名詞が、トキと接続して出現することが多い。

2)トキに接続する名詞には、①直示的時間表現で時間周期単位の一部を表す時間名詞(以下a.Iとする。「昨夜」「けさ」など)、②直示的時間表現で時間周期単位などの1単位全体を表す時間名詞(以下a.IIとする。「きのう」「ことし」など)、③相対的時間表現で時間周期単位の一部を表す時間名詞(以下b.Iとする。「前夜」「翌晩」など)の3種類が見られなかった。このことから、トキは上記の3種類の名詞に付加しにくい傾向があると言える。

3) c.II、c.IIIのうち、「ある日・ある年・某年・某月・某日…」(c.II)、「あるとき」(c.III)など、話者から見て発話中で指し示す時間が不明の場合、また話者が時間を明示したくない場合に使用される時間名詞にもトキの付加は見られなかった。トキはこの種の時間名詞に付加しにくいと考えられる。

さらに、出現回数が多く、かつ従来からトキの主な出現形式として考察がなされてきた「トキニ」「トキ(ニ)ハ」「トキφ」を取り上げ、「Nノトキ」を含む文の前後文脈を確認しながら、この3つの形式が助詞ノによって時間名詞と結ばれる場合、どのような意味用法を持つのかについて考察する。

「Nノトキに」の場合、例4のように、トキはそれに前接する時間名詞が表す時期に「特定」の意味合いを与え、主文の事態が起きる/起きたのは、ほかの時期ではなくトキが後接する時間名詞の示す時期であるという意味を表している。前文には、発生時期を特定する原因となる内容が出ている場合が多い。例4の場合、前文で岩國委員は、総理が無料開放と約束した年度を「千九百七十二年」と言っていた。石原国務大臣は総理が無料すると言ったのは「千九百七十二年」ではなく、「千九百七十年」であると主張するために、トキをつけたものだと思われる。以下、「Nノトキ」の持つ意味用法と関連する前後文の内容を波線で示す。

(4)○岩國委員 総理、千九百七十二年十月、今から約三十年前ですけれども、高速料金のプール制が始まり、そして三十年後の、つまり二千二年の十月には無料開放される、こういう約束で始まったプール制。(中略)、結局守れなかった。(後略)

○石原国務大臣　(前略)**千九百七十年のときに**、三十年後に無料にすると言いました。

【BCCWJ　国会会議録2004】

「Nノトキ(に)は」の場合、例5のように、トキに前接する時期が特別に取り立てられ、ほかの場合との比較になっている。「Nノトキ(に)は」を含む文の前後文には、ほかの状況が提示されているか、またはほかの場合の存在が想定されている。その場合、「Nノトキ」の内容は前文から取り上げられたものであることが多い。

(5)私がこうした問題を取り上げたのは五十九年でございましたけれども、**五十九年のときには**当時たしか自販機が十六万台ぐらいだと思います、酒類販売の。今はもう二十万台を超えているわけですよね。　【BCCWJ　国会会議録1993】

「Nノトキφ」は、「Nノトキに」と「Nノトキ(に)は」のどちらの意味用法も表すことことができる。1節において「時」がなくてよいと述べた例1では、文鮮明氏は日本への上陸を拒否されることが一般的であり、彼が平成四年に上陸を許可されたことには特別な事情があったことが示されている。この場合、トキを「平成四年」に付加することで、「平成四年」の場合が取り上げられ、一般的な場合との対比になっていると言える。

(6)(前略)この文鮮明氏は、(中略)、上陸拒否事由に該当していたわけですが、この**平成四年のとき**、(中略)、その上陸を十二条に基づいて特別に許可したものでございます。

【BCCWJ　国会会議録1998】(例1を再掲)

「Nノトキに」「Nノトキ(に)は」「Nノトキφ」のいずれにおいても、前後文脈に「N ノトキ」が表す時間以外の時間の存在が示唆され、トキに取り立ての意味が存在する。時間名詞に接続するトキはこのような性格を帯びているため、「には」「は」が後接することが多いと推測される。また、「ある日」「某月」「あるとき」などのような時間名詞は、時間の指定が不明確であり、複数の時間帯から取り立てることが難しい。そのため取り立ての意味を持つトキに伴いにくいと考えられる。

5　おわりに

本稿では、時間名詞に接続するトキに注目し、名詞に接続するトキの意味用法について考察を試みた。その結果、次の3点がわかった。

1)Nが時間名詞でもそれ以外の名詞でも、「Nノトキに」「Nノトキには」「Nノトキは」という形で出現することが多い。ただし、時間名詞以外の名詞の場合に比べ、時間名詞に接続するトキの後ろには助詞ハ·ニハがくる頻度がやや高い。

2)トキは、基準時点との関係が含まれない時間表現で時間周期単位などの1単位全体を表す時間名詞、基準時点との関係が含まれない時間表現で非周期的時間を表す時間名詞と、相対的時間表現で非周期的時間を表す時間名詞の3種類に接続することが多い。

3)Nが時間名詞である場合、「Nノトキ」を含む文の前後文脈に、「Nノトキ」が表す時間以外の時間の存在が窺える。つまり、その場合にトキは取り立ての意味を持つ。

また、「去年の五月の十七日のとき」のような時間を表す名詞句が前接するトキの考察が課題として残っている。

注

① 現代日本語の書き言葉の全体像を把握するために構築されたコーパスである『現代日本語書き言葉均衡コーパス』を指す(https://chunagon.ninjal.ac.jp/)。

② 原文では「PトキQ」という用語が使用されているが、本稿では、このような「ニ」や「ニハ」などの助詞

を伴わないトキを「トキφ」と呼んでいる。

③ 塩入(1995)では、節の独立度の高低という観点も挙げられているが、本稿で取り扱う「Nノトキ」は節ではないため、考察の観点として参考にすることができない。

参考文献

[1] 市川保子.日本語誤用辞典:外国人学習者の誤用から学ぶ日本語の意味用法と指導のポイント[M].東京:スリーエーネットワーク,2010.

[2] 鍛治広真,佐々木文彦,嶋田珠巳.時間語彙の対照研究:時間語彙類型論にむけて[M]//鍛治広真,嶋田珠巳.時間と言語.東京:三省堂,2021:240-263.

[3] 国立国語研究所.分類語彙表:増補改訂版[M].東京:大日本図書,2004.

[4] 塩入すみ.トキとトキニとトキ(ニ)ハ[M]//宮島達夫,仁田義雄.日本語類義表現の文法:下.東京:くろしお出版,1995:539-546.

[5] 寺村秀夫.時間的限定の意味と文法的機能[M]//渡部実.副用語の研究.東京:明治書院,1983:233-266.

[6] 南不二男.現代日本語の構造[M].東京:大修館書店,1974.

作者情報

氏名:寧宸(ネイ シン/宁宸)

学校:神戸大学国際文化学研究科

連絡先住所:安徽省黄山市屯溪区昱中街道通道巷药检所宿舍西栋304室

メールアドレス:nei.shin.9407@gmail.comまたは1152762402@qq.com

汉日涉牛谚语的隐喻对比研究
——基于“使用频率列表”

苏州大学 潘呈 中南财经政法大学 王港

1 引言

语言是文化的载体，记录着不同民族的文化信息。认知语言学认为动物即人，动物“喻”人(Krzeszowski，1997：161)。人们使用涉牛谚语以牛喻人，将对牛的体型、外貌、生活习性的描述应用于对人的评价之中。在社会发展过程中，不同文化语境下的涉牛谚语因自然环境、价值观念等因素的差异(胡，1992：33)，表现出各具民族性的经验图式与处世哲学(梅，赵，2010：63)。

有关“涉牛谚语”的研究，国内学者从单语种研究以及多语种对比研究着手，重点考察谚语的文化价值(薛，2003；戴，2012)、色彩意义(王，2008)、异形现象(邓，2011)，从而深入分析彼此的文化异同与审美意识。国内现有研究指出，古代中国农业社会长期将牛作为生产生活的工具，这使得牛成为中国传统文化的符号，以至于“提及老实肯干的人时，便会自然而然地联想到任劳任怨的老黄牛”(施，栾，2017：101)。与此相对，在畜牧业发达的俄罗斯，母牛(корова)作为农村普遍饲养的家畜，因能产奶而被认为是财富的象征(袁，2008)。在日本，重渔轻农的生产方式导致牛谚数量稀少，且内容多与农业生产无关(李，2017)。与国内相比，国外学者更多的是从生肖形象认知(馬場，2010)、动物观(朱，2009)等角度探讨涉牛谚语。研究发现牛谚是人类社会生活的经验浓缩，折射出了不同国家人民对牛的态度。

既有研究重视探索涉牛谚语的文化价值与色彩意义，并认为其能够反映特定的民族文化与思维模式，但是多数研究在语料选择上缺乏客观标准。并且，随着社会变迁、时代进步，部分牛谚已经无法如实地反映社会现象。鉴于此，本文综合运用文献研究与问卷调查等方法，制作汉日牛谚“使用频率列表”，筛选出尚在使用、为人所熟知的牛谚，进而比较中日两国人民对牛的隐喻认知与评价倾向，并分析其背后的社会文化因素。

2 数据来源与计量方法

本文选取中日谚语词典各10部，合计20部。包括《中华谚语大辞典》《新华谚语词典》《现代汉语谚语词典》『小学館ことわざ知る辞典』『新修ことわざ辞典』『新明解故事ことわざ辞典』等大中小型词典，谚语词条收录均量为5000条左右。并运用文献调查法，展开穷尽式检索，最后共获取汉语牛谚343条，日语牛谚176条(上述数据均为重复计数)，建立中日涉牛谚语语料库。

使用频率列表是用于筛选符合代表性和同等性条件的谚语群的统计工具，具体包含词典采纳率、问卷正确率等指标(鄭，2004)。代表性条件是指所选定语料必须是该文化谚语中具有代表意义的谚语；同等性条件是指须保证对比的两个谚语群的规模、内容具有相同性质(鄭，飯田，

2007)。本文适度优化郑芝淑的“使用频率列表”,在自建中日牛谚语料库的基础上,将语料按照出现频率由高到低排列,筛选出中日高频牛谚各15条。并依据筛选结果制作“关键词填空问卷”,调查两国人民对上述高频牛谚的熟知程度。调查对象为中日两国大学生、社会人士各50名,合计100名①。

3 汉日牛谚数量及语义认知对比

认知语言学将隐喻视作认知现象,认为它广泛地潜伏在人类的思维和概念体系之中(Lakoff,1980:1)。在与牛的长期交往过程中,不同社会环境下的生活与生产劳动经历,潜移默化地影响着人类的思维与概念体系,进而生成各具特色的隐喻认知与评价倾向。本文首先从牛谚数量出发,制作“使用频率列表”,了解牛谚传承的现状。其次,在“列表”的基础上,本文还将从语义认知的角度切入,深入分析社会文化因素如何影响隐喻认知与评价倾向的生成。

3.1 牛谚数量

本节首先统计了20部中日谚语词典中高频牛谚的数量,并比较汉日牛谚的数量分布特征。其次通过“关键词填空”问卷,量化中日两国人民对牛谚的掌握情况,最终生成汉日牛谚使用频率列表,如表3-1所示。

表3-1 汉日牛谚使用频率一览表

序号	汉语涉牛谚语	重	不重	正确率	序号	日语涉牛谚语	重	不重	正确率
1	强按牛头不喝水(按牛头吃不得草,牛不喝水不能强饮)	23	9	28%	1	牛は牛連れ、馬は馬連れ(牛は牛連れ)	9	7	23%
2	杀鸡焉用牛刀(割鸡焉用牛刀,杀鸡用不到牛刀)	12	9	98%	2	牛を馬に乗り換える	7	7	26%
3	牛皮不是吹的火车不是推的(火车不是推的泰山不是堆的牛皮不是吹的,泰山不是堆的牛皮不是吹的)	11	9	28%	3	牛に引かれて善光寺参り	5	5	44%
4	马不知脸长 牛不知角弯(牛不知角弯 马不知脸长)	11	9	6%	4	商いは牛の涎	5	5	18%
5	儿孙自有儿孙福 莫为儿孙做马牛	9	9	52%	5	牛の角を蜂が刺す(牛の角を蚊がせせる)	7	5	10%
6	牵牛要牵牛鼻子	9	9	58%	6	牛の歩み	5	5	41%
7	初生牛犊不畏虎(初生牛犊不怕虎)	8	8	100%	7	牛も千里、馬も千里(早い馬も千里、鈍い牛も千里)	6	5	23%

（续表）

序号	汉语涉牛谚语	重	不重	正确率	序号	日语涉牛谚语	重	不重	正确率
8	好马不停蹄 好牛不停犁	8	8	6%	8	牛に対して琴を弾ず（牛に経文、牛に麝香；牛に説法馬に銭；牛の前に琴を弾く）	14	5	18%
9	龙眼识珠 凤眼识宝 牛眼识稻草	8	8	12%	9	牛のしりがい（牛のしりがい外れがない）	5	4	3%
10	学者如牛毛 成者如麟角	8	8	10%	10	牛の小便と親の意見は長くても効かぬ（牛の小便；牛の小便と親の意見）	6	4	0
11	宁为鸡口 无为牛后（无为牛后 宁作鸡前）	8	8	16%	11	牛を食う気（食牛の気）	5	4	10%
12	牯牛身上拔根毫毛（九牛去得一毛，九牛身上拔一根毛）	8	8	20%	12	牛追い牛に追われる	4	4	8%
13	对牛弹琴 牛不人耳（对马牛而诵经）	8	7	98%	13	庖丁牛を解く	3	3	0
14	牛吃草 鸡吃谷 各人自有各人（的）福（各人自有各人福 牛吃稻草鸭吃谷）	7	6	20%	14	角を矯めて牛を殺す	3	3	10%
15	牛皮喊（唬）不倒人 草深掩不住苗	6	6	4%	15	牛売って牛にならず	3	3	8%

注：括号内是谚语的异形；重＝重复计数，不重＝不重复计数。

在统计词典高频牛谚数量分布特征时，主要使用“重复计数”与“不重复计数”两种方法。“重复计数”统计的是意义相近、形式不同的牛谚在词典内出现的次数，求得的是同类寓意牛谚的总数。“重复”值越大表示该牛谚的表达形式越丰富，表明人们对它的关注度越高。“不重复计数”是指同类牛谚在同一部词典内无论出现多少种异形，均按一次计数。所谓“异形”是指寓意相同、形式不同的谚语（鄭，2008：30）。“不重复”值既能衡量牛谚种类的多样性（施，李，2020：31），又可确定词典编纂者在收录牛谚时的认知共性，即某一寓意的牛谚被收录次数越多，表示其普及程度越高。

首先，分别比较汉日牛谚“重”与“不重”的数列分布特征。如表3-1所示，“重复”值方面，汉谚“重复”值为递减数列，汉谚1至6是中国人相对关心的牛谚。另一方面，日谚“重复”值不是递减数列，1、2、5、7、8、10等6条均受到日本民众不同程度的重视。“不重复”值方面，汉日两条“不重”数列均为递减数列。由此可见，中国人重点关心的牛谚与普及的牛谚一致；而日本方面却出现关心与普及不对等的情况。

为进一步解释该现象，本文利用SPSS 26.0版的T检验，考察汉日牛谚“重”与“不重”在数值上的差异程度。结果显示，汉日牛谚“重”的对比结果为 $t(28)=2.995, p<0.01$；“不重”的结果为 $t(28)=8.3111, p<0.01$。说明汉日牛谚在“重”与“不重”的数值上均存在非常显著的差异。结合表3-1的数据，差异具体表现为：较之日谚，汉谚的普及度高、数量多，并且表达形式更为丰富。

究其社会文化原因，主要有以下几个方面。

第一，古代农业社会长期的牛耕生产使中国人获得了更多的关于牛的经验图式，从而有机会大量创造并普及牛谚。据考古发现证实，在距今大约7000年前，中国原始社会的先民已经开始驯化栖息在中国东南滨海或沼泽地带的野水牛，并且逐步将其用于农业耕种（任，董，2016）。另外，从汉代画像可知，炎帝神农氏便是“牛首人身”的形象（黄，2013）。而日本重渔轻农的生产方式导致牛耕利用率低、出现时间较晚。经佐伯（1967）的考证，日本的牛耕大约始于镰仓时代（1185年—1333年）之前，且早期规模较小。

第二，不同的社会生活经验导致喻体不同。观察视角的差异使谚语形式灵活，且喻体多变。汉日牛谚的特色喻体折射出中日独有的社会经验，如汉谚喻体“牛皮”与中国黄河上游渡船之说及屠夫杀牛说有关；日谚喻体“善光寺”是真实存在于日本长野县的佛寺。此外，观察事物的焦点的转移丰富着谚语的表达。如表3-1中，汉谚1不改变“（强）按＋不”的形式而调换喻体顺序，将“水”换成“草”；汉谚3通过增减喻体的方式，在原有的“吹牛皮”与“堆泰山”的基础上，加上“推火车”；又如日谚5将「蜂」（蜜蜂）换成「蚊」（蚊子）；日谚7把关注点放在牛马的速度上，增加「早い」「鈍い」两个形容词做对比。然而，万变不离其宗，上述牛谚均存在一个核心意象作为概念化隐喻的轴心（束，2000：54），由其派生出的异形不仅反映出表达的丰富性与人们的重视程度，更显示出不同的自然环境、社会文化以及评价意识赋予隐喻认知理解的民族性特征（施，李，2020）。而隐喻是如此寻常，以至于我们难以捕捉它们的存在（Lakoff，1989：1）。为此，只有扩大问卷调查的规模，方能准确地把握两国人民对牛形象的认知差异，为分析隐喻内涵与对牛的评价倾向做准备。

3.2 语义认知

“‘比喻词汇’是指人与自然、事物等语义范畴的一种互换”（施，栾，2018：16）。通过解析牛谚的隐喻词汇，厘清造词机制，能够深入探究中日两国对牛的评价倾向与价值观念。基于“联系”的视角，可将表3-1的喻体划分成“牛与其他事物”和“牛个体”。

首先是牛与其他事物的喻体。经统计发现“牛马”“牛琴”是中日谚语都有的喻体，“重”与“不重”如表3-2所示。

表3-2　中日涉牛谚语喻体组合——牛与其他事物

汉谚	重	不重	举例	日谚	重	不重	举例
牛马	4	3	莫为儿孙做马牛	牛马	5	4	牛は牛連れ、馬は馬連れ
牛草	2	1	牛吃草 鸡吃谷	牛寺	1	1	牛に引かれて善光寺参り
牛琴	1	1	对牛弹琴	牛琴	2	1	牛に対して琴を弾ず
牛虎	2	1	初生牛犊不怕虎	牛经	1	1	牛に経文

注：重＝重复计数，不重＝不重复计数。

出于对牛谚跨文化比较的“代表性”“同等性”以及“使用频率”的考虑，下面以含“牛琴”喻体的汉谚“对牛弹琴”为例（参阅表3-1汉谚13），进行详细说明。它最早出自汉代牟容的《理惑论》，即“公明仪为牛弹清角之操，伏食如故。非牛不闻，不合其耳矣”。古代中国人视清操之角为雅乐，但弹与牛听后，牛却不为所动。这是以雅乐与牛的对比，讥讽“愚昧无知”之人。此处的“牛”既隐喻不明事理的人，同时蕴含着“愚笨”的负面评价。无独有偶，日谚「牛に対して琴を弾ず」「牛に経文」「馬に念仏」「犬に論語」以及「兎に祭文」均可翻译成“对牛弹琴”，与汉谚表达出相同的评价倾向。上述谚语将经验教训比作雅乐、经文、论语等深奥、高雅之物，将不明事理之人比作牛、马、兔、狗等家畜，从中不难发现，人们常把家畜与“愚笨”联系在一起。

从历史文化因素的角度来看，牛等家畜“愚笨”的负面评价源自古代中国人习惯依据六畜的生活习性与应用状态，赋予它们不同的等级、地位的做法（赵，金，2017）。牛是古代农业社会承担体力劳动的生产工具，为此，中国人对牛的负面评价多为“愚昧、干苦力”等。另一方面，日谚中出现牛“愚笨”的负面评价则可能与中日禅宗交流有关。日本镰仓时代（1185年—1333年）、室町时代（1336年—1573年）佛教发展鼎盛，中日间求法僧侣往来密切，禅宗受到社会各阶层的追捧。与此同时，由镰仓、京都五大官寺开板翻刻的禅宗典籍对当时社会影响深远。「牛に対して琴を弾ず」（参见表3-1日谚8）源自北宋睦庵善卿编纂的《祖庭事苑》。该书在日本南北朝时期（1336年—1392年）由京都五大官寺之一的东福寺翻刻发行，是当时颇具影响力的禅宗典籍之一（住吉，2014：32）。1754年的净琉璃作品『小野道風青柳硯』首次将「牛に対して琴を弾ず」改为「牛に経文」，可见，牛“愚笨”的负面评价已随禅宗典籍的推广，深入日本人心。

其次是着眼于牛的身体的喻体。基于“整体—局部”的视角，将牛谚的喻体进行分类，最终发现“牛角”是汉日牛谚都有的喻体。查询表3-1发现“重复”值分别达到11次、10次（3＋7），并且约有16％的中国人以及10％的日本人熟练掌握以“牛角”为喻体的谚语。如表3-1的汉谚4与日谚5所示，对于“牛角”，汉日共同的认知特征是“麻木”。牛角的物理特征是弯曲、质地坚硬。生物学认为牛角是牛头盖骨的角突起，内含角真皮与角鞘。角干部分每年都会增长，且内部无神经与血管分布。因此，无论是切割、手掐或者穿刺牛角，牛都不会感到疼痛，同时牛也无法自我感知牛角的长势。基于牛无法感知牛角的弯曲程度、长度以及疼痛的特点，人们将牛的生理特征（图式概念）进行延展：不知痛/不知长度→不自知→麻木。

另外，“牛角”在日谚中还有“中庸”之意，如表3-1的日谚14译作“矫枉过正”。该说法始自东晋郭璞所著的《玄中记》，原为「矯角殺牛」，后于1638年被收录至《毛吹草》而流传于日本社会（松江，1943）。1763年风靡一时的滑稽本『風流志道軒伝』又将「矯角殺牛」改成通俗易懂的「角を直さんとて牛を殺す」，从此该谚语走入了日本大众的生活。从表3-1可以看出目前并无寓意相似的汉谚，由此可推测日谚14中牛角“中庸”的寓意已不在中国流行。这从侧面说明牛谚喻体寓意存在时代性，随着社会生活的变迁，其寓意也会发生变化。

4 结语

中日两国人民在与牛共同生活、劳作的过程中，通过对牛的体型性格、生活习性以及周边环境的细致观察，灵活运用隐喻，创造出许多短小精悍、富有教育意义的涉牛谚语。本文通过文献研究、问卷调查法，制作汉日牛谚“使用频率列表”，筛选出具有代表性的牛谚作为语料，比较中日人民对喻体的语义认知，以此探析不同社会文化因素对隐喻认知和评价倾向的影响。

研究发现，首先，在牛谚数量上，较之日谚，汉谚数量更多，汉语牛谚更为普及且表现形式丰富；中国的调查对象对牛谚的熟悉度远高于日本人，由此可见中国人对牛有着更为深厚的感情。其次，在语义认知方面，古代中国人依据家畜的习性、应用状态赋予它们不同的地位，这一做法导致汉谚多给予牛负面评价。这一评价倾向随着中日禅宗交流，逐渐被日本国民所采纳。最后，牛谚喻体的寓意具有时代性，能够反映社会生活的变迁。在日谚中，我们可以发现汉谚早已不再使用的寓意。

对动物谚语的研究，可谓是任重而道远，今后可以继续深化中日谚语动物喻体的形象构建以及喻体的生成机制等方面的研究，以期更好地传承民间非物质文化遗产，推动两国之间的友好交流。

注

① 本文中的社会人士调查对象为30～60岁的职场人，其主要来源为上海、武汉等地日资企业的中日员工；学生群体为20～30岁的在校生，其主要来源为复旦大学、苏州大学、苏州城市学院、青山学习院大学、静冈产业大学、小樽商科大学等的大学生以及研究生。

参考文献

[1] 佐伯有清.牛と古代人の生活[M].東京：至文堂，1967.

[2] 住吉朋彦.国立歴史民俗博物館蔵五山版目録解題[J].国立歴史民俗博物館研究報告，2014(186)：31-81.

[3] 鄭芝淑.ことわざに関する対照研究の新しい試み：レベル別ことわざリストの作成とその応用[J].多元文化，2004 (4)：105-117.

[4] 鄭芝淑，飯田秀敏.ことわざミニマムとことわざスペクトル[J].言語文化論集，2007，29(1)：29-44.

[5] 鄭芝淑.ことわざの異形[J].多元文化，2008(8)：350.

[6] 朱銀花.日·中·韓三国の言語における動物文化の比較考察：「馬」、「牛」、「犬」、「猫」にまつわることわざを中心に[D].京都：京都大学，2009.

[7] 馬場俊臣.「牛」に関することわざ：牛の何をどう捉えてきたか[J].札幌国語研究，2010(15)：A13-A22.

[8] 松江重頼.毛吹草[M].東京：岩波文庫，1943.

[9] KRZESZOWSKI T P. Angels and Devils in Hell：Elements of Axiology in Semantics[M]. Warszawa：Wydawnictwo Energeia，1997.

[10] LAKOFF G，JOHNSON M. Metaphors We Live by [M]. Chicago：University of Chicago Press，1980.

[11] LAKOFF G，TURNER M. More than Cool Reason：A Field Guide to Poetic Metaphor [M]. Chicago：University of Chicago Press，1989.

[12] 邓飞.动物谚语的变体分析：反谚语[J].重庆理工大学学报(社会科学)，2011，25(07)：107-111.

[13] 戴丽.从空间层面看日语中的动物谚语及其汉译[J].延安大学学报(社会科学版)，2012，34(05)：114-116.

[14] 黄剑华.略论炎帝神农的传说与汉代画像[J].重庆文理学院学报(社会科学版)，2013，32(01)：34-48.

[15] 胡绍铮.含动物形象的某些俄汉成语、谚语对比[J].外语研究，1992(03)：33-36＋49.

[16] 李凌飞."牛"谚语的中日比较：从如何把握作为整体的牛的角度出发[J].湖北第二师范学院学报，2017，34(12)：38-43.

[17] 梅春才，赵巍巍.汉俄语文化中的牛文化意蕴[J].吉林师范大学学报(人文社会科学版)，2010，38(02)：63-65.

[18] 任乐乐，董广辉."六畜"的起源和传播历史[J].自然杂志，2016，38(04)：257-262.

[19] 施晖，李凌飞."动物比喻词汇"的汉日对比研究：以"性向词汇"中的"虫"族喻词为中心[J].东北亚外语研究，2020，8(04)：29-37.

[20] 施晖，栾竹民.中日韩三国"性向词汇"及文化比较研究[M].北京：外语教学与研究出版社，2017：101.

[21] 施晖，栾竹民.中日韩三国"性向词汇"中的"比喻词汇"对比研究初探[J].东北亚外语研究，2018，6(02)：16.

[22] 束定芳.隐喻学研究[M].上海:上海外语教育出版社,2000:54-55.
[23] 王爱华.动物在英语谚语中的寓意浅析[J].兰州学刊,2008(S2):179-180.
[24] 薛慧.从俄语成语、谚语看俄罗斯人眼中的动物世界[J].俄罗斯文艺,2003 (05):58-59.
[25] 袁俭伟.谈谈 корова 的文化伴随意义[J].俄语学习,2008(06):55-61.
[26] 赵建民,金洪霞.中国文化四季 五味杂陈 中国传统饮食文化[M].济南:山东大学出版社,2017:34.

作者信息

姓名:潘呈
学校:苏州大学
联系地址:江苏省苏州市姑苏区东环路50号苏州大学外国语学院
电子邮箱:pc1014@vip.qq.com

姓名:王港
学校:中南财经政法大学
联系地址:湖北省武汉市东湖高新技术开发区南湖大道182号中南财经政法大学外国语学院
电子邮箱:791634889@qq.com

「梅」に関する中日言語の意味分析
―四字熟語や諺を中心に―

二松学舎大学　宋睿

1　はじめに

梅は中国原産であり、一説では弥生時代頃に朝鮮半島を経て日本にもたらされたと考えられている。また他説では、奈良時代頃に中国から日本に渡来したという。日常生活に密接に関わる「梅」に対し、人は様々な意味を付与する。諺や四字熟語という言語表現は、その国や地域の人々がどのようにものを考え、どのような生活をしてきたかを表す面もあり、思想や文化の痕跡をとどめる一面も認められる。そういう意味において、我々は諺を通して、その地域の文化や認識などについて、窺い知ることもできるのではないだろうか。

本稿では、『中国成語大辞典』『新明解四字熟語辞典』『中国諺語大全』『故事俗信 ことわざ大辞典』を資料に、「梅」に関する中国語と日本語の四字熟語や諺を取り上げ、両言語における「梅」に対する認識の共通点と相違点を探求していく。その上で、メタファー、メトニミー、シネクドキなどの認知言語学の理論に依拠しながら、中日両言語における「梅」の意味拡張のプロセスを分析し、そのメカニズムを明らかにしていきたい。

2　先行研究

日本では、有岡(1999)は日本の各時代の文学における梅の花を時代順に紹介しているだけでなく、梅が日本に伝わった歴史から人々の実生活に与えた影響まで、植物学、文学、園芸、美術、民俗学などの分野を網羅した幅広い文化書である。

中国では、梅のイメージに関する中日比較研究の著作は韓(2019)が挙げられる。筆者は中日古典文学作品における「梅花」という文化的な符号に対する分析を通じて、文学の中で植物に対するイメージの発生、発展、変化の影響要因を解釈し、特に中国古典文学の「志向を表す」という理念と日本古典文学の「感情を表す」という伝統の植物イメージへの影響を重点的に研究し、中日両国の文学における自然観の相違を掲示している。

王(2016)は梅、蘭、竹、菊という四種類の植物の生長特徴や成長環境をめぐって考察し、それぞれの熟語の特徴を明らかにしている。また、隠喩に基づいて、四種類の植物を用いて、人物、道理、感情、環境などを表現することができると論じている。

3　両言語の四字熟語·諺に見られる「梅」に対する認識

まず中国語の四字熟語において、「梅」に対する認識は以下のように分類できる。1.春の美しい景色を表す(例えば「柳颦梅笑」)。2.女性を表す(例えば「摽梅之年」)。3.友人への懐かしい思いを表す(例えば「驿路梅花」)。4.調味料や調和させることを表す(例えば「调剂盐梅」)。5.国をよく治める賢臣を表す(例えば「盐梅相成」)。6.酸味があり、唾を出させて、喉の渇きを抑えることを表す(例えば「望梅止渴」)。7.高潔な品格を表す(例えば「雪胎梅骨」)。8.俗世を離れた清らかな暮らしを表す(例えば「鹤子梅妻」)。

また、日本語における「梅」に関する四字熟語を整理してみると、全てが中国の典籍から由来したものだということが分かる。日本語における「梅」に対する認識に、中国の影響が大きいことが窺える。

続いて、中日両言語の諺に見られる「梅」に対する認識を見てみよう。共通点として、両言語ともに「梅は百花の魁」のような、春を告げることを表す諺が見られる。また、中国語の「梅花优于香,桃花优于色」(梅の花は香りが優れていて、桃の花は色が優れている)、日本語の「梅は香りに桜は花」のような、梅の花の香りが優れていることを表す諺が存在することも共通している。さらに、中国語の「黄梅天,十八变」(梅雨時は天気がころころ変わる)、日本語の「入梅は入りあっても明きがない」のような、梅雨に関する諺も両国語に存在する。

相違点として、中国語には「梅」によって人生が儚いことを表す諺がある。また、梅の花が寒さにめげず、厳しい冬に咲くことから、「梅」を使って多くの困難を乗り越えてこそ大きなことを成し遂げられることを表す諺がある。

一方、日本語には独自の諺が存在し、「梅」に対する異なる考えや認識を提示している。例えば才能が早くから現れることを示す「梅は蕾より香あり」という諺は、日本独自のものである。また日本語では「梅」がにわか成金·にわか仕込みを表すことがある。そして、「梅根性」は、梅がなかなか酸味を失わないところから、しつこくて変わらない性質という意味を持ち、意地ばかり張って自分を変えようとしない意固地な性格のたとえとしても用いられる。さらに、「梅干し」に関する様々な諺が存在することも特徴の一つである。

4　中国語の四字熟語や諺における「梅」に関する意味分析

中国語における「梅」には、単純に植物としての梅の他に、様々な意味が付与される。無論、中心義は全ての拡張義の起点となる語義である。その中心義とは植物であり、その花、実などを全て含む。中心義の一部が何らかの比喩表現に基づき拡張を引き起こすことで、新たな語義(拡張義)が生まれる。以下では、メタファー、メトニミー、シネクドキなどの理論を用い、それぞれの拡張義がどのように生まれたかを検討していく。

4.1　植物の「梅」から「春の兆し」「春の景色」

梅が「春の兆し」を表すのは、メトニミーによる意味拡張の作用だと考えられる。梅は、冬の終わりから早春にかける厳しい寒さの中で、その年のどの花よりも一番先に咲き、人々に春が来たことを告げてくれる。梅はあらゆる花の先頭を切って咲くことから、他の花と比べて、春を告げる使者として捉えられやすい。春がやってくると、梅が開花するという時間的隣接関係で梅は春を告げる印となり、「春の兆し」の意味が成立する。また、早春の景色を構成する部分(「梅」)の語で、それを持つ全体(「春の景色」)を指すことでも成立している。そのプロセスは「部分—全体」の関係を利用したシネクドキに基づいている。

4.2　植物の「梅」から「美しい女性·少女」

梅は美しく清らかな花を咲かせることから、古くから清らかで上品な美しい女性に関連付けられている。特に、白梅の凛とした清楚な雰囲気は、清楚な美人に似ているため、中国の文学作品において、梅を「雪美人」や「霜美人」とたとえる用例が多く見られる。

また、青梅も人々に少女のことを連想させる。青梅とは、熟す前の青い梅の実のことを指す。枝についている青々とした未熟な梅は、みずみずしいと同時に酸っぱくて渋みもある。この特徴は、若くて未熟な少女のことを思い出させる。類似性に基づくメタファーによって、植物の「梅」から「美しい女性·少女」という意味が生まれる。

4.3　植物の「梅」から「婚姻·恋愛」

梅を意味する漢字「梅(méi)」の発音は、結婚の仲立ちをする仲人の「媒(méi)」と同じである。そのため、昔の人々は梅の実と男女の仲を取り持つこととを関連付けて、「梅」が婚姻を表すことができる。また、中国古代に、女性は恋しく思う異性に果物を投げ与え、求愛の気持ちを表す「投果婚」という風習があったという。投果モチーフの詩に梅が用いられるのは、梅自体が婚姻を象徴することに関わっていると言える。すなわち、類似性に基づくメタファーの作用によって、植物の「梅」は「婚姻」の拡張意味を生じさせる。

梅と恋愛が関連付けられたのは、最も古くは唐の詩人·李白が書いた漢詩『长干行』に遡ることができる。四字熟語の「青梅竹马」もその詩の「郎骑竹马来，绕床弄青梅。同居长干里，两小无嫌猜」(子どもだったあなたは竹馬にまたがってやってきて、私と一緒に井戸の周りをぐるぐる回り、互いに青い梅を投げ合って遊んだものでした。同じく長干の里に居り、ふたりとも幼くて、なんの疑いも知りませんでした)から由来する。この時から青い梅の実に恋愛の意義が注ぎ込まれて、美しい恋愛の象徴として文学作品によく登場してきた。それは、隣接関係に基づいて転義を起こす比喩と言える。このように、類似性に基づくメタファーと隣接関係に基づくメトニミーによって、植物の「梅」から「婚姻·恋愛」という意味が生まれる。

4.4　植物の「梅」から「調和させること」

中国古代において、梅は塩に次ぐ重要な調味料とされ、『左传·昭公二十年』の「和如羹焉，水、火、醯、醢、盐、梅，以烹鱼肉」(調和とは羹を作るのと同じように、魚や肉を水、火、酢、ソース、塩、梅で調理し、薪を使って火で煮ることである)によれば、先秦時代には、人々は梅の酸味を利用して味をつけたのである。また『旧唐书·忠义列传·王义方』の「水火相济，盐梅相成」という成語は、本来の意味によれば、料理は水と火の調和に依存し、味付けは塩と梅の調和が必要となるということだが、そこから転じて、人々の才能や気質は異なるが、心を合わせて助け合うことができるという意味でも用いられる言葉である。調味料を加えて味を調整することは、異なる力や要因を調和させ、平衡させることによって、相互に補い合って成し遂げることに似ているため、類似性に基づくメタファーによって、植物の「梅」から「調和させること」という意味が成立する。

4.5　植物の「梅」から「有能な賢臣」

4.4に述べたように、梅は最初調味料として人々の生活に現れていた。『尚书·说命』には、「若作和羹，尔惟盐梅」と書かれている。「和羹を作るには、塩と梅という重要な調味料が必要なのと同じように、国をうまく治めるには、あなたのような有能な賢才が必要だ」という意味である。和羹にとっての塩梅、君主にとっての有能な賢臣、どちらも必要不可欠な存在であり、その点において共通の性質を持っている。また、料理を作るのに塩と梅を程よく加えて味つけをすることは、主君を補佐して、国を適切に治める宰相に似ているため、植物の「梅」から「有能な賢臣」への意味拡張は類似性に基づくメタファーで成立している。

4.6 植物の「梅」から「俗世を離れた清らかな暮らし·隠者」

北宋の詩人林逋は杭州西湖の孤山に隠棲し、庭に梅三百株を植え、妻のかわりに梅の木を、子のかわりに鶴を愛でて、俗世を離れ一人で気ままに風流に暮らした。梅と鶴を伴侶とする生活を送った彼の物語は美談として伝えられ、「梅妻鶴子」という四字熟語が誕生した。これは俗世を離れた清らかで風流な隠遁生活のことを意味する。この語義は、隠遁生活を構成する部分(「梅」)の語で、それを持つ全体(「隠遁生活」)を指すことで成立しており、そのプロセスは「部分—全体」の関係を利用したシネクドキに基づいている。

梅は寒さを凌ぎ、厳寒の中でどんな花よりも一番早く花を咲かせる。にぎやかさと喧騒から離れたところで開花し、他の花と美しさを競い合い寵愛を争い合うこともない梅の姿は、人に孤独で寂しい気持ちを感じさせる。また奥まって静かなところに佇み、ほのかな香りを放ち、疎らな枝で孤独に咲く梅は、孤独や寂しさに耐え、俗世を離れた清らかな暮らしを送る隠者のことを想起させる。孤独に咲く梅の花は世俗を離れた高潔で孤独な隠者のイメージと類似性があり、関連付けられやすいのである。

4.7 植物の「梅」から「粘り強く、厳しい環境を恐れない性格」

梅の開花時期は1~3月に集中し、ちょうど冬の終わりから春の初めの寒い時期に当たり、雪の中で甘い香りを放つ花を咲かせることもよく見られる。その寒さに負けず、多種多様な花が枯れる時期に凛として咲くという特性は、人々に好まれる。このように毅然として、何ものにも屈せず花を咲かせる様子は、人の強い意志で困難や逆境に立ち向かい、厳しい環境を恐れない性格を思い起こさせる。したがって、類似性に基づくメタファーによって、植物の「梅」から「粘り強く、厳しい環境を恐れない性格」という意味が生まれる。

4.8 植物の「梅」から「高潔な品格·上品な気質」

梅という植物が厳しい環境の中で不屈の精神を発揮し花を咲かせることは、人間が過酷な環境の中で高尚な節操を固く守ることに似ているため、けがれがなく気高い品性を思い起こさせる。

また、梅の、疎らな影でできる優美な容姿とすがすがしくほのかな香りは人に品のある美しさを感じさせる。特に、中国の文化ではよく白梅を白い雪と互いに引き立て合わせ、梅の純粋さと潔白さをより際立たせている。清らかでかぐわしい香りを放ち、上品な趣が溢れる梅は、優雅で上品な気質を持つ人を連想させる。このように、植物の「梅」はメタファーの作用によって、「高潔な品格·上品な気質」の拡張意味を生じさせる。

4.9 植物の「梅」から「多くの困難を乗り越えてこそ、大きなことを成し遂げられること」

梅は人の性格や品性という抽象的な概念を象徴する以外に、世間の哲理も表せる。例えば、「不经一番寒彻骨,怎得梅花扑鼻香」という諺は、厳しい雪の寒さに耐えてこそ、梅の花は美しく咲くことにたとえて、人間も多くの困難を経験してこそ、大きなことを成し遂げられると、奥深い道理を語っている。メタファーにより、「梅」は「多くの困難を乗り越えてこそ、大きなことを成し遂げられること」を表せる。

4.10 植物の「梅」から「友人や故郷を懐かしく思うこと」

昔の人は感情を梅に託して、遠方の友人への思いを表した。例として挙げられるのは、『赠范晔』という詩である。晋の陸凱が荊州に仕官した時、北へ行く駅使に会い、思わず長安にいた親友の范曄のことを思い出した。陸凱は一枝の早春の梅の花を折って遠くに居る友人に持っていくように駅使に頼んだ。これ以来、梅の友情を象徴するイメージは詩歌の中で次第に深まり、発展していった。

なぜ人々は梅の花を懐かしく思う感情と関連付けているかというと、野梅はよく駅站①の道端や荒れ果てた郊外に生えるからである。旅人はそのような山野に自生する梅、特に駅站の路傍に生える梅を目にすると、自分が故郷を離れて異郷に身を寄せていることを意識し、当然のこと、他郷の友人や故郷を懐かしく思う気持ちになりやすくなる。このことから、友人や故郷への懐かしい思いが梅と結びつくことが多く見られる。この語義は隣接関係を利用したメトニミーによって派生していると解釈できる。

4.11 植物の「梅」から「人生の異なる段階」

梅の実が熟すと、青色から黄色に変わる。この生長過程における色の変化には、はっきりとした段階がある。人々はこのような段階的な特徴に焦点を当て、人生の哲学を表現している。例えば「黄梅不落青梅落」という諺は、若者が年長者より先に亡くなることを、未熟な青い梅の実が熟して黄色くなった梅の実より先に落ちることにたとえて、人生の無常を表現する。熟して黄色くなった梅の実は年長者を連想させ、未熟な青い色の梅の実は若者を連想させる。要するに、梅の生長過程における色の変化が人生の異なる段階に似ているため、植物の「梅」から「人生の異なる段階」への意味拡張は類似性に基づくメタファーで成立している。

5 日本語の四字熟語や諺における「梅」に関する意味分析

中国と同様に、日本人は早くから梅の食用価値に気づき、また観賞価値も一般に認められ、梅に託された文化的意味は絶えず後世に発掘されている。遣隋使、遣唐使の派遣によって、日本は盛んに大陸文化を模倣し吸収していった。中国から伝わった梅を詠み、梅の花見をする文化は主に貴族階級に好まれ、急速に新しい風雅ブームが巻き起こった。奈良時代に至っては、梅は唐風文化を代表し、文化教養の象徴ともなった。日本人にとって梅は古くから馴染みがあり、生活に深く根ざしている植物の一つと言える。

中日言語の四字熟語や諺における「梅」に対する認識が一致している事例はすでに第4節で意味拡張のプロセスを述べたため、本節では具体的な意味分析を省略し、結論だけを記述する。

5.1 植物の「梅」から「春の兆し」「春の景色」

時間的隣接関係に基づくメトニミーによって、「梅」の「春の兆し」の意味が成立する。また、「梅」は春の景色を構成する部分の語であり、それを持つ全体(「春の景色」)をも指す。そのプロセスは「部分—全体」の関係を利用したシネクドキに基づいている。

5.2 植物の「梅」から「有能な賢臣」

有能な賢臣が主君を助けて天下をうまく治めることは、塩と酸味の梅酢とを程よく加えて料理の味つけをすることに似ているため、植物の「梅」はメタファーの作用によって、「有能な賢臣」の拡張意味を生じさせる。

5.3 植物の「梅」から「俗世を離れた清らかな暮らし」

部分で全体を表すシネクドキと類似性に基づくメタファーにより、「梅」を用いて「俗世を離れた清らかな暮らし」を表すことができるのである。

5.4 植物の「梅」から「程よく物事を処理すること」

日本では、梅の実を塩漬けした時に出る汁を梅酢と言い、調味料のなかった時代はこれを料理に利用していた。また「塩梅」という言葉は元々、塩と梅酢の意で料理用語として使われていたが、現在では、加減のよいことなどを「いい塩梅」と言い、料理以外にも幅広く使われるようになった。酸味と塩味で料理の味を引き立て、うまく調整することと、程よく物事を並べ整えたり、処理したりすることに似ているため、類似性に基づくメタファーにより、植物の「梅」から「程よく物事を処理すること」の拡張義が成立する。

5.5　植物の「梅」から「魔除け·縁起物」

梅は「百の花に先駆けて咲く」と言われ、寒い季節にいち早く咲く姿が希望の象徴と春の訪れを知らせる存在として、とても縁起がいいとされている。さらに、梅の花の強い香りは鬼が嫌うとされているため、魔除けの効果もあるとされている。

また梅が縁起のいいものとされる理由には、「申梅」という伝説が関わっている。「申年の梅」という諺は平安時代、村上天皇が梅干しと昆布茶を飲んで都で流行った疫病を治した言い伝えに由来する。昔から病の原因は鬼とされていたため、魔除けや厄払いの効果を持つ梅は縁起がいいとされていたのである。5.5の語義は因果関係を利用したメトニミーによって派生していると解釈できる。

5.6　植物の「梅」から「学問の神様」

学問の神様として湯島天満宮に祀られている菅原道真公は梅に深く関わっており、「梅は食うとも核食うな、中に天神寝てござる」のような俗信が生まれた。道真公は梅をこよなく愛しており、5歳で詠んだ和歌にも梅が登場する。道真公の詠んだ和歌の中で最も有名なものは、大宰府に左遷されるとき、庭の梅の木に向かって詠んだ「東風吹かば 匂ひおこせよ 梅の花 あるじなしとて 春を忘るな」だろう。伝説によれば、この梅の木が道真公を思うあまり、九州の大宰府まで飛んでいったとされ、飛梅伝説と呼ばれている。道真公が梅の花を愛したことから、「梅」から学問の神様を連想することができる。ある人の愛したものでその人のことを表すこともあり、5.6の語義は、隣接関係に基づくメトニミーによって成立する意味となる。

5.7　植物の「梅」から「友情」

梅干しは、古いほど熟成され、梅と塩がなじみ、味がよくなる。友情もこれと似ていて、長年の付き合いのあるほうが気心も知れ、頼りになる。友情も梅干しも同じく、古い方がいいという意味から、植物の「梅」がメタファーの作用によって、「友情」の拡張意味を生じさせる。

5.8　植物の「梅」から「にわか成金·にわか仕込み」

梅の木は成長が早く実をつけるのも早いが、ある程度以上までは伸びず、結局大木にはならない。梅のこのような特徴に焦点が当てられることで、同じような特徴を持つ他の物事が「梅」と関連付けられる場合がある。日本語の「梅木学問」という言葉は、進み方は速いが不確実な学問のことを梅の成長の特徴になぞらえている。それに対して、楠は成長が遅いが着実に根を張ってやがて大木になることから、ゆっくりだが少しずつ着実に積み重ねた学問のことを「楠学問」という。5.8は、類似性に基づくメタファーによって植物の「梅」から「にわか成金·にわか仕込み」という語義が生まれている。

5.9　植物の「梅」から「なかなか変えがたい性質」

梅は、煮ても焼いても酸味を失わない性質を持つ。そこから「梅根性」という言葉が、しつこくてなかなか変えがたい性質を意味するようになった。これは人の執拗で頑固な性格にもたとえられる。梅の酸味がなかなか失われないところと人の頑固な性質に似ているため、類似性に基づくメタファーによって、植物の「梅」から「なかなか変えがたい性質」という意味が生まれる。一方で「柿根性」は、渋い柿は焼けばすぐに渋がとれ、簡単に甘くなることから、柔軟で、融通のきく変わりやすい性質のことを表す。

6 まとめ

本稿では、以上に示したような両言語における「梅」に対する認識の共通点と相違点を確認した上で、認知言語学の理論を用い、植物である梅の中心義以外に派生した意味がどのように拡張したかを分析し、中国語と日本語における「梅」の意味拡張のメカニズムを検討した。

中国語の場合では、まず、メトニミー+シネクドキで「春の兆し·春の景色」、メトニミーで「友人や故郷を懐かしく思うこと」の拡張義を派生させている。また、メタファーとしては「美しい女性·少女」「調和させること」「有能な賢臣」「粘り強く、厳しい環境を恐れない性格」「高潔な品格」「多くの困難を経験して乗り越えてこそ、大きなことを成し遂げられること」「人生の異なる段階」などの拡張義が成り立つ。さらに、メタファー+メトニミーで「婚姻·恋愛」、シネクドキ+メタファーで「俗世を離れた清らかな暮らし·隠者」という拡張義が成立している。それに対して日本語の場合では、メトニミー+シネクドキで「春の兆し·春の景色」、メトニミーで「魔除け·縁起物」「学問の神様」、メタファーで「有能な賢臣」「程よく物事を処理すること」「友情」「にわか仕込み·にわか成金」「なかなか変えがたい性質」、シネクドキ+メタファーで「俗世を離れた清らかな暮らし」の拡張義が生まれている。

注

① 古代中国で行われた交通通信制度。適当な間隔で人·馬·車などを常備した施設のこと。すなわち駅を置き、公文書伝達·官吏の宿泊護送などに備えたもの。

参考文献

[1] 有岡利幸.梅(ものと人間の文化史)[M].東京:法政大学出版局,1999.
[2] 北村孝一.故事俗信 ことわざ大辞典[M].2版.東京:小学館,2012.
[3] 三省堂編修所.新明解四字熟語辞典[M].2版.東京:三省堂,2013.
[4] 韩雯.梅花诗话:中日古典诗歌中的梅花意象比较研究[M].天津:南开大学出版社,2019.
[5] 王婧.梅兰竹菊类熟语研究[D].呼和浩特:内蒙古大学,2016.
[6] 王涛.中国成语大辞典[M].上海:上海辞书出版社,2007.
[7] 温端政.中国谚语大全[M].上海:上海辞书出版社,2004.

作者情報

氏名:宋睿
学校:二松学舎大学文学研究科(大学院生)
連絡先住所:東京都渋谷区本町5-6-9ハイツ松尾201
メールアドレス:sonnei1030@yahoo.co.jp

认知语义学视域下日语「一体」一词的语义演变研究

西安外国语大学　袁茵　白晓光

1　前言

(1)大衆と一体になる。/和群众融为一体。

(2)彼ら二人の間に一体何が起きたのだろうか。/他俩之间到底(?一体)发生了什么事呢?

在日语口语会话当中,「一体」是一个使用频率相对较高的词语。就词性而言,它既具有名词词性,又具有副词词性。从例(1)和例(2)可以看出,与汉语相比,其副词性用法显得尤为特殊。那么,它的这一副词性用法是如何演变而来的呢?本文将重点针对这一问题,基于认知语义学的相关理论,参考语义演变研究模式展开初步考察。

2　语义演变研究模式

关于语义演变的研究,目前大多是从历时的角度借助历时语料对多义词的语义演变进行描写,但郭(2012)指出,从共时的角度同样可以对语义演变加以解释说明。该文指出,利用共时语料研究语义演变有两种方法:语义地图模型和共时语义演变模型。语义地图模型是利用跨语言或跨方言的多功能词所表达的语义建立概念间的关联,并揭示多功能模式的共性和类型;共时语义演变模型则是根据语义演变的单向性路径来构拟在一种语言的共时平面上共存的几个义项间的关联和演变方向。关于语义演变的机制或方式,一般认为可分成隐喻和转喻两种。隐喻就是根据相似性从一个语义域投射到另一个语义域,即从源域投射到目标域;转喻则是基于临近性而进行的语义域转变。

基于上述理论,本文将从共时和历时两个层面对日语「一体」的语义演变路径进行基本描写,明确其语义演变的路径,并将尝试对日语「一体」的副词性用法的来源进行合理的解释。在共时层面,我们将利用认知语义学中的隐喻转喻理论,基于人类认知规律描写各义项间的关系,并通过示意图加以说明。在历时层面,我们将参考古语词典及历时语料库(日语历史语料库)来观察其用法的演变过程,借此来验证在共时层面搭建的语义演变模型的准确性。

3　「一体」的语义形成及演变

3.1　「一体」的主要义项

在描写语义演变路径之前,首先需要明确「一体」的具体义项。『大辞泉』『大辞林』『広辞苑』这三部词典中,「一体」的释义如表1所示。

表1　日语「一体」词典释义

『大辞泉』	『大辞林』	『広辞苑』
1【名】一つのからだ。また、同一のからだのようになっていること。同体。 2【名】一つにまとまっていること。 3【名】一つの体裁·様式。 4【名】仏像·彫像などの一つ。 5【名】（多く「一体に」の形で副詞的に用いて）全体にならしていうさま。総じて。概して。 6【副】強い疑問や、とがめる意を表す。そもそも。 7【副】もともと。元来。	1【名】一つのからだ。また、一つのからだのように一つのもので分けられないこと。 2【名】仏像や彫像などの数え方で、一つ。 3【名】ある様式。一つの体裁·様式。 4【名】全般。全体。総体。副詞的にも用いる。 5【副】疑問を強める気持ちを表す。どうして現在のような状況になったのか、相手を問いつめたり自問したりするときに用いる。ほんとうに。 6【副】そもそも。もともと。	1【名】一つのからだ。同一体。 2【名】一つになって分けられない関係にあること。同類。 3【名】一つの様式·体裁。 4【名】仏像·彫像などの一個。 5【副】（多く「に」を伴って）おしなべて。総じて。 6【副】（疑問の意を強く表す語）本当に。 7【副】もともと。 8【接続】（説き起こす語）そもそも。

结合上面三部词典中「一体」的释义，我们将「一体」的义项归纳为以下7条：

1【名】一つのからだ。

2【名】一つの様式·体裁。

3【名】仏像·彫像などの一つ。

4【名】一つのからだのように一つのもので分けられない関係にあること。

5【副】（多く「に」を伴って）全体にならしていうさま。おしなべて。総じて。

6【副】そもそも。もともと。

7【副】疑問を強める言葉。相手を責めて問いただす時も使う。ほんとうに。

接着，我们将这7条义项分成原型义和引申义两种。我们推测，「一体」首先经历了词汇化的过程，义项1、2、3可作佐证，而义项4、5、6、7则是在基本义的基础上扩展而来的。

3.2　「一体」的词汇化过程

词汇化一般指的是"短语、句法结构、跨层等非词单位逐渐凝固或变得紧凑而形成单词的过程"（董，2002）。词汇化指的是这样一种演变：在特定的语言背景下，语言使用者用一种句法结构或构词作为一种新的实义形式，并且其形式和语义特征并不能完全从结构的组成或构词类型派生或推导出来；经过一定时间的演变，已经词汇化的项目还可能进一步丧失内部的组构性，进一步词汇化。（Brinton，Traugott，2005）

「一」和「体」两个字组合使用，并在使用过程中逐渐成为一个固定词语，这是「一体」一开始经历了的词汇化过程，具体如下所示。

表2　「一」「体」义项

「一」	「体」
1 数の名。ひとつ。 2 物事の最初。一番目。 3 ひとたび。 4 最上のもの。 5 ひとまとまり。 6 他をまじえず、それ一つだけ。もっぱら。 7 ある一つの。もう一つの。 8 ほんのわずか。ちょっと。	1【名】からだ。身体。 2【名】そのものとしてのかたち。すがた。 3【名】物事の本質をなすもの。 4【名】生け花で、天または地の役枝のこと。 5【名】四則算法の可能な集合。有理数全体·実数全体·複素数全体など。しかし自然数全体·整数全体などは体ではない。 6【接尾】助数詞。神仏の像や死体などを数えるのに用いる。

在「一」「体」组合词汇化的过程中，「一」的义项1和「体」的义项1相结合，构成了「一体」的义项1；「一」的义项1和「体」的义项2相结合，构成了「一体」的义项2；「一」的义项1和「体」的义项6相结合，构成了「一体」的义项3。也就是说，「一体」的义项1、2、3皆是在词汇化的过程中产生的，受到了「一」「体」各自语义的影响。

由此可见，「一体」一词在语义演变初期，首先经历了词汇化的过程，所以将在词汇化过程中形成的语义定义为原型义。可以看到，词汇化过程中多个路径的共存，导致「一体」的原型义不是唯一的。

3.3　「一体」语义扩展的过程

纵观「一体」的7条义项，我们清楚地发现其词性分成了名词和副词两种。「一体」的原型义词性为名词，后来出于种种缘由而扩展出了副词语义。当词语扩展出副词语义之后，在使用过程中会不可避免地带有说话人的主观性，所以又可以认为词语经历了语义主观化和语法化的过程，扩展出带有一定主观性的语义。

具体来说，语言的“主观性”是指话语中总是负载着说话人的自我表现成分，即说话人在说出一段话的同时多多少少总是还表明自己对这段话的立场、态度和感情，从而在话语中留下自我的印记。而“主观化”则是指语言为表达这种主观性而采用相应的结构形式或经历相应的演变过程。(沈，2001)。

「一体」的语义演变路径如下图所示：

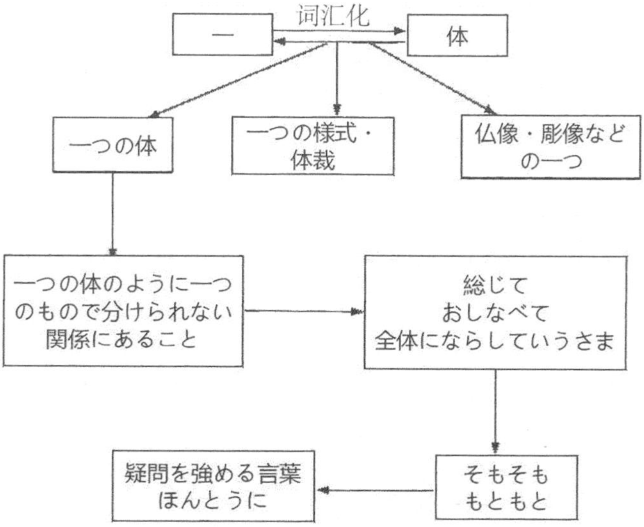

图1　「一体」语义演变路径

4 共时角度下「一体」语义演变路径的构拟

4.1 第一次语义演变

从义项1「一つのからだ」到义项4「一つのからだのように一つのもので分けられない関係にあること」。

演变机制：隐喻。

(3)このような師の言葉は「恩情と温和、説得力と抗い難い力が混然一体」となっており、「逆らい難い魅力」をもっていた。（小高毅『オリゲネス』）

(4)つまり、仕事と生活と文化とは一体になっているのが本筋だろうと思うんです。（福田定良『現代かたぎ考』）

在义项1演变为义项4的过程中，基于事物相似性的隐喻起到了作用。以莱考夫和约翰逊为代表的认知语言学的隐喻观认为，隐喻不仅是一种修辞手段，而且是一种认知手段和思维方式。隐喻包含两个域：源域和目标域。前者往往是已知或熟悉的具体事物，后者是陌生或不太熟悉的抽象事物。隐喻是从源域向目标域概念的投射。通过投射，人们用自己熟悉的认知域来认识不熟悉的认知域，以达到对客观世界的认识。「一体」的义项1和义项4最根本的区别在于义项4多了「ように」(像……一样)。从域的角度看，义项1为“一个身体”，属于具体的概念域，义项4为“像身体那样合为一体，有着不可分割的关系”，属于抽象的概念域，且两者之间存在一定的相似性，所以我们将此次演变归结为通过隐喻产生的语义演变。

4.2 第二次语义演变

从义项4「一つのからだのように一つのもので分けられない関係にあること」到义项5「（多く「に」を伴って）全体にならしていうさま。おしなべて。総じて」。

演变机制：转喻。

(4)つまり、仕事と生活と文化とは一体になっているのが本筋だろうと思うんです。（福田定良『現代かたぎ考』）

(5)垂直様式の大聖堂を外から見ると、一体に垂直の線が強調されていることが分かる。（紅山雪夫『ヨーロッパが面白い　下』）

在义项4向义项5演变的过程中，「一体」演变出了副词性语义，而且经历了语义的主观化，不过主观性还不是特别强烈，词义还是具有一定的客观性的。在此演变过程中，基于临近性的转喻起到了作用。所谓转喻，其本体和喻体是一种替代关系，人们利用对某事物的熟知或其突显的特征来代替该事物，重点在于“联想”(彭，2019)。

义项4的重点在于将多个事物看成一个整体，认为它们具有不可分割的关系；义项5聚焦于一个事物，是从事物的整体出发，从宏观、宽泛的角度去看待事物。也就是说，在语义演变的过程中，义项4的“整体性”语义被突出，被应用到单个事物上，演变出从整体看待事物的义项5，所以将此次演变归结为通过转喻产生的语义演变。

从义项5「（多く「に」を伴って）全体にならしていうさま。おしなべて。総じて」到义项6「そもそも。もともと」。

演变机制：转喻。

(5)垂直様式の大聖堂を外から見ると、一体に垂直の線が強調されていることが分かる。（紅山雪夫『ヨーロッパが面白い　下』）

(6)一体、強い者が弱い者をおさえつければ、弱い者は強い者に服従する。

(葛洪著、本田済訳『抱朴子　外篇』)

在义项5向义项6演变的过程中，主观化程度进一步加深，从立足于整体去看待事物的义项5演变到义项6“原本，本来”。在该演变过程中，“部分代替整体”的概念转喻起到了至关重要的作用。义项5关注整体，义项6聚焦于事物最本质的特征，即在该演变过程中，部分（聚焦点）代替了整体。这一过程具备转喻的相关特征，所以将此次语义演变归结为通过转喻实现的语义演变。

从义项6「そもそも。もともと」到义项7「疑問を強める言葉。相手を責めて問いただす時も使う。ほんとうに」。

演变机制：转喻。

(6)一体、強い者が弱い者をおさえつければ、弱い者は強い者に服従する。

(葛洪著、本田済訳『抱朴子　外篇』)

(7)難解な質問が次から次へと飛び出す。一体、子どもの頭の中はどんなことが詰まっているんだろう。　(小川節子『私の子育て·子離れ』)

义项7是从义项6演变而来的。义项6的焦点在事物最本质的特征上；义项7则用在疑问句里，表示疑问的语气，带有质问对方的含义。在这一语义演变过程中，使用句式从陈述句变为疑问句，从语义焦点来看，符合部分（聚焦点）转喻整体的特点，由此可知该语义演变是通过转喻实现的。

综上，我们可以再次描写图1的语义演变路径，得到图2。义项1、2、3是在词汇化过程中演变出来的，其他义项则是基于隐喻转喻的认知机制，在语义扩张的过程中产生的。

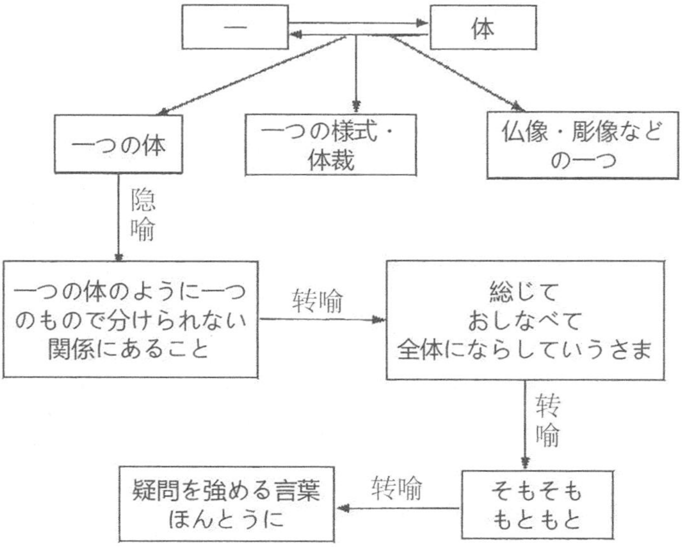

图2　「一体」语义演变路径再描写

5　历时角度下「一体」语义演变路径的检验

接下来我们将从历时的角度检验「一体」的语义演变路径。首先借助『全解古語辞典』『古語辞典』『ベネッセ古語辞典』这三部古语词典来明确「一体」一词的古语含义。

表3 「一体」古语义项

『全解古語辞典』	『古語辞典』	『ベネッセ古語辞典』
1 同一であること。また、同じもの。 2 仏像などの、一つ。 3 一様式。	1 一つのもの。同一のもの。同体。 2 仏像などの一つ。	1 同一のもの。一つのからだ。 2 仏像や彫像の一つ。 3 一つの様式。一つの風体。

由表3可以看出,「一体」一开始只有名词词性。接下来我们看几个例句,以下例句均来自各古语词典。

(8)地蔵菩薩を一体作り奉りたりけるを。 (『宇治拾遺·七〇』)

(9)その一体に入りふして余体(=ほかの歌体)を捨てよとには候はず。 (藤原定家『毎月抄』)

(10)この神は木の花さくや姫の神と申して、富士(ノ祭神ト)一体なり。 (『芭蕉·奥の細道』)

我们先从古语词典给出的例句对各个语义出现的时间进行初步的推测。例(8)中的「一体」表示「仏像や彫像の一つ」(佛像、雕像等的计量单位,一尊)。『宇治拾遺』是日本镰仓时代说话集,成书于1213年—1221年。而例(9)中的「一体」表示「一つの様式。一つの風体」(一种样式,一种风格)。藤原定家(1162—1241)的『毎月抄』成书于1219年。据此,可以说这两个语义在同一时期均已出现。

例(10)中的「一体」表示「同一のもの。一つのからだ」。『芭蕉·奥の細道』成书于1702年。虽然古语词典中该语义对应的例句出现的年代远远晚于另外两个语义,但是这三个名词性语义均留有「一」「体」词汇化过程的痕迹,所以可以将这三个语义放在一个层面上讨论。而现代日语中「一体」的其他语义,皆是从「同一のもの。一つのからだ」这一语义演变而来的。

由于古语词典提供的语料较少,我们又使用了历时语料库进行检验。我们使用了日本国立国语研究所开发的日语历史语料库(CHJ),以「一体」为关键词检索语料。结果显示,包含「一体」的语料基本集中在江户(1603年—1868年)和明治(1868年—1912年)两个时代。最早的语料出现于1706年,其中「一体」的含义对应义项4「一つのからだのように一つのもので分けられない関係にあること」,可见此时语义已经具有从义项1「一つのからだ」向外演变的趋势了。

(11)堀川の恵比須殿北野は天満と御一体。 (『卯月紅葉』, 1706)

此外,义项5「(多く「に」を伴って)全体にならしていうさま。おしなべて。総じて」的相关语料最早出现于1821年;义项6「そもそも。もともと」的相关语料最早出现于1832年;义项7「疑問を強める言葉。相手を責めて問いただす時も使う。ほんとうに」的相关语料最早出现于1833年。

(12)一体やくそくはわしが五十両。 (『明烏後の正夢』, 1821)

(13)私も一体おそろしい我儘ものさ。 (『春色梅児与美』, 1832)

(14)そしてまあ一体何を穏便にするのだへ。 (『春色辰巳園』, 1833)

综上,基于古语词典和历时语料库,我们可以得到「一体」一词在历时层面上的语义演变路径,如图3所示。其在一定程度上验证了前文在共时层面上构拟的语义演变路径的准确性。

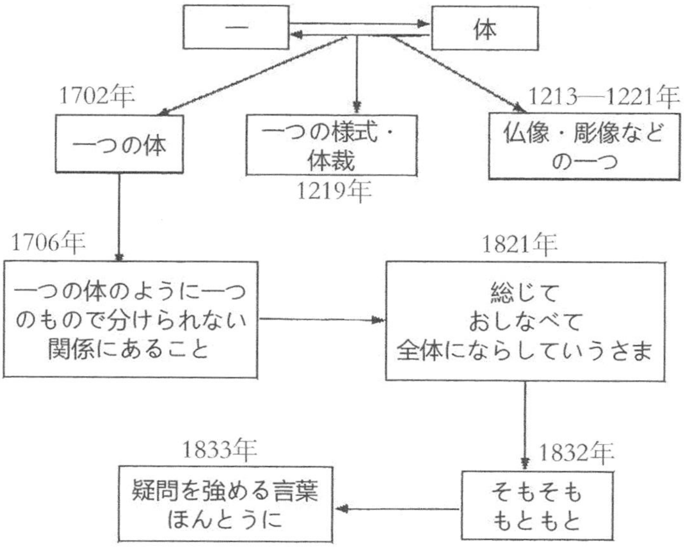

图3　基于历时语料的「一体」的语义演变路径

虽然我们基于古语词典和历时语料库对「一体」一词的语义演变路径做了初步描写，但是必须说明的是，本文所列的最早用例皆出自目前能够查询到的语料，并不代表其事实上就是最早的用例。此外，由于历时语料库语料不足，所以检索出的语料最早出现在1706年，但古语词典中给出的例句显示，1219年前后就已经有相关用例（需要注意，古语词典中的用例也并不一定是最早的用例），二者之间存在巨大的时间差，这期间语义发生了怎样的演变暂时无法考证。因此，图3对「一体」语义演变路径的历时描写仅是根据现有语料所做的假设，具有很大的局限性，今后还需要使用完备的语料进一步验证其合理性。

6　结语

本文从共时和历时两个角度探究了「一体」的语义演变路径，并对其中的语义演变机制做了简要说明。从共时角度描写解释，再从历时角度予以佐证。「一体」在词汇化的过程中产生了三个原型义（「一つのからだ」「仏像·彫像などの一つ」「一つの様式·体裁」），其中的「一つのからだ」（一个身体）这一原型义，是描述客观世界存在的语义。之后，此语义通过隐喻转喻认知机制演变出新的语义，原本的客观描述逐步主观化，形成现代日语中使用频率极高的、主观性较强的语义——「疑問を強める言葉。相手を責めて問いただす時も使う。ほんとうに」（强化疑问语气。责备和质问对方时也使用。到底）。

本文仅解释说明了日语「一体」的语义演变路径，今后将对汉语中“一体”的语义演变路径加以描写解释，再从汉日对比的角度比较这两个词的异同。

参考文献

[1] Brinton L J, TRAUGOTT E C. Lexicalization and Language Change[M]. Cambridge: Cambridge University Press, 2005.
[2] 董秀芳.词汇化：汉语双音词的衍生和发展[M].成都：四川民族出版社，2002.
[3] 郭锐.共时语义演变和多义虚词的语义关联[J].山西大学学报（哲学社会科学版），2012，35(03)：151-159.

[4] 彭艳虹.一词多义现象中认知隐喻与转喻思维的探析[J].英语广场，2019 (01):26-27.
[5] 沈家煊.语言的"主观性"和"主观化"[J].外语教学与研究，2001 (04):268-275+320.

作者信息

姓名:袁茵
学校:西安外国语大学
联系地址:陕西省西安市长安区西安外国语大学长安校区日本文化经济学院
电子邮箱:915872665@qq.com

姓名:白晓光
职称:副教授
单位:西安外国语大学
联系地址:陕西省西安市长安区西安外国语大学长安校区日本文化经济学院
电子邮箱:baixiaoguangmwl@163.com

不同意談話の形成に関する中日比較
—協働作業における配慮の観点から—

南京大学　張佳楠　東京農工大学　田崎敦子

1　はじめに

日本の大学では、学生間の協働作業が頻繁に授業に取り入れられているが、中国人留学生はそこに困難を感じているという。その要因のひとつが、不同意の伝え方であると考えられる。相手の面子を脅かす恐れのある不同意表明①では、相手への配慮が求められるが、その配慮の方法が中日間で異なる可能性がある。しかし、協働作業においてそれがどのように異なるのか、また共通点があるのかは明らかになっていない。

そこで、本研究は中国語母語話者(以下、C)と日本語母語話者(以下、J)がそれぞれの母語で行った協働作業における不同意表明の談話(以下、不同意談話)の進め方を比較・分析し、その共通点と相違点を配慮の観点から考察する。

2　先行研究

これまで、討論における不同意表明の中日比較は様々な観点から行われてきた。その多くでは、Cが直接的かつ簡潔に不同意を示すという「事実志向」であるのに対し、Jは直接的な提示を避け、相手に配慮するという「人間関係志向」であるという相違が強調されてきた(倉田，楊，2010；趙，2018)。一方、成果物を作成するための協働作業における不同意談話を中日間で比較・分析した張、田崎(2022)では、両者が人間関係の調整より作業の効率的な進行を優先するという共通点が明らかになり、協働作業における中日の不同意表明は、討論の場面と異なることが示唆された。

しかし、協働作業では円滑な進行が優先されるとしても、不同意を表明する際に相手への配慮を行わないということは考えにくい。中日間の配慮の相違については、高(2019)の研究がある。高(2019)は、依頼に対する断りの談話における中日の配慮言語行動を文化コンテクストの観点から比較・分析した。その結果、日本語の配慮言語行動は相手の推察に意向伝達を委ねる「察し合い」が特徴であるのに対し、中国語の配慮言語行動は論理的な事実情報を提供し、相手を納得させようとする「話し合い」が特徴であることが明らかにされた。

ただ、高(2019)が対象とした断りの談話では、中国語、日本語の両場面において、ひとつの断りに対して10回以上のやりとりが行われているため、「察し合い」や「話し合い」という対処が可能となる。しかし、作業の進行が優先される協働作業では、意見を調整するために長く時間を取れないことから、不同意談話における配慮の様相が異なってくると考えられる。

そのため、協働作業における不同意表明場面において、中日の参加者がどのように配慮を示しつつ作業を進めているのかを明らかにするためには、実際の談話を詳細に分析する必要がある。

こうした課題を踏まえ、本研究では協働作業においてCとJがそれぞれ不同意談話をどのように形成しているのかを配慮の観点から見ていく。

3 研究対象と研究方法

本研究は、日本の大学で学ぶC(16名、8ペア)とJ(16名、8ペア)がそれぞれの母語で行った「ご飯を鍋で炊く手順を示すパワーポイントの作成」という協働作業の録音録画資料及びその文字化資料[②]をデータとする。これらのデータから抽出された不同意表明場面の談話を対象に、その構成要素[③]を分析の単位とする。本研究は張、田崎(2022)と同一のデータを使用するが、不同意表明場面の配慮表現に関して、中日間の詳細な比較·分析を行うために、張、田崎(2022)では生起数が少ないことが理由で取り上げられていない構成要素に着目する。分析は、まず両者の構成要素の共通点·相違点を明らかにするために量的に行った。さらに、それらの構成要素が協働作業の中でどのように使われているのかを調べるために、会話例を基に質的な観点からも行った。なお、会話例では、構成要素を【　】内に、不同意を受ける者による発話の機能や作業上の行動を(　)内に記す。

4 結果と考察

4.1 共通点

4.1.1 「不同意発話前」に見られる姿勢

中日の討論を比較·分析した倉田、楊(2010:160)では、「不同意発話前」の構成要素に中日間で著しい違いがあった。中国人日本語学習者には「事実確認」が最も多く、「判断保留」がほとんど見られなかったのに対し、日本語母語話者には「判断保留」が最も多かった。しかし、本研究ではCとJによりすべての要素が使われ、両者の間に有意差はなかった。

「受け入れ」:C:9回、J:13回; $t(30)=0.7$, $p<0.01$。

「事実確認」:C:11回、J:18回; $t(30)=1.15$, $p<0.01$。

「判断保留」:C:10回、J:15回; $t(30)=0.73$, $p<0.01$。

以下に、先行研究と異なり、「事実確認」を多用していたJの例を取り上げる。

例1では、J1とJ2がタイトルのテキストボックスの位置について話し合っている。J2は、J1の「位置の調整」に関する提案に対して「事実確認」を2回(189、191)、「判断保留」を1回(191)行い、その後、「代案」の形で不同意を表明している(192)。ここでJ2は不同意を表明する前に「事実確認」「判断保留」を行うことにより、J1の提案を慎重に検討しようとしていることがわかる。

例1 「不同意発話前」における配慮

188	J1	一応、パワポで発表するって書いてあるんで、もう一度これ移しちゃったほうがいいかもしれないっすね、タイトルを。 (提案)
189	J2	ご飯を炊く手順? 【事実確認】

190	J1	はい。　　（事実確認への返答）
191	J2	うーん、でもちょっとそこの＃＃＃どうしよう。　　【判断保留】【事実確認】
192	J2	まあ、具体的な方法とかにする？　　【代案】
193	J1	あ、なるほど。　　（提案の不適切さに気付き、タイトルの移動をやめる）

このように、CもJも「不同意発話前」の各構成要素を使用するのは、両者とも不同意を示す前に十分に相手の意見を理解しようとしているからだと言える。

4.1.2 「謝罪」の不使用

倉田、楊(2010)では、不同意を伝えた後、Jが「謝罪」を多用するのに対し、Cが全くしないという著しい相違が見られ、「謝罪」の多用がJ特有の配慮だとされている。一方、本研究では、倉田、楊(2010)と同様にCによる謝罪は皆無であったが、Jによる謝罪も1例しか見られず、謝罪がJの特徴とはなっていない。

こうした先行研究との相違には、話し合いの目的が影響していると考えられる。討論と異なり、協働作業では参加者は成果物の完成を目的に話し合いを進めている。その中で行われる不同意表明は成果物の改善につながるものとして積極的に捉えられ、従来Jの特徴とされてきた頻繁な謝罪が求められなくなったのではないだろうか。また、謝罪は距離感を生みだし、協力関係を阻害する可能性もあるため、対等な関係で協力していくことを重要視する作業においては敢えて謝罪しないというJの姿勢もあったと考えられる。

4.2 相違点

4.2.1 「問いかけ」の使用傾向

「問いかけ」は「不同意発話後」に相手の意見を求めるものであり、話し手の独断専行ではないことを示す配慮行為と見なすことができる。本研究では、その使用頻度について中日間で有意差が確認されなかったが（C：7回、J：4回；$t(30)=0.15$，$p<0.01$）、使用方法には相違が見られた。Jの「問いかけ」の半数は、直前に示された「代案」や「代案理由」に対するものであったが、Cにはそうした使用が1例もなかった。さらに例2では、J13が「代案」と「代案理由」（227，228）で不同意を伝えた後、相手のJ14が納得したにもかかわらず（229）、再度「問いかけ」（230）をしている。こうした「問いかけ」は、自分の不同意行為が作業に及ぼした影響について相手の認識を確認するために使われたものである。

例2　「代案理由」に関する問いかけ

224	J14	＃＃＃なしの、線を、何色にする？
225	J14	黒にする？<笑い>　　（文字色に関する提案）
226	J13	＃＃＃二色？　　【事実確認】
227	J13	あっ、でも青青、青がいいかも。　　【代案】
228	J13	その辺も青青//だから。　　【代案理由】
229	J14	//あーオッケオッケ。
230	J13	これでいいかな。　　【問いかけ】
231	J14	うん。

一方、Cの「問いかけ」は7回中5回が「否定」や「否定理由」に対して使われていた。例えば、例3では、C4が「否定理由」を提示した後(209)、「表現が無駄に重複している」ことに関するC3の検討を促している(210)。これは、相手に自分の考えを納得してもらおうとするための「問いかけ」である。

例3 「否定理由」に関する問いかけ

208	C3	焖煮,焖十分钟。 蒸らす、10分間蒸らす。 (入力する内容に関する提案)
209	C4	焖这个词[1]可以省略了因为,保持锅盖闭合就是在焖呐。 蒸らす[1]はいらないよ。だって、蓋をするということはつまり蒸らすことだよ。 【否定】【否定理由】
210	C4	不是重复了吗? 重複してるんじゃない? 【問いかけ】
211	C4	对,这样不就行了。 そう、これでオッケー。 【評価】

このように、「問いかけ」の使用方法についてはCとJの間に相違が確認された。しかし、どの問いかけも自分の勝手な行動を避け、相手のフィードバックを確認しようとする配慮であると考えられる。こうした「問いかけ」の異なる使用目的を理解しておくことは、CとJの相互理解を深めることに有益になるだろう。

4.2.2 「立場保留」の機能

不同意を間接的に伝える「立場保留」はJのみに見られた(C:0回、J:7回)ことから、意見の衝突を回避しようとすることは、Jの配慮の特徴と見なすことができる。

次の例4では、J16の「表現の追加が必要」という提案(230、232)に対し、J15は「どうかなー」(233)とだけ述べている。しかし、J16はJ15の本意、つまり納得していないことを察知し、さらなる説得を試みている(234)。

例4 「立場保留」のみで伝わった不同意

228	J16	あのさ、これ…
229	J15	うん。
230	J16	なんだろう、水を注いで且つ、なんか付け置くみたいなさー= (提案の前半)
231	J15	うん。
232	J16	=表現が必要… (提案の後半)
233	J15	どうかなー 【立場保留】
234	J16	吸水させるだからー (さらなる説得)
235	J15	うん。
236	J16	うん。
237	J15	[2]確かに。

上記の例4が示すように、Jとの不同意談話では「立場保留」に含まれる話し手の真意、つまり不同意を把握することが聞き手に求められる。しかし、こうした不同意表明の方法に慣れていないCには、Jの意図を理解できない可能性がある。CがJの「立場保留」を「情報不足のために明確な答えを出せない単なる躊躇」と受け止めた場合、相手への説明をさらに続けることが考えられる。

5　おわりに

本研究は協働作業における中日の不同意談話を、構成要素を基に配慮の観点から比較・分析し、それぞれの不同意談話の様相の一端を示した。その結果、CもJも不同意表明に直接関わらない要素を通して、相手に配慮しつつ作業を進めていることがわかった。その示し方には中日間で共通点も相違点もあり、中国人留学生に対する日本語教育では、そうした点について指導が必要であることが示唆された。

本研究では、これまで注目されてこなかった協働作業における不同意談話の中日比較を行い、それぞれの配慮方法を示したが、対象とした談話が限られており、得られた結果には限界がある。今後はより多くのデータの分析を通して不同意談話におけるCとJの特徴を明らかにし、日本語教育や異文化コミュニケーション教育に還元していきたい。

注

① 本研究では趙(2018)に従い、協働作業における不同意表明を「参加者同士で何かを完成する際、相手の提案や行動と異なる考えを持つ時に行う不賛成の意味や含意を持つ一連の言語・非言語行為」と定義する。

② 文字化の表記は、以下の通りである。

「、」:日本語において文の中の途切れ　「，」:中国語において文の中の途切れ
「。」:一文の終了　「ー」:音の伸ばし
「?」:上昇イントネーション　「//」:二つの発話の重なりの開始点
「…」:言い淀み　「[秒数]」:沈黙(数字は沈黙の長さ)
「＃＃＃」:聞き取れない部分　「＝」:中断された文の続き
＜笑い＞:中国語・日本語における笑い声

③ 倉田、楊(2010:159)は、不同意表明を「不同意発話前」「不同意発話」「不同意発話後」という3つに区分している。「不同意発話前」には「受け入れ」「事実確認」「判断保留」、「不同意発話」には「否定」「否定理由」「代案」「代案理由」「立場保留」「立場保留理由」、「不同意発話後」には「謝罪」「評価」「問いかけ」の構成要素が含まれる。本研究で対象とする不同意表明も同様に分けることができたため、倉田、楊(2010)の区分に従うこととする。

参考文献

[1] 倉田芳弥,楊虹.討論における中国人学習者と日本語母語話者の不同意表明の仕方:構成要素の観点から[J].言語文化と日本語教育,2010(39):158-161.
[2] 高揚.依頼に対する断りの談話展開に見られる配慮言語行動に関する一考察:日本語と中国語の対照研究の観点から[J].ことば,2019(40):160-177.
[3] 張佳楠,田崎敦子.協働作業における不同意表明の中日比較:構成要素の分析を通して[J].日本語教育と日本学,2022(18):22-35.

[4] 趙東玲.日中会話の不同意表明に見られる「配慮」の伝え方の分析[J].人間社会環境研究,2018(35):33-48.

作者情報

氏名:張佳楠
学校:南京大学(大学院生)
連絡先住所:江蘇省南京市栖霞区仙林大道163号
メールアドレス:zhjianan23@smail.nju.edu.cn

氏名:田崎敦子
役職名:准教授
所属機関:東京農工大学
連絡先住所:東京都府中市幸町3-5-8
メールアドレス:tasaki@cc.tuat.ac.jp

役割語に関する一考察
—ディスコース・ポライトネス理論と合わせて—

杭州師範大学　張志豪　劉琛琛

1　はじめに

宇佐美(2001)ではBrown、Levinson(1987)(以降、B&Lと略称する)のポライトネス理論を、「一文レベル、一発話行為レベル」から「談話レベル」まで発展させ、ディコース・ポライトネス理論(以降、DP理論と略称する)を提唱した。DP理論において、鍵概念①の一つが「基本状態」であり、宇佐美(2017)では、話し手と聞き手の基本状態が許容ずれ幅を超えて異なることが、実際の「インポライトネス効果」をもたらすと説明し、「基本状態」を適切に認識することの、相手とのより円滑な人間関係の確立・維持における重要性を強調した。

これまでのDP理論をベースとした研究では、「基本状態」を、「スピーチレベル」(李,2016;毋,2018)、「発話連鎖パターン」(毋,郅,2010;时,2014;野村,2017)、「意味公式」(张,熊,2017)などの談話要素から捉えてきた。一方、河崎(2017:3)では、外国人が中国人とのコミュニケーションをよりスムーズに行えるようにするために、中国語における「役割語」を理解する必要があることを説明している。コミュニケーションを円滑にする面からみれば、「役割語」は「基本状態」と類似し、談話要素の一種として捉えられると考えられる。そこで、本稿ではDP理論をベースとした研究に「役割語」を取り入れる試みを行いたい。

2　基本概念

2.1　DP理論について

「ディコース・ポライトネス(DP)」とは、「一文レベル、一発話行為レベルでは捉えることのできない、より長い談話レベルにおける要素、及び文レベルの要素も含めた諸要素が、語用論的ポライトネスに果たす機能のダイナミクスの総体」である(宇佐美，2002a:107)。以下では、DP理論の概要を紹介する。

B&Lのポライトネス理論において、相手のフェイス侵害度を少しでも軽減するためにとるストラテジー(宇佐美,2002b:99)をポライトネスとして捉えている。しかし、我々の日常生活には、互いに挨拶するような、あって当たり前で、それが現れないときに初めてそれがないことが意識され、ポライトではないと捉えられる(宇佐美,2003)という類のポライトネスもある。DP理論では、前者を「有標ポライトネス」、後者を「無標ポライトネス」と呼んでいる。

また、談話には「基本状態(default)」がある。「基本状態」には、無標ポライトネスとして認知されている発話の総体としての「談話の基本状態」と、その談話内の各要素における「談話要素の基本状態」との二種類がある(宇佐美,2001)。宇佐美(2002c:100)では、以下の例で両者の区別を説明している。例えば、「特定の友人との電話での会話」が、全体として「不愉快だった」とも「特に丁寧だった」とも感じられず、いわゆる「普通の、いつもどおりの」会話だと感じられた場合、その「特定の友人との電話での会話」というあるまとまりをもった「談話」の総体が「談話の基本状態」であり、また、その談話における言語使用の一要素としての「敬語の使用率」や、「あいづちの頻度」などが、その談話を構成する「談話要素の基本状態」である。

なお、宇佐美(2017)では談話の「基本状態」を構成する要素としての言語行動を「無標行動」、各々の要素が基本状態から離脱する言語行動、あるいは、基本状態とは異なる談話レベルの一連の行動を、「有標行動」と呼び、「有標行動」の「有標性(基本状態からの離脱度)」が「ポライトネス効果」を生むとしている。

2.2 「役割語」について

「役割語」は最初に金水(2003)が提唱されたものであり、次のように定義されている。

> ある特定の言語遣い(語彙·語法·言い回し·イントネーション等)を聞くと特定の人物像(年齢、性別、職業、階層、時代、容姿·風貌、性格等)を思い浮かべることができるとき、あるいはある特定の人物像を提示されると、その人物がいかにも使用しそうな言葉遣いを思い浮かべることができるとき、その言葉遣いを「役割語」と呼ぶ。
>
> (金水,2003:205)

定延(2011)では、役割語を「発話キャラクタ」として捉えている。定延(2011)によると、我々は日常会話で自然と自分の「発話キャラクタ」を変えていく。そして「発話キャラクタ」には、それぞれ得意とするコミュニケーション行動があり、人々は文脈に合わせてキャラクタを変えていくのである。この「発話キャラクタ」の変化は、当然「役割語」にも反映される。河崎(2017:24)では、人がコミュニケーションを取るとき、必ずしも共通認識に応じたキャラクタを選ぶのではなく、一人一人が自分のコミュニケーションの目的を達成するために、あるいはごく単純な理由で「発話キャラクタ」を変えることも珍しくないと指摘した。

3 「役割語」をDP理論をベースとした研究に取り入れる試み

これから、三つの談話資料を中心に、「役割語」を談話要素と見なし、DP理論をベースとした研究に取り入れる試みをする。

(1)[初対面の先生と大学生が共同で絵カードの並べかえをするときの会話]

……

先生:で、じゃ、これも、どこかにいれましょうか。
学生:はい。
先生:ちょっと顔つきが、違いますけど。
学生:んー。
先生:えーっと、歩いて行って、えーっと、ですね。
学生:あなんか。

先生：うん。
学生：ちょっと思いついたんですけど。
先生：うん。
学生：最初、棒を見つけて。
先生：うん。
学生：なんだこれ、つかえないなあ、って思ってたら。
先生：うんうん。
学生：こう崖にさしかかって。
先生：うん。
学生：あ、あの棒使えるってひらめいたとか。
先生：ああそうですね。
学生：そういうのはどうですか。
……

（井出，2006：198）

毋(2018)では、スピーチレベルの視点から例(1)を分析した。先生と学生の会話であるから、スピーチレベルの「基本状態」は「敬体」と考えられる。基本状態が確認したことで、「無標スピーチレベル」は「敬体」、「有標スピーチレベル」は「常体」とそれぞれ確定できる。毋(2018)によると、最初は学生も先生も「敬体」を使っていたが、雰囲気が盛り上がり、ゲームが白熱してきた段階で、先生が「常体」の「うん」を2回使った。最初は「ちょっと思いついたんですけど」と学生は敬体で答えていたが、先生が再び常体の「うん」を使うと、学生も「最初、棒を見つけて」という省略な言い方で、敬体よりくだけた感じで答えるようになった。一定時間を経て、先生のスピーチレベルが無標(＝敬体)に戻ると、学生も無標(＝敬体)に戻り、現場の雰囲気も元に戻ったと説明した。

これを「役割語」の視点から見ると、先生と学生のキャラクタの「基本状態」は、それぞれ「先生」と「学生」である。基本状態がわかる以上、「無標キャラクタ」はそれぞれ、「先生」と「学生」で、「有標キャラクタ」は「無標キャラクタ」からの離脱だと考えられる。そして、雰囲気が盛り上がると、先生のキャラクタは自然に「友人」(＝有標キャラクタ)へと変わった。「うん」という発話は、友人同士の会話の場面を思い出させるもので、学生のキャラクタは先生のキャラクタと合わせ、自然に「友人」へと変化した。キャラクタの変化は、当然ながら、発話に表れる。一定時間を経て、先生のキャラクタが無標に戻ると、学生も無標に戻り、現場の雰囲気も元に戻った。

以上のプロセスをまとめると、図1になる。毋(2018)のスピーチレベルの視点も、本稿の「役割語」の視点も、例(1)の現象を説明しているが、スピーチレベルの視点は、文体が変化したことに止まり、その変化の原因を追究していない。それに対し、「役割語」を取り入れることで、談話をより深層的に分析することを可能にした。次の例も同じ現象における「役割語」の視点の解釈力を示している。

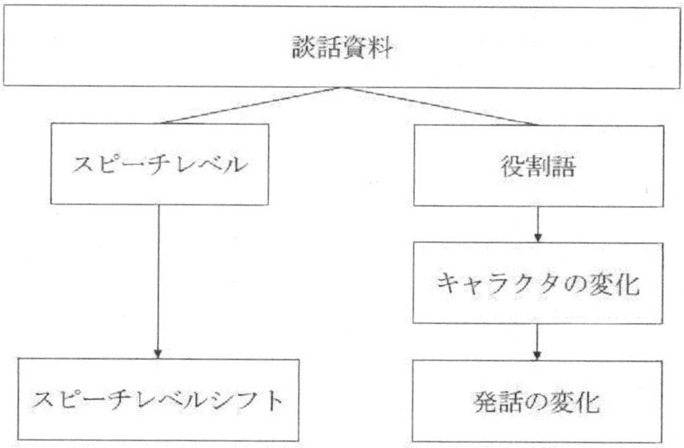

図1 「スピーチレベル」と「役割語」の視点からの談話分析

(2)[同じ大学に通う友人同士の会話][②]

J:走ってきた?

O:ううん　走ってないよ　全然.[咳をする]12時10分くらいに着いたもんで.

[2秒の間]

J:今日はどうしたんですか?

O:今日はですね:

J:確信犯ですか?

O:今日　なんか..　なんか..　なんか..　まあ　そんなとこ　もう.　そんなことで　勉強する..　こともないでしょうって<いう>.

J:<ハハハハハ>

(大津,2007:52)

話者情報によると、JとOは友人同士である。つまり、「基本状態」としてのキャラクタは「友人」同士である。基本状態がわかる以上、無標キャラクタは「友人」同士で、有標キャラクタは「友人」からの離脱だと考えられる。

「今日はどうしたんですか」というJの丁寧体による質問は、インタビュー等の公的場面を思い出させるもので、Jは「インタビュアー」のキャラクタを演じている。それと合わせ、Oも「今日はですね」と言い、「インタビュイー」のキャラクタを演じ、Jと共演していると考えられる。つまり、話し手が何を演じようとしているのかを、聞き手が推測し、話し手の設定した人物像に応じて、役割をこなそうとするのである。逆に、聞き手が話し手のキャラクタを無視すると、宇佐美(2017)の言う「円滑な人間関係を築く」ことに障害が起こりかねないということになる。

これをスピーチレベルの視点からみると、「常体」から「敬体」へのシフトはもちろん研究視野には入ったが、そのシフトの背後に潜む原因をスピーチレベルの視点から見ることができない。それに対し、「役割語」の視点から捉えれば、その原因の究明は可能になると考えられる。

(3)［同性友人同士の雑談］③

JM019　じゃー、用意スタートーって＜軽い笑い＞。
JM020　用意スタートー、わー。
JM020　＜うんー＞{＜}［落ち着く声］。
JM019　＜でさー＞{＞}って＜2人で軽い笑い＞。
JM020　なん＜もないな＞{＜}。
JM019　＜なかなか＞{＞}、ないよね、話すこととか。
……
JM019　おれ、救急車は別に、も、お、行かなくてよかったと思うんだよ。
JM020　おれもそう思ってた。
……
JM019　友達としてどう思う?、って＜軽い笑い＞［ふざけた口調で］。
JM019　どうしたらいいっすかね?、ぼくは［ふざけた口調で］。
JM020　やっちゃえばいい＜2人で笑い＞。
……

例(3)のように、スピーチレベルの視点では研究視野に入らない自称詞と言葉遣いの変化も、「役割語」を取り入れることで説明できるようになった。話者情報によると、JM019とJM020は友人同士で、ともに大学生である。つまり、「基本状態」としてのキャラクタは、二人とも「友人」同士である。基本状態がわかる以上、無標キャラクタは「友人」同士で、有標キャラクタは「友人」からの離脱だと考えられる。録音の初めに、JM019が「用意スタートー」という役割語を使い、「監督」の有標キャラクタが発動する。「用意スタートー」という役割語は、監督が撮影現場で撮影するという場面を思い出させるもので、JM020はJM019と合わせ、「監督」の役割語を使った。このような「冗談」の文脈で、発話キャラクタの変換は、「相手を面白がらせる」(大津,2007:45)効果があると考えられる。

また、JM019が使う自称詞は「おれ」から「ぼく」へと変わったことも、その「冗談」によるキャラクタの変化から説明できる。

4　まとめと今後の課題

本稿では先行研究を踏まえ、談話資料を上げながら、「役割語」をDP理論をベースとした研究に取り入れる可能性と意義を論じた。「役割語」は、「談話要素の基本状態」として捉えることができるだけでなく、そうすることで、談話をより深層的に分析することを可能にしたほか、今までの研究では、研究視野に入らない自称詞と言葉遣いの変化も説明できる。

しかしながら、今回の研究における役割語は金水(2003)が定義したものであり、身体言語は含んでいない。河崎(2017)では、金水(2003)の「役割語」の概念を利用し、中国語における「役割語」を研究した。中国語の性質に合わせ、河崎(2017)では言語行動だけでなく、非言語行動である身体言語も研究対象とし、「役割語」をより広義なものに発展した。この非言語行動を視野に入れると、「役割語」を「談話要素の基本状態」とした研究に更なる示唆を与えるかについては、今後の課題に任せる。

注

① DP理論には「ディスコース・ポライトネス」、「基本状態」、「有標ポライトネス」と「無標ポライトネス」、「有標行動」と「無標行動」、見積り差(De値)、ポライトネス効果、「相対的ポライトネス」と「絶対的ポライトネス」という7つの鍵概念がある(宇佐美,2017)。

② 記号「.」は沈黙を表し、「.」の数が多いほど沈黙の時間が長い。記号「:」は直前の音が延ばされることを表し、記号「<>」は発話の重なりを表す。

③ 談話資料は、宇佐美まゆみ監修(2021)『BTSJ日本語自然会話コーパス(トランスクリプト・音声)2021年3月版』、国立国語研究所、機関拠点型基幹研究プロジェクト「日本語学習者のコミュニケーションの多角的解明」によるものである。話者の記号について、左から右への一桁のJは日本語母語話者、二桁のM/Fは性別、残り三桁は話者番号。記号「<>」は発話の重なりを表し、記号「[]」は文脈情報を表す。

参考文献

[1] BROWN P, LEVINSON S C. Politeness: Some Universals in Language Usage [M]. Cambridge: Cambridge University Press, 1987.

[2] 井出祥子.わきまえの語用論[M].大修館書店,2006.

[3] 宇佐美まゆみ.談話のポライトネス:ポライトネスの談話理論構想[M]//国立国語研究所.談話のポライトネス.東京:凡人社,2001:9-58.

[4] 宇佐美まゆみ.ポライトネス理論の展開:1[J].月刊言語,2002a,31(1):103-107.

[5] 宇佐美まゆみ.ポライトネス理論の展開:4[J].月刊言語,2002b,31(4):103-107.

[6] 宇佐美まゆみ.ポライトネス理論の展開:9[J].月刊言語,2002c,31(10):98-103.

[7] 宇佐美まゆみ.異文化接触とポライトネス:ディスコース・ポライトネス理論の観点から[J].国語学,2003,254(3):117-132.

[8] 宇佐美まゆみ.ディスコース・ポライトネス理論の新展開:「時間」「フェイス充足度」「フェイス均衡原理」という概念を中心に[J].汉日语言对比研究论丛,2017 (01):125-139.

[9] 大津友美.会話における冗談のコミュニケーション特徴:スタイルシフトによる冗談の場合[J].社会言語科学,2007,10(1):45-55.

[10] 金水敏.ヴァーチャル日本語 役割語の謎[M].東京:岩波書店,2003.

[11] 定延利之.日本語社会のぞきキャラくり:顔つき・カラダつき・ことばつき[M].東京:三省堂,2011.

[12] 野村琴菜.日中接触場面の日本語依頼談話展開:ディスコース・ポライトネス理論の観点から[J].汉日语言对比研究论丛,2017 (01):115-124.

[13] 李瑶.『新編日本語1-4』における敬語の扱いに関する一研究:ポライトネス理論とディスコース・ポライトネス理論の視点から[J].日本学研究,2016 (00):336-351.

[14] 河崎深雪.汉语"角色语言"研究[M].北京:商务印书馆,2017.

[15] 时晓阳.话语礼貌理论视角下的日语拒绝行为研究[J].日语学习与研究,2014(03):43-49.

[16] 毋育新,郅永玮.基于话语礼貌理论的日语请求行为研究[J].外语教学,2010(04):39-43.

[17] 毋育新.话语礼貌理论指导下的日语语体转换教学研究[J].跨语言文化研究,2018(00):34-54.

[18] 张潇尹,熊红芝.话语礼貌理论视角下的中日"请求—拒绝"行为对比研究[J].浙江外国语学院学报,2017(01):54-64.

作者信息

姓名:张志豪

学校:杭州师范大学(硕士研究生二年级)

联系地址:浙江省杭州市余杭区余杭塘路杭州师范大学仓前校区
电子邮箱:645501978@qq.com

姓名:刘琛琛
职称:副教授
学校:杭州师范大学
联系地址:浙江省杭州市余杭区余杭塘路杭州师范大学仓前校区
电子邮箱:hryucc@hotmail.com

模糊限制词“一定”的汉日异同考察

西安外国语大学　张洁怡　白晓光

1　引言

在汉语中，经常使用“一定的X”结构来表示模糊的程度范围。例如：

(1)由于云南文化水平和北平有一定的差距，浦琼英在一个补习班学习了几个月，1932年，她考入了北平第一女子中学。(《我的父亲邓小平》)

例句(1)中“一定的差距”所表达的程度是不清楚的，并没有直接表明“差距”是大还是小。关于说话人放弃精确表达而选择模糊义的原因，张(2016)指出，说话人出于省力、规避责任风险、保护面子等原因而选用模糊表达“一定”。

那么在日语中，在同样需要表示这种模糊的程度范围时，是否会和汉语一样使用类似“一定”的模糊限制词呢?本文将对汉日模糊限制词“一定”的使用频率进行对比，分析汉日“一定”的使用差异。

2　汉日“一定”的对译①情况

(2)国家进入了三年困难时期，相对来说，他们并不怎么困难。他们享受着一定的特殊照顾。生活好像永远会那么幸福而平静地流淌过去。(《钟鼓楼》原文)

(2’)国家は三年つづきの困難な時期にあったが、彼らはそんなにも困らなかった。特殊な配慮があり、暮らしに心配することはなかった。二人の生活は永遠に、幸福に平穏に流れていくかに見えた。(『鐘鼓楼』译文)

(3)在很长的时间里，“历史”这两个字在我心目当中，只是一门功课，只关系着一定的分数。(《钟鼓楼》原文)

(3’)だけどながいあいだ、『歴史』というこの二字は、ぼくの頭の中では、点数と結びついた科目の一つでしかなかった。(『鐘鼓楼』译文)

例句(2)(3)的画线部分使用“一定的”作修饰语，表示模糊的限定，而在日语译文(2’)(3’)中，它们的译词都是光杆名词，没有加任何的限定语(若按照原文翻译为「一定の～」会不太自然)。

(4)さらに社交性があって、おだやかで、優しい子どもであれば申し分ありません。(『ひとりっ子の上手な育て方』原文)

(4’)除此以外如果对象还具有一定的社交能力、稳重、亲切热情，则更是再好不过了。(《独生子女优育法》译文)

(5)別にこれといって、根拠はありませんの。でも、どうしてもそういう気がするんです。(『あした来る人』原文)

(5')我并没掌握一定的证据,但无论如何都这样觉得。(《情系明天》译文)

从例句(4)(4')(5)(5')可以看出,即便日文原文使用了光杆名词「社交性」「根拠」,汉语译文仍然会添加"一定"来修饰。可以猜想,汉语当中倾向于使用"一定"来表示模糊限定,而日语当中习惯使用光杆名词。并且,在(4')(5')这两个例句中,即使将"一定的"去掉,也并不影响语义的表达,但大多数情况下,在汉语中,比起使用光杆名词,更倾向于添加"一定的"。那么在日语当中,是否确实和猜想的一样,更倾向于使用光杆名词呢?下文将在语料库中搜索例句,考察模糊限制词"一定"在汉日语中的使用情况,比较二者的差异,并分析产生这种差异的原因。

3 汉日"一定"的用法对比

3.1 汉语"一定"的用法

张(2016)根据X("一定"的后接词)凸显的性质及"一定"投射模式的不同,将区别词[②]"一定"分别解释为①"某种程度的、适当的"和②"固定的、特定的、规定的、确定的"。本文主要研究的是作为模糊表达的"一定",即表达"某种程度的、适当的"这个义项时的情况,在这种情况下"一定"是可以去掉且不影响句子意思的。

(6)谁知我一到陪都,就患了一个月的重伤风,此后东迁西移,没有一定的住址。直到两月以后,才给他们写了一封很长的信,许久没有得到回音。(《关于女人》)

(7)为了保证一定的湿度,氧气要先经过一个盛水的瓶子。瓶子里时而出现一个又一个微小的气泡,如衰弱无力的沸腾,而后复归于静止平息。(《活动变人形》)

(8)因为派出的干部多与当地的工作对象缺乏一定的联系,始终得不出一个结果来。(《邓小平文选第一卷》)

(9)据说举办舞会要冒一定的风险。(《活动变人形》)

例句(6)(7)中的"一定"不可去掉,若去掉,会改变原句的语义,此时"一定"的释义为"固定的,特定的";而(8)(9)当中的"一定"是可以去掉且不影响句意的,此时"一定"的释义为"某种程度的",属于本文的研究范围。

3.2 日语「一定」的用法

表1 日语辞典中「一定」的释义

辞典	释义
《広辞苑》	①一つに定まって動かないこと。「温度が一する」 ②定まった状態にすること。「間隔を一する」 ③(あらかじめ)決まっていること。「一の方式」 ④(多く「一の」の形で)程度を漠然と指し、「十分ではないがそれなりの」の意を表す。「一の成果」「一の役割を果たす」
《大辞林》	①一つに決まっていて変わらないこと。また,決まっているもの。「価格が一している」「一の分量」 ②同じ状態,一つの様式に決めること。また,決めたもの。「一の書式」「間隔を一にする」 ③ある程度。「一のレベルを保っている」「一評価できる」

从表1可以看出，日语的「一定」和汉语的“一定”释义十分相近，两者都有“固定的、特定的”和“某种程度的、适当的”这两层意思。理论上来讲，本文研究范围中的“一定”，可以直接翻译为日语的「一定」。但是从例句(2)～(5)可以看出，实际使用情况并非如此，具体的使用差异本文将通过考察对译语料库及汉日各自的语料库来分析证实。

3.3 汉日使用频率差异

在汉语中，模糊限制词“一定”的使用频率很高。比起不加任何限定的光杆名词，汉语中更倾向于使用“一定”来表示模糊的限制，如：

(10)孩子的健康成长，家庭、学校、社会三方面都有责任，但家庭教育在很大程度上是起决定作用的。

(10’)孩子的健康成长，家庭、学校、社会三方面都有一定的责任，但家庭教育在很大程度上是起决定作用的。

(11)应该说，各级政府对城市垃圾处理日益重视，已经取得了成绩。

(11’)应该说，各级政府对城市垃圾处理日益重视，已经取得了一定的成绩。

(12)他们有着强大的资金和品牌优势，并且经历了市场的洗礼，在市场竞争中应该具有优势。

(12’)他们有着强大的资金和品牌优势，并且经历了市场的洗礼，在市场竞争中应该具有一定的优势。

以上三组例句，使用光杆名词也能充分表达句子的意义，但实际使用时，多会像(10’)(11’)(12’)那样，加上“一定的”去修饰。

通过检索语料库，能够统计出与“一定”搭配的高频名词，如表2所示。

表2　汉语中与“一定”搭配的高频名词(数据来源：BCC汉语语料库)

一定的X	数量
一定的影响	2165
一定的作用	1565
一定的关系	839
一定的差距	835
一定的局限性	639

根据表2的结果，分别在汉日语料库中检索这五个高频词，统计使用光杆名词与使用“一定”修饰的情况，结果如表3、表4所示。

表3　汉语中使用光杆名词与使用“一定”修饰的频数(数据来源：BCC汉语语料库)

名词	光杆名词	使用“一定”修饰
影响	10284	2139
关系	7383	1873
差距	1340	592
作用	1002	978
局限性	489	505

表4 日语中使用光杆名词与使用「一定」修饰的频数(数据来源:BCCWJ)

名词	光杆名词	使用「一定」修饰
影響	150	1
関係	123	3
格差	92	1
効果	183	2
限界	97	7

通过比较表3与表4可知,在日语中,模糊限制词「一定」的使用频率远远低于汉语。

3.4 "一定"的不同作用机制下,汉日的使用差异

张(2016)将"一定"表达模糊义的作用机制分为"高量的主观压制"和"低量的主观提升"。其中,高量的主观压制表示说话人主观认为X("一定"的后接词)的程度很高,但语境不适合采用高量表达,所以选择量度相对模糊的"一定";同理,低量的主观提升表示说话人主观认为X的程度较低,但语境不适合采用低量表达,所以采用量度相对模糊的"一定"。例如:

(13)我们的工作已经取得了一定的成绩,但我们不能骄傲。(很多的)

(14)他的看法虽然没有被采纳,但也有一定的可取之处。(少许的)

通过观察语料发现,在日语中,表达高量的主观压制时,也同样会使用「一定」,如:

(15)この制度は、一定の技術資格を有する者又は公害防止に関する実務経験と一定の学歴を有する者に受講させ、修了した者に、国家試験に合格した者と同様の資格を付与するものである。(『環境白書』1994)

(16)介護支援専門員は、そういう方々に一定の知識があるかどうか試験を受けていただいて、それで一定の知識がある方に研修を積んでいただいてなっていただくということでございます。(『国会会議録』1997)

而要表达低量的主观提升时,日语中则不太使用「一定」去限定,更多情况下使用光杆名词。如:

(17)別個の仕事に使えないのが欠点だが、長所もある。(『城』2001)

(18)あの時点で、既にそういう内出血のために苦しくて身動きできなかったのかもしれませんし、戻したのもそれが原因かもしれないような気がするんです。可能性もあるわけですよ。(『国会会議録』2003)

4 差异产生的原因

通过以上调查分析可以发现,比起汉语,日语更倾向于使用光杆名词而不使用模糊限制词。造成这种现象的原因之一,笔者认为在于汉日光杆名词不同。大河内(1988)指出:"日语的名词不是可数的,即对日语来说,其抽象性和具体性还未分化。"笔者认为,正是因为日语光杆名词兼具抽象性和具体性,抽象性的特征赋予了它泛指的语义属性,具体性的特征则赋予了它特指的语义属性,所以无论是某范围内的泛指还是特指,日语往往都能用光杆名词直接表示。那么,汉语的光杆名词为什么要添加模糊限制词才能体现模糊意义呢?这是因为汉语光杆名词不同于日语光杆名词,其抽象性和具体性已经有了一定程度的分化,因此需要借助模糊限制词才能表示模糊

意义。

除此之外，笔者认为汉语句子当中可以省略“一定”，这表明它本身的程度限定义已经逐渐被淡化，说话人可能并不是想用“一定”去限定其后的名词，而是习惯性地使用“一定”这个限制词。如同汉语当中的副词“很”，在一些语境下它的程度限定义已经淡化至消失，翻译成日语时也不能使用「とても」。

(19)这个西瓜很甜。

(19')このスイカは甘いです。

(19'')*このスイカはとても甘いです。

翻译时如果使用「とても」，会加深“好”的程度，而原文的“很”已经没有加深程度的作用了，而是出于汉语句子对韵律的要求才加上了“很”。同理，笔者认为“一定”也有类似的用法，也就是说，并不是因为需要其原本的限定词义的功能，只是出于韵律的要求和习惯等，才加上“一定的”去修饰。

5 结语

本文从汉语的模糊限制词“一定”出发，对汉日“一定”的使用差异进行了初步考察。通过统计语料库数据发现，汉语当中模糊限制词“一定”的使用频率很高，而翻译成日语时倾向于使用光杆名词。对比分析日语语料库中使用「一定」的例句和使用光杆名词的例句后发现，在日语中，表达高量的主观压制时也会使用「一定」，而在表达低量的主观提升时则倾向于使用光杆名词。

关于汉日差异产生的原因，大河内(1988)提出日语光杆名词兼具抽象性和具体性，所以可以用光杆名词表达更多的语义，而汉语光杆名词因为其抽象性和具体性已经有了一定程度的分化，所以需要借助“一定”才能表示模糊意义。除此之外，笔者认为差异产生可能还与“一定”的虚化有关，即词汇本身的意义虚化，是为了维持语音韵律而存在。

本文主要通过调查汉日语料库例句进行分析研究。本文的不足之处是未提取日语当中可以翻译为“一定的”其他模糊限制词的语料，这将作为今后的课题。

注

① 本文汉日对译例句均来自北京日本学研究中心研发的《中日对译语料库》。

② 汉语里的“金、银、急性、慢性”等，由于表示分类的标准而被称作“区别词”(朱，1982)，又叫“属性词、非谓形容词”(吕，饶，1981)。

参考文献

[1] 大河内康宪.量词的个体化功能[J].崔健，译.汉语学习，1988 (06)：8-13.

[2] 吕叔湘，饶长溶.试论非谓形容词[J].中国语文，1981(2).

[3] 张则顺.“一定的 X”结构探析[J].汉语学习，2016(02)：65-73.

[4] 朱德熙.语法讲义[M].北京：商务印书馆，1982.

作者信息

姓名：张洁怡

学校：西安外国语大学

联系地址：陕西省西安市长安区西安外国语大学长安校区

电子邮箱：764786429@qq.com

姓名:白晓光
职称:副教授
单位:西安外国语大学
联系地址:西安市郭杜文苑南路6号外国语大学家属院5号楼
电子邮箱:baixiaoguangmwl@163.com

中日の再帰構文の対照研究

新潟大学　趙蓉俊子

1　はじめに

現代日本語には、他動詞構文と再帰構文がある。例えば、「花子は太郎を殺した」という文は、主語(「殺す」という動作を行う動作主)が花子、目的語(受け手)が太郎の他動詞文である。一方、目的語は他のものではなく、主語自身である場合は、「花子は自分を殺した」のように再帰代名詞①「自分」が現れる。

このように、「花子は太郎を殺した」のような他動詞構文では、主語と目的語は別のものであるのに対し、「花子は自分を殺した」のような再帰構文では、主語と目的語が同一のものであり、即ち動作主と受け手が同じになる。さらに、日本語には、「着る」「脱ぐ」のような語彙的再帰動詞と「少女が肩をすくめる」「種が芽を出した」のような再帰構文がある。現代日本語とは対照的に、現代中国語にも"穿""脱"のような語彙的再帰動詞と"小刘责怪自己""我刷牙"のような再帰構文がある。

仁田(1982)によれば、再帰とは、「働きかけが動作主に戻ってくることによって、その動作が終結を見るといった現象」であり、「動作主の動作が結局動作主に戻って来る」のが再帰動詞である。本稿では、再帰構文を次のように定義する。再帰構文とは、他動性を持つ動詞が、目的語に対する働きかけを通して主語自身に対する働きかけも行う文である。

2　中日の再帰構文に関する先行研究と問題点

本節では日本語記述文法研究会(2009)、片山(2005)、張(1993)などの先行研究を概観し、再帰構文に関する問題点を明らかにする。従来の日本語の再帰構文研究においては、再帰的な用法をもつ他動詞と再帰的他動詞に分けて議論されてきた。例えば、日本語記述文法研究会(2009：296-298)は、再帰構文を「再帰的な用法をもつ他動詞による再帰構文」と「再帰的他動詞による再帰構文」に分類し、前者の他動詞とは、「ヲ格名詞の意味によって、能動主体の働きかけが自分自身に及ぶという再帰用法をもつもの」、後者の他動詞とは、「能動主体が行う動作が常に能動主体自身に及び、変化を生じるという意味をもつ再帰的他動詞」と指摘している。また、片山(2005)は、日本語の再帰構文の「再帰性」が動詞の意味に内在するものか、構文レベルのものかという観点から、再帰構文の意味的、統語的特徴を考察している。本稿では、片山(2005)の観点に基づき、再帰構文を意味的に細分化する。

中国語の再帰構文に関する先行研究は、主に他動詞構文や再帰・相互代名詞を中心に展開されるものに限られている。再帰動詞について、張(1993)は中国の再帰動詞を、「飲食類の動詞」「着脱類の動詞」及び「感覚器官の作用を表わす動詞」に分類しているが、全面的な研究とは言えない。よって、従来の研究の問題は、中日の再帰構文について意味の考え方だけに注目して分類されている、また、中心的用法と周辺的用法を混同して考察を行っているという点にある。なお、中日の再帰構文の対照研究も見られない。

3 日本語の再帰構文の分類

本節では、構文レベルで意味の観点から、日本語の再帰構文で出てくる動詞·目的語·主語の特徴や参与者数、他動性[②]、意志性、受身文の可否などに着目し、日本語の再帰構文の下位分類や各構文の特徴を分析する。本稿は、日本語の再帰構文を中心的再帰構文、中間的再帰構文及び周辺的再帰構文の3種類に分ける。

(A)中心的再帰構文:中心的再帰構文は、例(1)と例(2)のような、再帰代名詞「自分」を目的語にし、「主語は自分を～する」という文型であり、主語の心理や感情の状態変化を描写する文が多く見られるものである。

(1)「がんばれ」と、私は自分を励ました。(日本語記述文法研究会,2009:298)

(2)鈴木は自分を恨んでいる。

このタイプの再帰構文によく出てくる動詞は思考動詞と感情動詞である。小薬(2017:1)によれば、「自分」は例(3)aのような感情動詞の目的語として生起できるが、例(3)bのような身体接触動詞[③]の場合には、生起しにくいとされている。さらに、中心的再帰構文の参与者は1人で、他動性が低く、意志性があると考えられる。

(3)a.太郎$_i$が自分$_i$を{責めた/批判した/褒めた}。(小薬,2017:1 例1a)

b.?? 太郎$_i$が自分$_i$を{殴った/叩いた/蹴った}。(小薬,2017:1 例1b)

受身文の可否に関しては、例(4)と例(5)のように受身文にすることが不可能である。

(4) *自分$_i$は太郎$_i$に責められた。

(5) *自分$_i$は太郎$_i$に信じられた。

(B)中間的再帰構文:中間的再帰構文は主語が有情物か無情物かにより、2種類に分ける。例(6)から例(8)の主語は有情物で、例(13)から例(15)の主語は無情物である。

(6)父は眉をひそめる。

(7)彼女は踏み台から転落して骨を折った。

(8)2時間ぐっすり眠ると深夜に目を覚ました。

一つ目に、主語が有情物である場合、例(6)(7)(8)のように、目的語は主語の体の一部分であるため、参与者は1人になる。動詞の種類は主体動作·客体変化動詞[④]である。このタイプの再帰構文は、目的語は主語に内包されるため、目的語の状態変化は主語の状態変化を表す。また、他動性に関しては、高橋(1975)では、「『羽を垂れる』『身をちぢめる』のような文は、他に対するはたらきかけをあらわしているのではなく、主体である自分の状態をかえることを表している。つまり、対格名詞と動詞のくみあわさった連語が、ひとかたまりになって自動詞相当となり、合成述語をなしている」と指摘している。よって、中間的再帰構文の一部は自動詞文に似ている。次に、意志性に関しては、例(6)は意志的であるが、例(7)の「骨を折った」という動作の動作主「彼女」は意志性があるわけではなく、例(8)の「覚ます」といった動詞は主語の無意識的な動作を行うことを含意するものである。

受身文の可否に関しては、主語が有情物である場合、例(9)と例(10)のように、直接受身文になれないが、片山(2005：361)によれば、ガ格項はそのままにして動詞を受身形にした次の例(11)のような受身文にすることは可能であり、主語以外に動作主が存在するときは、例(12)のように受身文での言い換えも可能である。

(9)*手は私に洗われた。

(10)*骨は彼女に(によって)折られた。

(11)花子がドアに指を挟んだ。→花子がドアに指を挟まれた。(片山,2005：361 例195)

(12)太郎は試合中に額を切った。→太郎は試合中に額を切られた。(片山,2005：362 例199)

二つ目に、主語が無生物である場合、例(13)から例(15)のように、目的語は主語に含まれ、参与者は1つである。なお、例(13)は「木」を動作主として捉えられ、「根」は「木」の部位に相当する。「木」の動作は「根」自体の動きに反映されるため、目的語の状態を変化させることこそ主語の状態を変化させる。他動性について、「葉が落ちる」など自動詞文に置き換えられる。このタイプの再帰構文は、主に植物の状態を描写する文であるため、意志性が見られない。しかしながら、例(15)aのように主語が自然的に動作を行う場合もあるが、例(15)bのように、「街路樹の葉を落としている」という動作を引き起こしたのは外部の要因である場合もある。

(13)木が根を張る。(須賀,2000：126)

(14)野草が芽を出す。

(15)a.木が葉を落とす。

b.昨日の台風で、街路樹は葉をすっかり落としている。(天野,1987：99)

受身文の可否に関しては、例(16)aのような自然的に動作を行う場合、受身文になれないが、例(16)bで示すように、外部の要因がある場合は受身文になれる。

(16)a.*木が葉を落とされた。

b.豪雨で木は葉を落とされた。

(C)周辺的再帰構文:周辺的再帰構文は、主語の状態変化を引き起こす文であり、動詞の語彙的意味により、2種類に分ける。例(17)は着脱動詞、例(18)はとりつけ動詞·とりはずし動詞⑤が現れる文である。このタイプの再帰構文の他動性が高く、意志的である。

(17)シートにシーツを敷き、備えつけの浴衣を着る。(『「長崎—東京」特急殺人』)

(18)太郎はサングラスをかける。

まず、着脱動詞の場合、例(17)のように参与者は元々2つあるが、目的語が主語に移動した後は、主語の体にくっつくようになった、或いは主語の体から離れていく。なお、周辺的再帰構文で出てくる動詞は、主に着脱を表す動詞であるため、再帰的な用法しか持たなく、目的語の位置変化をしたが、目的語の変化より主語の状態変化の方が注目されている。目的語は衣類名詞⑥が多く見られる。着脱を表す動詞の定義に関しては、影山(1980)に従い、日本語の「着る」「はく」「かぶる」「脱ぐ」というような衣服の着脱や、何らかを主体に付着させるような動きを表す動詞を、着脱動詞と呼ぶ。周辺的再帰構文でよく現れるもう一種の動詞は、例(18)のような客体の状態変化·位置変化を引き起こす「とりつけ動詞」或いは「とりはずし動詞」である。即ち客体の移動する目的地は主体の体の一部分であるため、動作がまた主体自身に戻ってくる。従って、「とりつけ動詞」或いは「とりはずし動詞」は着脱動詞と同様に、再帰的な用法を備えている。

さらに、例(19)と例(20)の着脱動詞は、動作の結果が限定される身体部位に衣類の移動することを実現したのみならず、特定の動作様態にも関連性がある。

(19)a. セーターを頭からかぶって着た。(影山,1980: 58 例3)

b. *セーターをかぶった。(影山,1980: 58 例4)

(20)a. ワンピースを足からはいて着た。(影山,1980: 58 例5)

b. *ワンピースをはいた。(影山,1980: 58 例6)

受身文の可否に関しては、着脱動詞「着る」は例(21)aのような直接受身文になれないが、例(21)bのような間接受身文になれる。なお、とりつけ動詞・とりはずし動詞「かける」「外す」は、例(22)aと例(23)aのような直接受身文にすることができないが、参与者を増やせば、例(22)bと例(23)bのような間接受身文は成立できる。

(21)a. *着物が花子に着られた。(片山,2005:333 例(8b))

b. 花子は妹に買ったばかりの服を着られた。(片山,2005:333 例(8b))

(22)a. *サングラスが太郎にかけられた。

b. 太郎は弟に買ったばかりのサングラスをかけられた。

(23)a. *眼鏡が山田君に外された。

b. 山田君は弟に買ったばかりの眼鏡を外された。

4　中国語の再帰構文の分類

本節では、3節での日本語の再帰構文とは対照的に、中国語の再帰構文を中心的再帰構文、中間的再帰構文及び周辺的再帰構文に分け、形式・意味の観点から日本語の再帰構文との相違点に注目する。

(A)中心的再帰構文:中国語の中心的再帰構文は、"我相信自己"のような再帰代名詞"自己"(「自分」)を目的語にし、「主語—動詞—"自己"」という文型である。例(24)aのように、身体接触動詞の場合は文が成立できないのに対し、例(24)bと例(24)cの"一巴掌"(「ピシャリとびんたをする」)、"一脚"(「ひと蹴り」)という「数詞+動量詞」を付け加えると、文が成り立つ。

(24)a. *小李$_i$打了自己$_i$。

b. 小李$_i$打了自己$_i$一巴掌。

c. 我$_i$绊了自己$_i$一脚。

なお、受身文の可否に関しては、例(25)のように受身文にすることが不可能である。

(25) *自己$_i$被太郎$_i$踢了。

(B)中間的再帰構文:中国語の中間的再帰構文は、例(26)のような主語が有情物である場合と、例(27)のような主語が無情物である場合の2種類がある。受身文の可否に関しては、例(28)と例(29)のように、直接受身文にすることができないが、結果補語や外部の要因をつけることにより、間接受身文にすることが可能である。

(26)我洗脸,他耸肩。

(27)春天到了,种子发芽了。

(28)a. *(我的)脸被我洗了。
　　b. ?(我的)胳膊被我摔了。
　　c. (我的)胳膊被我摔断了。
(29)a. *叶子被树掉了。
　　b. 树被(大风)刮掉了叶子。

(C)周辺的再帰構文:中国語の周辺的再帰構文は、例(30)aと例(31)aのように着脱動詞のみで表すのと、例(30)bと例(31)bのように「着脱動詞+方向補語」という形で表すのと、2種類がある。そのうえ、着脱動詞だけを用いた例(30)aと例(31)aは、主語の状態に着目し、目的語の状態変化や位置変化とは無関係である。「着脱動詞+方向補語」という形を用いた例(30)bと例(31)bは、主語の動作そのものに注目する。

(30)a. 我穿工作服。
　　b. 我穿上工作服。
(31)a. 小李脱鞋。
　　b. 小李脱下鞋。

受身文の可否に関しては、例(32)aのような直接受身文は成立できるが、例(32)bの間接受身文はやや不自然と思われる。一方、例(32)cの間接受身文は慣用表現として成り立つが、第三者の行為により主語が変化を起こすという意味を表せない。

(32)a. 婚纱被小李穿了。
　　b. ? 小李被妹妹穿了婚纱。
　　c. 小李被女朋友戴了绿帽子。

5　おわりに——中日の再帰構文の比較

本節では、受身文の可否という観点から、中日の再帰構文の相違点を明らかにする(表1)。中心的再帰構文の場合、中日両言語ともは直接受身文と間接受身文にすることができない。中間的再帰構文の場合、中国語は、直接受身文にすることができないが、結果補語や外部の要因をつけることにより、間接受身文にすることが可能である。日本語は、直接受身文になれないが、外部の要因がある場合は受身文になれる。周辺的再帰構文の場合、日本語は直接受身文になれないが、間接受身文にすることができる。一方、中国語は直接受身文にすることができ、場合によっては、間接受身文も成立できる。

表1　中日の再帰構文の比較

構文	比較項目	日本語	中国語
典型的再帰構文	動詞の種類	思考動詞と感情動詞	
		身体接触動詞と生起しにくい	身体接触動詞+数詞+動量詞
	直接受身文の可否	×	×

（続き）

構文	比較項目	日本語	中国語
中間的再帰構文	動詞の種類	主体動作・客体変化動詞	
	間接受動者は三人称の場合	構文的には変わらない	“给”という前置詞を用いる構文になる
	直接受身文の可否	外部の要因がある場合は可能である	×
	間接受身文の可否	×	結果補語や外部の要因を付けば可能である
周辺的再帰構文	動詞の種類	着脱動詞、とりつけ動詞・とりはずし動詞	着脱動詞、着脱動詞＋方向補語
	直接受身文の可否	×	○
	間接受身文の可否	△	△

注：○は許可を示し、△は許可の場合も不許可の場合もあることを示し、×は不許可を示す。

注

① 風間（2018：23）では、「（狭義の）再帰代名詞（或いは再帰前方照応）とは、『他動的な述語の主語でない名詞項が主語と同一指示的であることを示すのに典型的に用いられる表現一般』（könig and Siemund（2005：194））とされている」と指摘している。

② Hopper、Thompson（1980：252）によれば、他動性はParticipants（参加者）、Kinesis（動作性）、Aspect（終結性）、Punctuality（瞬間性）、Volitionality（意志性）、Affirmation（肯定）、Mode（叙法）、Agency（能動性）、Affectedness of O（被動作性、受影性）、Individuation of O（個体性）という10つの意味特徴を持つ。

③ 小薬（2017：1）は例（3）aのような動詞を「心理動詞」、例（3）bのような動詞を「物理的接触を表す動詞」と呼んでいるが、本稿では、古賀（2008）や山田（2004）の観点を参考として、「蹴る、叩く、殴る」など客体への接触が含意される動詞を身体接触動詞と呼ぶ。

④ 工藤（1995：81）の定義に従う。

⑤ 本稿の「とりつけ動詞」と「とりはずし動詞」の定義は工藤（1995：74）に従う。

⑥ 影山（1980）によれば、衣類名詞は「主要衣類」と「二次的衣類」に分けられる。

参考文献

[1] 天野みどり.状態変化主体の他動詞文[J].国語学,1987(151):97-110.

[2] 影山太郎.語彙の構造:日英比較[M].東京:松柏社,1980.

[3] 風間伸次郎.アルタイ諸言語と朝鮮語、日本語におけるいわゆる「再帰代名詞」の対照研究[J].北方言語研究,2018(8):23-58.

[4] 片山きよみ.日本語他動詞の再帰的用法について[J].ありあけ 熊本大学言語学論集,2005(4):325-369.

[5] 工藤真由美.アスペクト・テンス体系とテクスト:現代日本語の時間の表現[M].東京:ひつじ書房,1995.

[6] 古賀裕章.「てくる」のヴォイスに関連する機能[M]//森雄一,西村義樹,山田進,等.ことばのダイナミズム.東京:くろしお出版,2008:241-257.

[7] 小薬哲哉.再帰用法の「自分」と述語の意味制約[J].言語文化共同研究プロジェクト,2017:1-10.
[8] 須賀一好.日本語動詞の自他対応における意味と形態との相関[M]//丸田忠男,須賀一好.日英語の自他の交替.東京:ひつじ書房,2000.
[9] 高橋太郎.文中にあらわれる所属関係の種々相[J].国語学,1975 (103):1-17.
[10] 張威.中国語再帰動詞及びその特殊用法:"给～+再帰動詞"をめぐって[J].中京大学教養論叢,1993,34(2):531-555.
[11] 仁田義雄.再帰動詞、再帰用法:Lexico-Syntaの姿勢から[J].日本語教育,1982(47):79-90.
[12] 日本語記述文法研究会.現代日本語文法:2 第3部 格と構文 第4部 ヴォイス[M].東京:くろしお出版,2009.
[13] 山田敏弘.日本語のベネファクティブ:「てやる」「てくれる」「てもらう」の文法[M].東京:明治書院,2004.
[14] Hopper P J, Thompson S A. Transitivity in grammar and discourse[J].Language, 1980, 56(2):251-299.

作者情報

氏名:趙蓉俊子
学校:新潟大学現代社会文化研究科(博士在学)、新潟経営大学(非常勤講師)
連絡先住所:〒950-2111新潟県新潟市西区大学南2-1-70 第9レジデンス207
メールアドレス:syunko_alice@163.com